الصغرى

في النحو

هاشم بن إسماعيل محمد البربدوسي

am Institute

بِسْمِ اللهِ الرَّحْمٰنِ الرَّحِيْمِ

اَلْحَمْدُ للهِ رَبِّ الْعَالَمِيْنَ، وَالصَّلَاةُ وَالسَّلَامُ عَلى سَيِّدِنَا مُحَمَّدٍ ﷺ وَآلِهِ وَأَصْحَابِهِ أَجْمَعِيْنِ.

أَمَّا بَعْدُ، فَهٰذِهِ رِسَالَةٌ[1] فِي مُقَدِّمَةٍ وَثَلَاثَةِ مَقَاصِدَ.

[1] هٰذَا مُخْتَصَرٌ فِي النَّحْوِ لِلْمُبْتَدِئِيْن، اقْتَبَسْتُهُ مِن عَوَامِلِ الْبِرْكَوِيِّ لِمُحَمَّدِ بْنِ بِيرَ عَلِيِّ الْبِرْكَوِيِّ فَأَوْدَعْتُ فِيْهِ مَا أَعْجَبَنِي مِن حُسْنِ تَرْتِيبِهِ وَتَمْثِيْلِه بِشَيْءٍ مِنَ الزِّيَادَةِ وَالْحَذْفِ. وَأَسْأَلُ اللهَ القَبُوْلَ والتَّوْفِيْقَ.

الْمُقَدِّمَةُ

الْمُقَدِّمَةُ وفِيْهَا ثَلَاثَةُ أَبْوَابٍ

الْبَابُ الْأَوَّلُ فِي الْكَلِمَةِ

الْبَابُ الْأَوَّلُ فِي الْكَلِمَةِ، وَهِيَ ثَلَاثَةُ أَقْسَامٍ:

الْقِسْمُ الْأَوَّلُ

الْقِسْمُ الْأَوَّلُ الِاسْمُ، نَحْوُ: الرَّبُ

الْقِسْمُ الثَّانِيْ

الْقِسْمُ الثَّانِي الْفِعْلُ، نَحْوُ: عَبَدَ وَيَعْبُدُ وَاعْبُدْ

الْقِسْمُ الثَّالِثُ

الْقِسْمُ الثَّالِثُ الْحَرْفُ، نَحْوُ: فِيْ وَإِنَّ

الْبَابُ الثَّانِيْ فِي الْجُمْلَةِ

الْبَابُ الثَّانِيْ فِي الْجُمْلَةِ، وَهِيَ قِسْمَانِ

الْقِسْمُ الْأَوَّلُ

الْقِسْمُ الْأَوَّلُ الْجُمْلَةُ الِاسْمِيَّةُ، نَحْوُ: اللهُ خَالِقُ كُلِّ شَيْءٍ

الْقِسْمُ الثَّانِيْ

الْقِسْمُ الثَّانِي الْجُمْلَةُ الْفِعْلِيَّةُ، نَحْوُ: خَلَقَ اللهُ كُلَّ شَيْءٍ

الْبَابُ الثَّالِثُ فِي الْعَامِلِ وَالْمَعْمُوْلِ وَالْإِعْرَابِ

الْبَابُ الثَّالِثُ فِي الْعَامِلِ وَالْمَعْمُوْلِ وَالْإِعْرَابِ

فَالْعَامِلُ مَا يُوْجِبُ حَالَةً،

وَالْمَعْمُوْلُ مَا يَقْبَلُهَا،

وَالْإِعْرَابُ أَثَرٌ يَجْلِبُهُ الْعَامِلُ فِيْ آخِرِ الْكَلِمَةِ.

اَلْمقصِدُ الْأَوَّلُ فِيْ الْعَامِلِ

اَلْمَقْصِدُ الْأَوَّلُ فِيْ الْعَامِلِ وَفِيْهِ أَرْبَعَةُ أَبْوَابٍ وَخَاتِمَةٌ

اَلْبَابُ الْأَوَّلُ فِي الْفِعْلِ الْعَامِلِ

اَلْبَابُ الْأَوَّلُ فِي الْفِعْلِ الْعَامِلِ، وَهُوَ نَوْعَانِ

النَّوْعُ الْأَوَّلُ الْقِيَاسِيُّ

النَّوْعُ الْأَوَّلُ قِيَاسِيٌّ، وَهُوَ يَرْفَعُ الْفَاعِلَ أَوْ نَائِبَهُ وَيَنْصِبُ الْمَفَاعِيْلَ وَالْحَالَ.

وَهُوَ قِسْمَانِ

الْقِسْمُ الْأَوَّلُ: الْفِعْلُ اللَّازِمُ

الْقِسْمُ الْأَوَّلُ الْفِعْلُ اللَّازِمُ، نَحْوُ: جَلَسَ الطَّالِبُ أَمَامَ الْمُعَلِّمِ مُتَأَدِّبًا.

الْقِسْمُ الثَّانِي: الْفِعْلُ الْمُتَعَدِّيْ

الْقِسْمُ الثَّانِي الْفِعْلُ الْمُتَعَدِّيْ، نَحْوُ: يَعْبُدُ الْمُسْلِمُ اللهَ.

النَّوْعُ الثَّانِي السَّمَاعِيُّ

النَّوْعُ الثَّانِيْ سَمَاعِيٌّ، وَهُوَ ثَلَاثَةُ أَقْسَامٍ:

الْقِسْمُ الْأَوَّلُ: الْأَفْعَالُ النَّاقِصَةُ

الْقِسْمُ الْأَوَّلُ الْأَفْعَالُ النَّاقِصَةُ وَهِيَ أَفْعَالٌ تَدْخُلُ عَلَى الْمُبْتَدَإِ وَالْخَبَرِ وَتَرْفَعُ الْأَوَّلَ وَيُسَمَّى اسْمَهَا وَتَنْصِبُ الثَّانِيَ وَيُسَمَّى خَبَرَهَا، وَهِيَ أَرْبَعَةُ أَضْرُبٍ.

الضَّرْبُ الْأَوَّلُ

الضَّرْبُ الْأَوَّلُ كَانَ وَأَخَوَاتُهَا، وَهِيَ ثَلَاثَةَ عَشَرَ

الْأَوَّلُ كَانَ، نَحْوُ: كَانَ الرَّجُلُ مَرِيْضًا

الثَّانِيْ أَصْبَحَ، نَحْوُ: أَصْبَحَ الرَّجُلُ بَارِئًا

الثَّالِثُ أَضْحَى، نَحْوُ: أَضْحَى الرَّجُلُ عَامِلًا

الرَّابعُ أَمْسَى، نَحْوُ: أَمْسَى الرَّجُلُ كَالًّا

الْخَامِسُ ظَلَّ، نَحْوُ: ظَلَّ الصَّائِمُ مُسْتَغْفِرًا

السَّادِسُ بَاتَ، نَحْوُ: بَاتَ الْعَابِدُ سَاجِدًا

السَّابِعُ صَارَ، نَحْوُ: صَارَ الْجَاهِلُ عَالِمًا

الثَّامِنُ مَا بَرِحَ، نَحْوُ: مَا بَرِحَ الْحَاجُّ مُلَبِّيًا

التَّاسِعُ مَا انْفَكَّ، نَحْوُ: مَا انْفَكَّ الْمُذْنِبُ رَاجِيًا

الْعَاشِرُ مَا زَالَ، نَحْوُ: مَا زَالَ الْحُجَّاجُ وَاقِفِيْنَ

الْحَادِيْ عَشَرَ مَا فَتِئَ، نَحْوُ: مَا فَتِئَ الْمُذْنِبُ نَادِمًا

الثَّانِيْ عَشَرَ مَا دَامَ، نَحْوُ: أَطْلُبُ الْعِلْمَ مَا دُمْتُ حَيًّا

الثَّالِثُ عَشَرَ : لَيْسَ، نَحْوُ: لَيْسَ رَبُّنَا ظَالِمًا

الضَّرْبُ الثَّانِيْ

الضَّرْبُ الثَّانِيْ أَفْعَالُ الرَّجَاءِ، نَحْوُ: عَسَى اللهُ أَن يَّقْبَلَ صَوْمَ الْمُسْلِمِيْنَ

الضَّرْبُ الثَّالِثُ

الضَّرْبُ الثَّالِثُ أَفْعَالُ الْمُقَارَبَةِ، نَحْوُ: كَادَ الْمُؤَذِّنُ يُؤَذِّنُ

الضَّرْبُ الرَّابِعُ

الضَّرْبُ الرَّابِعُ أَفْعَالُ الشُّرُوْعِ، نَحْوُ: طَفِقَ الصَّائِمُوْنَ يُفْطِرُوْنَ

الْقِسْمُ الثَّانِيْ: أَفْعَالُ الْمَدْحِ وَالذَّمِّ

الْقِسْمُ الثَّانِيْ أَفْعَالُ الْمَدْحِ وَالذَّمِّ، وَهِيَ تَرْفَعُ فَاعِلَهَا وَمَخْصُوْصَهَا، نَحْوُ: نِعْمَتِ الْعِبَادَةُ الصَّلَاةُ وَنَحْوُ: بِئْسَ الْخُلُقُ الْكَسَلُ

الْقِسْمُ الثَّالِثُ صِيْغَتَا التَّعَجُّبِ

الْقِسْمُ الثَّالِثُ صِيْغَتَا التَّعَجُّبِ،

الْأُوْلَى مَا أَفْعَلَهُ، نَحْوُ: مَا أَجْمَلَ الْقُرْآنَ

الثَّانِيَةُ أَفْعِلْ بِهِ، نَحْوُ: أَجْمِلْ بِالْقُرْآنِ

اَلْبَابُ الثَّانِيْ فِي الْحَرْفِ الْعَامِلِ

اَلْبَابُ الثَّانِيْ فِي الْحَرْفِ الْعَامِلِ، وَهُوَ نَوْعَانِ

النَّوْعُ الْأَوَّلُ: حُرُوْفٌ تَعْمَلُ فِي الِاسْمِ

النَّوْعُ الْأَوَّلُ حُرُوْفٌ تَعْمَلُ فِي الِاسْمِ، وَهِيَ أَرْبَعَةُ أَقْسَامٍ:

الْقِسْمُ الْأَوَّلُ: حُرُوْفٌ تَجُرُّ اسْمًا وَاحِدًا

الْقِسْمُ الْأَوَّلُ حُرُوْفٌ تَجُرُّ اسْمًا وَاحِدًا فَقَطْ، وَتُسَمَّى حُرُوْفَ الْجَرِّ، وَهِيَ ثَلَاثَةَ عَشَرَ

اَلْأَوَّلُ الْبَاءُ، نَحْوُ: أَسْتَعِيْنُ بِاللهِ

الثَّانِيْ مِنْ، نَحْوُ: تُبْتُ مِنْ كُلِّ ذَنْبٍ

الثَّالِثُ إِلَى، نَحْوُ: تُبْتُ إِلَى اللهِ

الرَّابِعُ عَنْ، نَحْوُ: لَا نَرْغَبُ عَنْ سُنَّةِ نَبِيِّنَا ﷺ

الْخَامِسُ عَلَى، نَحْوُ: تَجِبُ التَّوْبَةُ عَلَى كُلِّ مُذْنِبٍ

السَّادِسُ اللَّامُ، نَحْوُ: نَصُوْمُ لِلهِ

السَّابِعُ فِيْ، نَحْوُ: النَّجَاةُ فِي الصِّدْقِ

الثَّامِنُ الْكَافُ، نَحْوُ: الْعِلْمُ كَالنُّوْرِ

التَّاسِعُ حَتَّى، نَحْوُ: أَعْبُدُ اللهَ حَتَّى الْمَوْتِ

الْعَاشِرُ وَاوُ الْقَسَمِ، نَحْوُ: وَاللهِ لَا أَكْذِبَنَّ

الْحَادِيْ عَشَرَ تَاءُ الْقَسَمِ، نَحْوُ: تَاللهِ لَأَصْدُقَنَّ

الثَّانِيْ عَشَرَ مُذْ، نَحْوُ: تُبْتُ مِنْ كُلِّ ذَنْبٍ فَعَلْتُهُ مُذْ يَوْمِ الْبُلُوْغِ

الثَّالِثُ عَشَرَ مُنْذُ، نَحْوُ: تَجِبُ الصَّلَاةُ مُنْذُ يَوْمِ الْبُلُوْغِ

الْقِسْمُ الثَّانِيْ: حَرْفٌ يَنْصِبُ اسْمًا وَاحِدًا

الْقِسْمُ الثَّانِيْ حَرْفٌ تَنْصِبُ اسْمًا وَاحِدًا وَهُوَ إِلَّا، نَحْوُ: يَغْفِرُ اللهُ الذُّنُوْبَ إِلَّا الشِّرْكَ

الْقِسْمُ الثَّالِثُ: حُرُوْفٌ تَنْصِبُ الِاسْمَ وَتَرْفَعُ الْخَبَرَ

الْقِسْمُ الثَّالِثُ حُرُوْفٌ تَدْخُلُ عَلَى الْمُبْتَدَإِ وَالْخَبَرِ وَتَنْصِبُ الْأَوَّلَ وَيُسَمَّى اسْمَهَا وَتَرْفَعُ الثَّانِيَ وَيُسَمَّى خَبَرَهَا. وَهِيَ سَبْعَةٌ:

الْأَوَّلُ إِنَّ، نَحْوُ: إِنَّ اللهَ رَحِيْمٌ

الثَّانِيْ أَنَّ، نَحْوُ: أَعْلَمُ أَنَّ اللهَ غَفُوْرٌ

الثَّالِثُ كَأَنَّ، نَحْوُ: كَأَنَّ الْحَرَامَ نَارٌ

الرَّابِعُ لَكِنَّ، نَحْوُ: مَا فَازَ الْكَسُوْلُ لَكِنَّ الْمُجْتَهِدَ فَائِزٌ

الْخَامِسُ لَعَلَّ، نَحْوُ: لَعَلَّ اللهَ غَافِرُ ذَنْبِي

السَّادِسُ لَيْتَ، نَحْوُ: لَيْتَ السَّنَةَ رَمَضَانُ

وَهَذِهِ السِّتَّةُ تُسَمَّى الْحُرُوْفَ الْمُشَبَّهَةَ بِالْفِعْلِ

السَّابِعُ لَا لِنَفْيِ الْجِنْسِ، نَحْوُ: لَا فَاعِلَ شَرٍّ فَائِزٌ.

الْقِسْمُ الرَّابِعُ: حُرُوْفٌ تَرْفَعُ الِاسْمَ وَتَنْصِبُ الْخَبَرَ

الْقِسْمُ الرَّابِعُ حُرُوْفٌ تَدْخُلُ عَلَى الْمُبْتَدَإِ وَالْخَبَرِ وَتَرْفَعُ الْأَوَّلَ وَيُسَمَّى اسْمَهَا وَتَنْصِبُ الثَّانِيَ وَيُسَمَّى خَبَرَهَا

وَهِيَ حُرُوْفٌ مُشَبَّهَةٌ بِلَيْسَ، مِنْهَا مَا، نَحْوُ: مَا الْمَالُ مَقْصُوْدَنَا.

النَّوْعُ الثَّانِي: حُرُوْفٌ تَعْمَلُ فِي الْفِعْلِ

النَّوْعُ الثَّانِيْ حُرُوْفٌ تَعْمَلُ فِي الْفِعْلِ، وَهِيَ قِسْمَانِ:

الْقِسْمُ الْأَوَّلُ: حُرُوْفٌ تَنْصِبُ الْفِعْلَ الْمُضَارِعَ

الْقِسْمُ الْأَوَّلُ حُرُوْفٌ تَنْصِبُ الْفِعْلَ الْمُضَارِعَ، وَهِيَ أَرْبَعَةٌ:

الْأَوَّلُ أَنْ، نَحْوُ: أُحِبُّ أَنْ أُطِيْعَ اللهَ

الثَّانِيْ كَيْ، نَحْوُ: أُحِبُّ طُوْلَ الْعُمُرِ كَيْ أَطْلُبَ الْعِلْمَ

الثَّالِثُ لَنْ، نَحْوُ: لَنْ أُشْرِكَ بِاللهِ

الرَّابِعُ إِذَنْ، كَمَا تَقُوْلُ: إِذَنْ تَدْخُلَ الْجَنَّةَ، لِمَنْ قَالَ: أُطِيْعُ اللهَ

الْقِسْمُ الثَّانِيْ: حُرُوْفٌ تَجْزِمُ الْفِعْلَ الْمُضَارِعَ

الْقِسْمُ الثَّانِيْ حُرُوْفٌ تَجْزِمُ الْفِعْلَ الْمُضَارِعَ، وَهِيَ ضَرْبَانِ

الضَّرْبُ الْأَوَّلُ

الضَّرْبُ الْأَوَّلُ حُرُوْفٌ تَجْزِمُ فِعْلًا وَاحِدًا وهِيَ أَرْبَعَةٌ:

الْأَوَّلُ لَمْ، نَحْوُ: لَمْ يَطْلُعِ الْفَجْرُ

الثَّانِيْ لَمَّا، نَحْوُ: لَمَّا يُؤَذِّنِ الْمُؤَذِّنُ

الثَّالِثُ لَامُ الْأَمْرِ، نَحْوُ: لِيَذْهَبْ لِصَلَاةِ الْفَجْرِ

الرَّابِعُ لَا النَّاهِيَةُ، نَحْوُ: لَا تَتْرُكْ صَلَاةَ الْفَجْرِ

الضَّرْبُ الثَّانِيْ

الضَّرْبُ الثَّانِي حُرُوْفٌ تَجْزِمُ فِعْلَيْنِ وَيُسَمَّى الْأَوَّلُ شَرْطًا، وَيُسَمَّى الثَّانِيْ جَوَابَ الشَّرْطِ، مِنْهَا إِنْ، نَحْوُ: إِنْ تَتُبْ تُغْفَرْ ذُنُوْبُكَ

الْبَابُ الثَّالِثُ فِي الِاسْمِ الْعَامِلِ

الْبَابُ الثَّالِثُ فِي الِاسْمِ الْعَامِلِ، وَهُوَ نَوْعَانِ

النَّوْعُ الْأَوَّلُ: أَسْمَاءٌ تَعْمَلُ فِي الِاسْمِ

النَّوْعُ الْأَوَّلُ أَسْمَاءٌ تَعْمَلُ فِي الِاسْمِ، وَهِيَ قِسْمَانِ

الْقِسْمُ الْأَوَّلُ: أَسْمَاءٌ تَعْمَلُ عَمَلَ الْفِعْلِ

الْقِسْمُ الْأَوَّلُ أَسْمَاءٌ تَعْمَلُ عَمَلَ الْفِعْلِ، وَتُسَمَّى شِبْهَ الْفِعْلِ، وَهِيَ ثَلَاثَةٌ:

الْأَوَّلُ الْمَصْدَرُ، نَحْوُ: يَسُرُّ الْأَبَوَيْنِ حِفْظُ أَوْلَادِهِمِ الْقُرْآنَ

الثَّانِيْ الْمُشْتَقَّاتُ، نَحْوُ: كُلُّ حَسُوْدٍ مُحْرِقٌ حَسَدُهُ عَمَلَهُ

الثَّالِثُ أَسْمَاءٌ فِيْهَا مَعْنَى الْفِعْلِ، مِنْهَا اسْمُ الفِعْلِ، نَحْوُ: هَيْهَاتَ الْمُذْنِبُ مِنَ اللهِ

الْقِسْمُ الثَّانِي: أَسْمَاءٌ لَا تَعْمَلُ عَمَلَ الْفِعْلِ

الْقِسْمُ الثَّانِي: أَسْمَاءٌ لَا تَعْمَلُ عَمَلَ الْفِعْلِ، وَهِيَ اثْنَتَانِ

الْأَوَّلُ الِاسْمُ الْمُضَافُ، فَهُوَ يَجُرُّ الْمُضَافَ إِلَيْهِ، نَحْوُ: رَمَضَانُ شَهْرُ الْقُرْآنِ

الثَّانِيْ الِاسْمُ الْمُبْهَمُ، فَهُوَ يَنْصِبُ تَمْيِيْزَهُ، نَحْوُ: رَمَضَانُ ثَلَاثُوْنَ يَوْمًا

النَّوْعُ الثَّانِي: أَسْمَاءٌ تَعْمَلُ فِي الْفِعْلِ

النَّوْعُ الثَّانِي: أَسْمَاءٌ تَعْمَلُ فِي الْفِعْلِ، وَهِيَ أَسْمَاءُ شَرْطٍ تَجْزِمُ فِعْلَيْنِ، ويُسَمَّى الْأَوَّلُ شَرْطًا، والثَّانِيْ جَوَابَ الشَّرْطِ

وَهِيَ أَحَدَ عَشَرَ:

الْأَوَّلُ مَنْ، نَحْوُ: مَنْ يَعْمَلْ صَالِحًا يَدْخُلِ الْجَنَّةَ

الثَّانِي مَا، نَحْوُ: مَا تَفْعَلُوْا يَعْلَمْهُ اللهُ

الثَّالِثُ مَهْمَا، نَحْوُ: مَهْمَا تَفْعَلْ تُسْأَلْ عَنْهُ

الرَّابِعُ مَتَى، نَحْوُ: مَتَى تَحْسُدْ تَهْلِكْ

الْخَامِسُ إِذَا مَا، نَحْوُ: إِذَا مَا تَعْمَلْ بِعِلْمِكَ تَكُنْ خَيْرَ النَّاسِ

السَّادِسُ أَيَّانَ، نَحْوُ: أَيَّانَ يَأْتِ الْمَوْتُ يُغْلَقْ بَابُ التَّوْبَةِ

السَّابِعُ أَيْنَ، نَحْوُ: أَيْنَ تُصَلِّ أُصَلِّ

الثَّامِنُ أَيْنَمَا، نَحْوُ: ﴿أَيْنَ مَا تَكُونُوا يُدْرِكْكُمُ الْمَوْتُ﴾

التَّاسِعُ أَنَّى، نَحْوُ: أَنَّى تُذْنِبْ يَعْلَمْهُ اللهُ

الْعَاشِرُ حَيْثُمَا، نَحْوُ: حَيْثُمَا تَفْعَلْ يُكْتَبْ فِعْلُكَ

الْحَادِيْ عَشَرَ أَيٌّ، نَحْوُ: أَيُّ عَالِمٍ يَتَكَبَّرْ يُبْغِضْهُ اللهُ

الْبَابُ الرَّابِعُ فِي الْعَامِلِ الْمَعْنَوِيِّ

الْبَابُ الرَّابِعُ فِي الْعَامِلِ الْمَعْنَوِيِّ، وَهُوَ اثْنَانِ

الْأَوَّلُ اَلِابْتِدَاءُ، وَهُوَ يَرْفَعُ الْمُبْتَدَأَ وَالْخَبَرَ، نَحْوُ: مُحَمَّدٌ ﷺ حَبِيبُنَا

الثَّانِي خُلُوُّ الْمُضَارِعِ عَنْ نَاصِبٍ وَجَازِمٍ، وَهُوَ يَرْفَعُ الْفِعْلَ الْمُضَارِعَ، نَحْوُ: نُحِبُّ مُحَمَّدًا ﷺ.

الْخَاتِمَةُ

الْخَاتِمَةُ، وَفِيْهَا فصْلَانِ

الْفَصْلُ الْأَوَّلُ فِي التَّنَازُعِ

الْفَصْلُ الْأَوَّلُ فِي التَّنَازُعِ، قَدْ يَتَنَازَعُ عَامِلَانِ أَوْ أَكْثَرُ فِي مَعْمُوْلٍ وَاحِدٍ، نَحْوُ: أَرْجُوْ وَأَخَافُ اللهَ

الْفَصْلُ الثَّانِيْ فِي حَذْفِ الْعَامِلِ

الْفَصْلُ الثَّانِيْ فِي حَذْفِ الْعَامِلِ، وَقَدْ يُحْذَفُ الْعَامِلُ، نَحْوُ: اللهَ، فِيْ جَوَابِ مَنْ قَالَ: مَنْ تَعْبُدُ؟

الْمَقْصِدُ الثَّانِيْ فِي الْمَعْمُوْلِ

الْمَقْصِدُ الثَّانِيْ فِي الْمَعْمُوْلِ وَفِيْهِ بَابَانِ

الْبَابُ الْأَوَّلُ فِي الِاسْمِ الْمَعْمُوْلِ

الْبَابُ الْأَوَّلُ فِي الِاسْمِ الْمَعْمُوْلِ، وفِيْهِ نَوْعَانِ:

النَّوْعُ الْأَوَّلُ: الِاسْمُ الْمَعْمُوْلُ بِالْأَصَالَةِ

النَّوْعُ الْأَوَّلُ الْمَعْمُوْلُ بِالْأَصَالَةِ وَهُوَ ثَلَاثَةُ أَقْسَامٍ.

الْقِسْمُ الْأَوَّلُ: الْمَرْفُوْعُ

الْقِسْمُ الْأَوَّلُ الْمَرْفُوْعُ، وَهُوَ ثَمَانِيَةٌ:

الْأَوَّلُ الْفَاعِلُ، نَحْوُ: رَحِمَ اللهُ التَّائِبَ

الثَّانِيْ نَائِبُ الْفَاعِلِ، نَحْوُ: رُحِمَ التَّائِبُ

الثَّالِثُ الْمُبْتَدَأُ، نَحْوُ: اللهُ رَبُّنَا

الرَّابِعُ الْخَبَرُ، نَحْوُ: مُحَمَّدٌ ﷺ رَسُوْلُنَا

الْخَامِسُ اسْمُ الْأَفْعَالِ النَّاقِصَةِ، نَحْوُ: كَانَ رَسُوْلُ اللهِ ﷺ أُسْوَةً حَسَنَةً

السَّادِسُ اسْمُ الْحُرُوْفِ الْمُشَبَّهَةِ بِلَيْسَ، نَحْوُ: مَا الْمَالُ مَقْصُوْدَنَا

السَّابِعُ خَبَرُ الْحُرُوْفِ الْمُشَبَّهَةِ بِالْفِعْلِ، نَحْوُ: إِنَّ الْبَعْثَ حَقٌّ

الثَّامِنُ خَبَرُ لَا لِنَفْيِ الْجِنْسِ، نَحْوُ: لَا عَمَلَ مُرَاءٍ مَقْبُوْلٌ

الْقِسْمُ الثَّانِيْ: الْمَنْصُوْبُ

الْقِسْمُ الثَّانِي الْمَنْصُوْبُ وَهُوَ اثْنَا عَشَرَ:

الأَوَّلُ الْمَفْعُوْلُ الْمُطْلَقُ، نَحْوُ: ﴿اذْكُرُوا اللهَ ذِكْرًا كَثِيرًا﴾

الثَّانِيْ الْمَفْعُوْلُ بِهِ، نَحْوُ: أَعْبُدُ اللهَ

الثَّالِثُ الْمَفْعُوْلُ فِيْهِ، نَحْوُ: صُمْ شَهْرَ رَمَضَانَ

الرَّابِعُ الْمَفْعُوْلُ لَهُ، نَحْوُ: اعْمَلْ طَلَبًا لِمَرْضَاةِ اللهِ

الْخَامِسُ الْمَفْعُوْلُ مَعَهُ، نَحْوُ: يَفْنَى الْمَالُ وَتَبْقَى وَعَمَلَكَ

السَّادِسُ الْحَالُ، نَحْوُ: أَعْبُدُ اللهَ خَاشِيًا

السَّابِعُ التَّمْيِيْزُ، نَحْوُ: رَمَضَانُ ثَلَاثُوْنَ يَوْمًا

الثَّامِنُ الْمُسْتَثْنَى، نَحْوُ: ﴿فَسَجَدُوٓا۟ إِلَّآ إِبْلِيسَ﴾

التَّاسِعُ خَبَرُ الْأَفْعَالِ النَّاقِصَةِ، نَحْوُ: كَانَ رَسُوْلُ اللهِ ﷺ أُسْوَةً حَسَنَةً

الْعَاشِرُ خَبَرُ الْحُرُوْفِ الْمُشَبَّهَةِ بِلَيْسَ، نَحْوُ: مَا الْغِيْبَةُ حَلَالًا

الْحَادِي عَشَرَ اسْمُ الْحُرُوْفِ الْمُشَبَّهَةِ بِالْفِعْلِ، نَحْوُ: إِنَّ السَّاعَةَ آتِيَةٌ

الثَّانِيْ عَشَرَ اسْمُ لَا لِنَفْيِ الْجِنْسِ، نَحْوُ: لَا فَاعِلَ شَرٍّ فَائِزٌ

الْقِسْمُ الثَّالِثُ: الْمَجْرُوْرُ

الْقِسْمُ الثَّالِثُ الْمَجْرُوْرُ وَهُوَ اثْنَانِ:

الْأَوَّلُ الْمَجْرُوْرُ بِحَرْفِ الْجَرِّ، نَحْوُ: اِعْمَلْ بِإِخْلَاصٍ

الثَّانِيْ الْمُضَافُ إِلَيْهِ، نَحْوُ: ذَنْبُ الْعَبْدِ يُسَوِّدُ قَلْبَهُ

النَّوْعُ الثَّانِيْ: الْمَعْمُوْلُ بِالتَّبَعِيَّةِ

النَّوْعُ الثَّانِيْ الْمَعْمُوْلُ بِالتَّبَعِيَّةِ، وَهُوَ خَمْسَةٌ:

الْأَوَّلُ النَّعْتُ، نَحْوُ: جَاءَ رَجُلٌ صَالِحٌ

الثَّانِيْ الْبَدَلُ، نَحْوُ: اُعْبُدْ رَبَّكَ إِلَهَ الْعَالَمِيْنَ

الثَّالِثُ عَطْفُ الْبَيَانِ، نَحْوُ: آمَنَّا بِنَبِيِّنَا مُحَمَّدٍ ﷺ

الرَّابِعُ الْمَعْطُوْفُ بِحَرْفِ الْعَطْفِ، نَحْوُ: أُطِيْعُ اللهَ وَرَسُوْلَهُ

الْخَامِسُ التَّأْكِيْدُ، نَحْوُ: اتْرُكِ الذُّنُوْبَ كُلَّهَا

الْبَابُ الثَّانِيْ فِي الْفِعْلِ الْمَعْمُوْلِ

الْبَابُ الثَّانِيْ فِي الْفِعْلِ الْمَعْمُوْلِ

وَهُوَ ثَلَاثَةُ أَقْسَامٍ: مَرْفُوْعٌ وَمَنْصُوْبٌ وَمَجْزُوْمٌ

الْقِسْمُ الْأَوَّلُ: الْمَرْفُوْعُ

الْقِسْمُ الْأَوَّلُ الْمَرْفُوْعُ، وَهُوَ الْمُضَارِعُ الْخَالِيْ عَنْ نَاصِبٍ أَوْ جَازِمٍ، نَحْوُ: يُحِبُّ اللهُ التَّوْبَةَ.

الْقِسْمُ الثَّانِيْ: الْمَنْصُوْبُ

الْقِسْمُ الثَّانِيْ الْمَنْصُوْبُ، وَهُوَ الْفِعْلُ الَّذِيْ دَخَلَهُ نَاصِبٌ، نَحْوُ: أُحِبُّ أَنْ يَغْفِرَ اللهُ ذُنُوْبِيْ

الْقِسْمُ الثَّالِثُ: الْمَجْزُوْمُ

الْقِسْمُ الثَّالِثُ الْمَجْزُوْمُ، وَهُوَ الْفِعْلُ الَّذِيْ دَخَلَهُ جَازِمٌ، نَحْوُ: إِنْ تَتُبْ تُقْبَلْ تَوْبَتُكَ.

الْمَقْصِدُ الثَّالِثُ فِي الْإِعْرَابِ

الْمَقْصِدُ الثَّالِثُ فِي الْإِعْرَابِ، وَفِيهِ مُقَدِّمَةٌ وَبَابَانِ

الْمُقَدِّمَةُ

الْمُقَدِّمَةُ فِيْ أَقْسَامِ الْإِعْرَابِ، وَهِيَ ثَلَاثَةٌ:

الْأَوَّلُ الْإِعْرَابُ اللَّفْظِيُّ كَالضَّمَّةِ وَالْكَسْرَةِ فِي قَوْلِنَا: يَجْتَهِدُ الْمُؤْمِنُ فِي الْخَيْرِ

الثَّانِي الْإِعْرَابُ التَّقْدِيْرِيُّ، كَالضَّمَّةِ والْكَسْرَةِ الْمُقَدَّرَتَيْنِ فِي قَوْلِنَا: يَسْعَى الْفَتَى إِلَى الْهُدَى

الثَّالِثُ الْإِعْرَابُ الْمَحَلِّيُّ، نَحْوُ: تَسْعَيْنَ أَنْتُنَّ إِلَيْه

الْبَابُ الْأَوَّلُ فِي إِعْرَابِ الِاسْمِ

الْبَابُ الْأَوَّلُ فِي إِعْرَابِ الِاسْمِ، وَفِيهِ مُقَدِّمَةٌ وَثَلَاثَةُ فُصُوْلٍ

الْمُقَدِّمَةُ فِيْ عَلَامَاتِ إِعْرَابِ الِاسْمِ

الْمُقَدِّمَةُ فِيْ عَلَامَاتِ إِعْرَابِ الِاسْمِ، وَهِيَ اثْنَانِ:

الْأَوَّلُ الْحَرَكَةُ، وَهِيَ ضَمَّةٌ وَفَتْحَةٌ وَكَسْرَةٌ،

الثَّانِي الْحَرْفُ، وَهُوَ وَاوٌ وَأَلِفٌ وَيَاءٌ.

الْفَصْلُ الْأَوَّلُ فِي إِعْرَابِ الِاسْمِ اللَّفْظِيِّ

الْفَصْلُ الْأَوَّلُ فِي إِعْرَابِ الِاسْمِ اللَّفْظِيِّ، وَهُوَ نَوْعَانِ

النَّوْعُ الْأَوَّلُ: إِعْرَابٌ بِالْحَرَكَةِ

النَّوْعُ الْأَوَّلُ إِعْرَابٌ بِالْحَرَكَةِ، وَهُوَ ثَلَاثَةُ أَقْسَامٍ

الْقِسْمُ الْأَوَّلُ: الْمُوَحَّدُ الْمُنْصَرِفُ وَالْمَجْمُوْعُ الْمكَسَّرُ الْمُنْصَرِفُ

الْقِسْمُ الْأَوَّلُ الْمُوَحَّدُ الْمُنْصَرِفُ وَالْمَجْمُوْعُ الْمكَسَّرُ الْمُنْصَرِفُ،

فَرَفْعُهُ بِالضَّمَّةِ، نَحْوُ: جَاءَنَا الرَّسُوْلُ ﷺ وَالْكُتُبُ

وَنَصْبُهُ بِالْفَتْحَةِ، نَحْوُ: صَدَّقْنَا الرَّسُوْلَ ﷺ وَالْكُتُبَ

وَجَرُّهُ بِالْكَسْرَةِ، نَحْوُ: آمَنَّا بِالرَّسُوْلِ ﷺ وَبِالْكُتُبِ

الْقِسْمُ الثَّانِي: الْمُوَحَّدُ غَيْرُ الْمُنْصَرِفِ وَالْمَجْمُوْعُ الْمُكَسَّرُ غَيْرُ الْمُنْصَرِفِ

الْقِسْمُ الثَّانِي الْمُوَحَّدُ غَيْرُ الْمُنْصَرِفِ وَالْمَجْمُوْعُ الْمُكَسَّرُ غَيْرُ الْمُنْصَرِفِ،

فَرَفْعُهُ بِالضَّمَّةِ، نَحْوُ: جَاءَنَا أَحْمَدُ ﷺ وَأَنْبِيَاءُ،

وَنَصْبُهُ وَجَرُّهُ بِالْفَتْحَةِ، نَحْوُ: صَدَّقْنَا أَحْمَدَ ﷺ وَأَنْبِيَاءَ، وَآمَنَّا بِأَحْمَدَ ﷺ وَبِأَنْبِيَاءَ.

الْقِسْمُ الثَّالِثُ: مَجْمُوْعُ الْمُؤَنَّثِ السَّالِمُ

الْقِسْمُ الثَّالِثُ مَجْمُوْعُ الْمُؤَنَّثِ السَّالِمُ،

فَرَفْعُهُ بِالضَّمَّةِ، نَحْوُ: جَاءَنَا آيَاتٌ،

وَنَصْبُهُ وَجَرُّهُ بِالْكَسْرَةِ، نَحْوُ: صَدَّقْنَا آيَاتٍ، وَآمَنَّا بِآيَاتٍ.

النَّوْعُ الثَّانِيْ إِعْرَابٌ بِالْحَرْفِ:

النَّوْعُ الثَّانِيْ إِعْرَابٌ بِالْحَرْفِ، وَهُوَ ثَلَاثَةُ أَقْسَامٍ:

الْقِسْمُ الْأَوَّلُ: الْأَسْمَاءُ الْخَمْسَةُ

الْقِسْمُ الْأَوَّلُ الْأَسْمَاءُ الْخَمْسَةُ، وَهِيَ أَبُوْهُ وَأَخُوْهُ، وَحَمُوْهَا، وَفُوْهُ، وَذُوْ عِلْمٍ،

فَرَفْعُهُ بِالْوَاوِ، نَحْوُ: جَاءَنَا أَبُو الْقَاسِمِ ﷺ

وَنَصْبُهُ بِالْأَلِفِ، نَحْوُ: صَدَّقْنَا أَبَا الْقَاسِمِ ﷺ

وَجَرُّهُ بِالْيَاءِ، نَحْوُ: آمَنَّا بِأَبِي الْقَاسِمِ ﷺ.

الْقِسْمُ الثَّانِي: الْمُثَنَّى وَكِلَا وَكِلْتَا

الْقِسْمُ الثَّانِي الْمُثَنَّى وَكِلَا وَكِلْتَا

فَرَفْعُهُ بِالْأَلِفِ، نَحْوُ: أَحْسَنَ الْوَالِدَانِ كِلَاهُمَا إِلَيْنَا فِي الصِّغَرِ

وَنَصْبُهُ وَجَرُّهُ بِالْيَاءِ، نَحْوُ: فَنُطِيْعُ الْوَالِدَيْنِ كِلَيْهِمَا وَنُحْسِنُ إِلَى الْوَالِدَيْنِ كِلَيْهِمَا عِنْدَ الْكِبَرِ

الْقِسْمُ الثَّالِثُ: مَجْمُوْعُ الْمُذَكَّرِ السَّالِمُ

الْقِسْمُ الثَّالِثُ مَجْمُوْعُ الْمُذَكَّرِ السَّالِمُ،

فَرَفْعُهُ بِالْوَاوِ، نَحْوُ: جَاءَنَا الْمُرْسَلُوْنَ،

وَنَصْبُهُ وَجَرُّهُ بِالْيَاءِ، نَحْوُ: وَصَدَّقْنَا الْمُرْسَلِيْنَ، وَآمَنَّا بِالْمُرْسَلِيْنَ عليهم السلام.

الْفَصْلُ الثَّانِيْ فِيْ إِعْرَابِ الِاسْمِ التَّقْدِيْرِيِّ

الْفَصْلُ الثَّانِيْ فِيْ إِعْرَابِ الِاسْمِ التَّقْدِيْرِيِّ، وَهُوَ أَرْبَعَةُ أَقْسَامٍ:

الْقِسْمُ الْأَوَّلُ: الِاسْمُ الْمَقْصُوْرُ الْمُنْصَرِفُ

الْقِسْمُ الْأَوَّلُ الِاسْمُ الْمَقْصُوْرُ الْمُنْصَرِفُ، وَهُوَ مَا فِيْ آخِرِهِ أَلِفٌ مَقْصُوْرَةٌ

فَرَفْعُهُ بِالضَّمَّةِ الْمُقَدَّرَةِ، نَحْوُ: جَاءَنَا الْهُدٰى

وَنَصْبُهُ بِالْفَتْحَةِ الْمُقَدَّرَةِ، نَحْوُ: اتَّبَعْنَا الْهُدٰى

وَجَرُّهُ بِالْكَسْرَةِ الْمُقَدَّرَةِ، نَحْوُ: آمَنَّا بِالْهُدٰى

الْقِسْمُ الثَّانِي: الِاسْمُ الْمَقْصُوْرُ غَيْرُ الْمُنْصَرِفِ

الْقِسْمُ الثَّانِيْ الِاسْمُ الْمَقْصُوْرُ غَيْرُ الْمُنْصَرِفِ،

فَرَفْعُهُ بِالضَّمَّةِ الْمُقَدَّرَةِ، نَحْوُ: جَاءَ عِيْسٰى عليه السلام بِالْبَيِّنَاتِ

وَنَصْبُهُ وَجَرُّهُ بِالْفَتْحَةِ الْمُقَدَّرَةِ، نَحْوُ: رَفَعَ اللهُ عِيْسٰى، وَنُؤْمِنُ بِعِيْسٰى عليه السلام.

الْقِسْمُ الثَّالِثُ: الِاسْمُ الْمَنْقُوْصُ

الْقِسْمُ الثَّالِثُ الِاسْمُ الْمَنْقُوْصُ، وَهُوَ مَا فِيْ آخِرِهِ يَاءٌ قَبْلَهَا كَسْرَةٌ

فَرَفْعُهُ بِالضَّمَّةِ الْمُقَدَّرَةِ، نَحْوُ: هُوَ عَاصٍ وَالْعَاصِيْ نَادِمٌ

وَنَصْبُهُ بِالْفَتْحَةِ الظَّاهِرَةِ، نَحْوُ: كَانَ الرَّجُلُ عَاصِيًا وَإِنَّ الْعَاصِيَ تَابَ

وَجَرُّهُ بِالْكَسْرَةِ الْمُقَدَّرَةِ، نَحْوُ: يَتُوْبُ اللهُ عَلَى الْعَاصِيْ فَلَا تَزْدَرِ بِعَاصٍ

الْقِسْمُ الرَّابِعُ: الِاسْمُ الْمُضَافُ إِلَى يَاءِ الْمُتَكَلِّمِ

الْقِسْمُ الرَّابِعُ الِاسْمُ الْمُضَافُ إِلَى يَاءِ الْمُتَكَلِّمِ،

فَرَفْعُهُ بِالضَّمَّةِ الْمُقَدَّرَةِ، نَحْوُ: خَلَقَنِيْ رَبِّيْ

وَنَصْبُهُ بِالْفَتْحَةِ الْمُقَدَّرَةِ، نَحْوُ: فَأَعْبُدُ رَبِّيْ

وَجَرُّهُ بِالْكَسْرَةِ الظَّاهِرَةِ، نَحْوُ: وَأَتُوْبُ إِلَى رَبِّيْ.

الْفَصْلُ الثَّالِثُ فِي إِعْرَابِ الِاسْمِ الْمَحَلِيِّ

الْفَصْلُ الثَّالِثُ فِي إِعْرَابِ الِاسْمِ الْمَحَلِيِّ، فَيَكُوْنُ الِاسْمُ مَرْفُوْعًا مَحَلًّا أَوْ مَنْصُوْبٌ مَحَلًّا أَوْ مَجْرُوْرًا مَحَلًّا. وَهُوَ ثَلَاثَةُ أَقْسَامٍ:

اَلْقِسْمُ الْأَوَّلُ: الِاسْمُ الْمُؤَوَّلُ

الْقِسْمُ الْأَوَّلُ الِاسْمُ الْمُؤَوَّلُ، نَحْوُ: أُحِبُّ أَنْ أُطِيْعَ اللهَ كَيْ أَدْخُلَ الْجَنَّةَ

الْقِسْمُ الثَّانِيْ: الِاسْمُ الْمُعْرَبُ الْمُشْتَغِلُ آخِرُهُ بِإِعْرَابٍ لَفْظِيٍّ

الْقِسْمُ الثَّانِي الِاسْمُ الْمُعْرَبُ الْمُشْتَغِلُ آخِرُهُ بِإِعْرَابٍ لَفْظِيٍّ، نَحْوُ: نُؤْمِنُ بِبَعْثِ اللهِ عِبَادَهُ يَوْمَ الْقِيَامَةِ

الْقِسْمُ الثَّالِثُ: الِاسْمُ الْمَبْنِيُّ

القِسْمُ الثَّالِثُ الِاسْمُ الْمَبْنِيُّ، وَمِنْهُ

الضَّمَائِرُ، نَحْوُ: ﴿هُوَ اللهُ﴾

وَأَسْمَاءُ الْإِشَارَةِ، نَحْوُ: ﴿ذٰلِكَ الْكِتٰبُ﴾

وَالْأَسْمَاءُ الْمَوْصُوْلَةُ، نَحْوُ: ﴿اَللهُ الَّذِىْ خَلَقَ السَّمٰوٰتِ وَالْاَرْضَ﴾

الْبَابُ الثَّانِي فِي إِعْرَابِ الْفِعْلِ

الْبَابُ الثَّانِيْ فِي إِعْرَابِ الْفِعْلِ، وَفِيْهِ مُقَدِّمَةٌ وَثَلَاثَةُ فُصُوْلٍ

الْمُقَدِّمَةُ

الْمُقَدِّمَةُ، وَفِيْهَا مَبْحَثَانِ:

الْمَبْحَثُ الْأَوَّلُ: عَلَامَاتُ إِعْرَابِ الْفِعْلِ

الْمَبْحَثُ الْأَوَّلُ عَلَامَاتُ إِعْرَابِ الِاسْمِ، وَهِيَ ثَلَاثَةٌ:

الْأَوَّلُ الْحَرَكَةُ، وَهِيَ ضَمَّةٌ وَفَتْحَةٌ

الثَّانِي الْحَرْفُ، وَهُوَ نُوْنٌ، وَتُسَمَّى نُوْنَ الْإِعْرَابِ

الثَّالِثُ الْحَذْفُ، وَهُوَ حَذْفُ الْحَرَكَةِ، أَوْ حَذْفُ حَرْفِ الْعِلَّةِ، أَوْ حَذْفُ نُوْنِ الْإِعْرَابِ

الْمَبْحَثُ الثَّانِيْ: صِيَغُ الْمُضَارِعِ

الْمَبْحَثُ الثَّانِيْ صِيَغُ الْمُضَارِعِ، وَهِيَ ثَلَاثُ صِيَغٍ:

الْأَوَّلُ الْمُضَارِعُ مَعَ ضَمِيرٍ مُسْتَتِرٍ، وَهُوَ يَفْعَلُ وَتَفْعَلُ وَأَفْعَلُ وَنَفْعَلُ

الثَّانِي الْمُضَارِعُ مَعَ نُوْنِ الْإِعْرَابِ، وَهُوَ يَفْعَلَانِ وَيَفْعَلُوْنَ وَتَفْعَلَانِ وَتَفْعَلُوْنَ وَتَفْعَلِيْنَ، وَتُسَمَّى صِيَغُ الْمُضَارِعِ مَعَ نُوْنِ الْإِعْرَابِ الْأَفْعَالَ الْخَمْسَةَ.

الثَّالِثُ الْمُضَارِعُ مَعَ نُوْنِ النِّسْوَةِ، وَهُوَ يَفْعَلْنَ وَتَفْعَلْنَ

الْفَصْلُ الْأَوَّلُ فِي إِعْرَابِ الْفِعْلِ اللَّفْظِيِّ

الْفَصْلُ الْأَوَّلُ فِي إِعْرَابِ الْفِعْلِ اللَّفْظِيِّ، وَهُوَ قِسْمَانِ

الْقِسْمُ الْأَوَّلُ: الْفِعْلُ الْمُضَارِعُ مَعَ ضَمِيرٍ مُسْتَتِرٍ وَآخِرُهُ حَرْفٌ صَحِيحٌ

الْقِسْمُ الْأَوَّلُ الْفِعْلُ الْمُضَارِعُ مَعَ ضَمِيرٍ مُسْتَتِرٍ وَآخِرُهُ حَرْفٌ صَحِيحٌ، فَرَفْعُهُ بِالضَّمَّةِ وَنَصْبُهُ بِالْفَتْحَةِ وَجَزْمُهُ بِحَذْفِ الْحَرَكَةِ، نَحْوُ: نَطْمَعُ أَنْ يَغْفِرَ اللهُ لَنَا وَلَمْ نَقْنَطْ مِنْ رَحْمَتِهِ.

الْقِسْمُ الثَّانِي: الْأَفْعَالُ الْخَمْسَةُ

الْقِسْمُ الثَّانِي الْأَفْعَالُ الْخَمْسَةُ، فَرَفْعُهُ بِثُبُوْتِ نُوْنِ الْإِعْرَابِ، وَنَصْبُهُ وَجَزْمُهُ بِحَذْفِ نُوْنِ الْإِعْرَابِ، نَحْوُ: الْغَافِلُوْنَ يَتَمَنَّوْنَ أَن يَّدْخُلوا الْجَنَّةَ وَلَمْ يَعْمَلُوْا عَمَلَ أَهْلِهَا.

الْفَصْلُ الثَّانِي فِي إِعْرَابِ الْفِعْلِ التَّقْدِيْرِيِّ

الْفَصْلُ الثَّانِي فِي إِعْرَابِ الْفِعْلِ التَّقْدِيْرِيِّ، وَهُوَ قِسْمَانِ

الْقِسْمُ الْأَوَّلُ: الْفِعْلُ الْمُضَارِعُ مَعَ ضَمِيرٍ مُسْتَتِرٍ وَآخِرُهُ وَاوٌ أَوْ يَاءٌ

الْقِسْمُ الْأَوَّلُ الْفِعْلُ الْمُضَارِعُ مَعَ ضَمِيرٍ مُسْتَتِرٍ وَآخِرُهُ وَاوٌ أَوْ يَاءٌ، فَرَفْعُهُ بِالضَّمَّةِ الْمُقَدَّرَةِ وَنَصْبُهُ بِالْفَتْحَةِ الظَّاهِرَةِ وَجَزْمُهُ بِحَذْفِ حَرْفِ الْعِلَّةِ، نَحْوُ: لَمْ تُلْهِنَا الدُّنْيَا فَنَدْعُو اللهَ أَن يَّهْدِيَنَا

الْقِسْمُ الثَّانِي: الْفِعْلُ الْمُضَارِعُ مَعَ ضَمِيرٍ مُسْتَتِرٍ وَآخِرُهُ أَلِفٌ

الْقِسْمُ الثَّانِي الْفِعْلُ الْمُضَارِعُ مَعَ ضَمِيرٍ مُسْتَتِرٍ وَآخِرُهُ أَلِفٌ، فَرَفْعُهُ بِالضَّمَّةِ الْمُقَدَّرَةِ، وَنَصْبُهُ بِالْفَتْحَةِ الْمُقَدَّرَةِ وَجَزْمُهُ بِحَذْفِ حَرْفِ الْعِلَّةِ، نَحْوُ: نَسْعَى أَنْ يَرْضَى اللهُ عَنَّا وَلَمْ نَنْسَ اللهَ

الْفَصْلُ الثَّالِثُ فِيْ إِعْرَابِ الْفِعْلِ الْمَحَلِيِّ

الْفَصْلُ الثَّالِثُ فِيْ إِعْرَابِ الْفِعْلِ الْمَحَلِيِّ، فَيَكُوْنُ الْفِعْلُ مَرْفُوْعًا مَحَلًّا أَوْ مَنْصُوْبٌ مَحَلًّا أَوْ مَجْزُوْمًا مَحَلًّا، وَهُوَ ثَلَاثَةُ أَقْسَامٍ

الْقِسْمُ الْأَوَّلُ: الْفِعْلُ الْمُضَارِعُ مَعَ نُوْنِ النِّسْوَةِ

الْقِسْمُ الْأَوَّلُ الْفِعْلُ الْمُضَارِعُ مَعَ نُوْنِ النِّسْوَةِ، نَحْوُ: تَسْأَلْنَ أُمَّهَاتِكُنَّ أَنْ يَّدْعُوْنَ لَكُنَّ وَلَمْ تَعْصِيْنَهُنَّ.

الْقِسْمُ الثَّانِيْ: الْفِعْلُ الْمُضَارِعُ مَعَ ضَمِيْرٍ مُسْتَتِرٍ الْمُتَّصِلِ بِنُوْنِ التَّأْكِيْدِ

الْقِسْمُ الثَّانِي الْفِعْلُ الْمُضَارِعُ مَعَ ضَمِيْرٍ مُسْتَتِرٍ الْمُتَّصِلِ بِنُوْنِ التَّأْكِيْدِ، نَحْوُ: لَأَسْأَلَنَّ أَبِيْ أَنْ يَدْعُوَنَّ لِيْ وَلَا يَنْسَيَنَّنِيْ فِيْ دُعَائِهِ.

الْقِسْمُ الثَّالِثُ: الْفِعْلُ الْمَاضِي الَّذِيْ قَبْلَهُ نَاصِبٌ أَوْ جَازِمٌ

الْقِسْمُ الثَّالِثُ الْفِعْلُ الْمَاضِي الَّذِيْ قَبْلَهُ نَاصِبٌ أَوْ جَازِمٌ، نَحْوُ: إِنْ غَفَرَ اللهُ لِيْ دَخَلْتُ الْجَنَّةَ، وَأَرْجُوْ أَنْ قَدْ غَفَرَ لِيْ.[1]

---

[1] ﴿الْحَمْدُ لِلَّهِ الَّذِي هَدَانَا لِهَٰذَا وَمَا كُنَّا لِنَهْتَدِيَ لَوْلَا أَنْ هَدَانَا اللَّهُ﴾، قَدْ تَمَّتِ الصُّغْرَى فِي النَّحْوِ بِتَوْفِيْقِ اللهِ سُبْحَانَهُ وَتَعَالَى، وَأَرْجُوْ مِمَّنِ انْتَفَعَ بِهِ أَن يَّمُنَّ عَلَيَّ بِالدُّعَاءِ وَالِاسْتِغْفَارِ لِي وَلِوَالِدَيَّ وَلِأَسَاتِذَتِي وَلِكُلِّ مَنْ أَعَانَنِي فِي جَمْعِهِ وَتَرْتِيبِهِ وَتَحْشِيَتِهِ وَتَصْحِيحِهِ.

فَمَنْ شَاءَ الْمَزِيْدَ فَعَلَيْهِ بِكُتُبِ أَهْلِ الْفَنِّ، وَمَنْ ضَعُفَتْ هِمَّتُهُ فَعَلَيْهِ بِالْوُسْطَى فِي النَّحْوِ لِلْعَبْدِ الضَّعِيفِ.

الْجَداوِلُ

جَداوِلُ الْمقصِدِ الأَوَّلِ

الْفِعْلُ الْعَامِلُ

الْفِعْلُ الْعَامِلُ	قِياسِيٌّ	١	الْفِعْلُ اللَّازِمُ				جَلَسَ الطَّالِبُ أَمَامَ الْمُعَلِّمِ مُتَأَدِّبًا
		٢	الْفِعْلُ الْمُتَعَدِّي				يَعْبُدُ الْمُسْلِمُ اللهَ
	سَماعِيٌّ	١	الْأَفْعَالُ النَّاقِصَةُ	١	كَانَ وَأَخَوَاتُها	١	كَانَ الرَّجُلُ مَرِيْضًا
						٢	أَصْبَحَ الرَّجُلُ بَارِئًا
						٣	أَضْحَى الرَّجُلُ عَامِلًا
						٤	أَمْسَى الرَّجُلُ كَالًّا
						٥	ظَلَّ الصَّائِمُ مُسْتَغْفِرًا
						٦	بَاتَ الْعَابِدُ سَاجِدًا
						٧	صَارَ الْجَاهِلُ عَالِمًا
						٨	مَا بَرِحَ الْحَاجُّ مُلَبِّيًا
						٩	مَا انْفَكَّ الْمُذْنِبُ رَاجِيًا
						١٠	مَا زَالَ الْحُجَّاجُ وَاقِفِيْنَ
						١١	مَا فَتِئَ الْمُذْنِبُ نَادِمًا
						١٢	أُطْلُبُ الْعِلْمَ مَا دُمْتَ حَيًّا
						١٣	لَيْسَ رَبُّنَا ظَالِمًا
				٢	أَفْعَالُ الرَّجَاءِ	١	عَسَى اللهُ أَن يَّقْبَلَ صَوْمَ الْمُسْلِمِيْنَ
				٣	أَفْعَالُ الْمُقَارَبَةِ	٢	كَادَ الْمُؤَذِّنُ يُؤَذِّنُ
				٤	أَفْعَالُ الشُّرُوْعِ	٣	طَفِقَ الصَّائِمُوْنَ يُفْطِرُوْنَ
		٢	أَفْعَالُ الْمَدْحِ وَالذَّمِّ				نِعْمَتِ الْعِبَادَةُ الصَّلَاةُ بِئْسَ الْخُلُقُ الْكَسَلُ
		٣	صِيغَتَا التَّعَجُّبِ				مَا أَجْمَلَ الْقُرْآنَ أَجْمِلْ بِالْقُرْآنِ

الْحَرْفُ الْعَامِلُ

الْحَرْفُ الْعَامِلُ	تَعْمَلُ فِي الِاسْمِ	١	تَجُرُّ اسْمًا وَاحِدًا (حُرُوفُ الْجَرِّ)		١	أَسْتَعِينُ بِاللهِ
					٢	تُبْتُ مِنْ كُلِّ ذَنْبٍ
					٣	تبتُ إِلَى اللهِ
					٤	لَا نَرْغَبُ عَنْ سُنَّةِ نَبِيِّنَا ﷺ
					٥	تَجِبُ التَّوْبَةُ عَلَى كُلِّ مُذْنِبٍ
					٦	نَصُومُ لِلهِ
					٧	النَّجَاةُ فِي الصِّدْقِ
					٨	الْعِلْمُ كَالنُّورِ
					٩	أَعْبُدُ اللهَ حَتَّى الْمَوْتِ
					١٠	وَاللهِ لَا أَكْذِبَنَّ
					١١	تَاللهِ لَأَصْدُقَنَّ
					١٢	تُبْتُ مِنْ كُلِّ ذَنْبٍ فَعَلْتُهُ مُذْ يَوْمِ الْبُلُوغِ
					١٣	تَجِبُ الصَّلَاةُ مُنْذُ يَوْمِ الْبُلُوغِ
		٢	تَنْصِبُ اسْمًا وَاحِدًا		١	يَغْفِرُ اللهُ الذُّنُوبَ إِلَّا الشِّرْكَ
		٣	تَنْصِبُ الِاسْمَ وَتَرْفَعُ الْخَبَرَ		١	إِنَّ اللهَ رَحِيمٌ
					٢	أَعْلَمُ أَنَّ اللهَ غَفُورٌ
					٣	كَأَنَّ الْحَرَامَ نَارٌ
					٤	مَا فَازَ الْكَسُولُ لَكِنَّ الْمُجْتَهِدَ فَائِزٌ
					٥	لَعَلَّ اللهَ غَافِرُ ذَنْبِي
					٦	لَيْتَ السَّنَةَ رَمَضَانُ
					٧	لَا فَاعِلَ شَرٍّ فَائِزٌ
		٤	تَرْفَعُ الِاسْمَ وَتَنْصِبُ الْخَبَرَ		١	مَا الْمَالُ مَقْصُودَنَا
	تَعْمَلُ فِي الْفِعْلِ	١	تَنْصِبُ الْفِعْلَ الْمُضَارِعَ		١	أُحِبُّ أَنْ أُطِيعَ اللهَ
					٢	أُحِبُّ طُولَ الْعُمُرِ كَيْ أَطْلُبَ الْعِلْمَ
					٣	لَنْ أُشْرِكَ بِاللهِ
					٤	إِذَنْ تَدْخُلَ الْجَنَّةَ
		٢	تَجْزِمُ الْفِعْلَ الْمُضَارِعَ	تَجْزِمُ فِعْلًا وَاحِدًا	١	لَمْ تَطْلُعِ الشَّمْسُ
					٢	لَمَّا يُؤَذِّنِ الْمُؤَذِّنُ
					٣	لِيَذْهَبْ إِلَى الْمَسْجِدِ
					٤	لَا تَتْرُكْ صَلَاةَ الْفَجْرِ
				تَجْزِمُ فِعْلَيْنِ		إِنْ تَتُبْ تُغْفَرْ ذُنُوبُكَ

الِاسْمُ الْعَامِلُ

الِاسْمُ الْعَامِلُ	تَعْمَلُ فِي الِاسْمِ	١	الْمَصْدَرُ	يَسُرُّ الْأَبَوَيْنِ حِفْظُ أَوْلَادِهِمِ الْقُرْآنَ
		٢	الْمُشْتَقَّاتُ	كُلُّ حَسُودٍ مُحْرِقٌ حَسَدُهُ عَمَلَهُ
		٣	مَعْنَى الْفِعْلِ (اسْمُ الفِعْلِ)	هَيْهَاتَ الْمُذْنِبُ مِنَ اللهِ
		٤	الِاسْمُ الْمُضَافُ	رَمَضَانُ شَهْرُ الْقُرْآنِ
		٥	الِاسْمُ الْمُبْهَمُ	رَمَضَانُ ثَلَاثُونَ يَوْمًا
	تَعْمَلُ فِي الْفِعْلِ	أَسْمَاءُ شَرْطٍ	١	مَنْ يَعْمَلْ صَالِحًا يَدْخُلِ الْجَنَّةَ
			٢	مَا تَفْعَلُوا يَعْلَمْهُ اللهُ
			٣	مَهْمَا تَفْعَلْ تُسْأَلْ عَنْهُ
			٤	مَتَى تَحْسُدْ تَهْلِكْ
			٥	إِذَا مَا تَعْمَلْ بِعِلْمِكَ تَكُنْ خَيْرَ النَّاسِ
			٦	أَيَّانَ يَأْتِ الْمَوْتُ يُغْلَقْ بَابُ التَّوْبَةِ
			٧	أَيْنَ تُصَلِّ أُصَلِّ
			٨	﴿أَيْنَمَا تَكُونُوا يُدْرِككُّمُ الْمَوْتُ﴾
			٩	أَنَّى تُذْنِبْ يَعْلَمْهُ اللهُ
			١٠	حَيْثُمَا تَفْعَلْ يُكْتَبْ فِعْلُكَ
			١١	أَيَّ عَالِمٍ يَتَكَبَّرْ يُبْغِضْهُ اللهُ

الْعَامِلُ الْمَعْنَوِيُّ

الْعَامِلُ الْمَعْنَوِيُّ	١	الِابْتِدَاءُ	مُحَمَّدٌ ﷺ حَبِيبُنَا
	٢	خُلُوُّ الْمُضَارِعِ عَنِ النَّاصِبِ وَالْجَازِمِ	نُحِبُّ مُحَمَّدًا ﷺ

جَدَاوِلُ الْمَقْصِدِ الثَّانِي

الِاسْمُ الْمَعْمُوْلُ

الِاسْمُ الْمَعْمُوْلُ	الْمَعْمُوْلُ بِالْأَصَالَةِ	١	الْمَرْفُوْعُ	١	الْفَاعِلُ: رَحِمَ اللهُ التَّائِبَ
				٢	نَائِبُ الْفَاعِلِ، نَحْوُ: رُحِمَ التَّائِبُ
				٣	الْمُبْتَدَأُ: اللهُ رَبُّنَا
				٤	الْخَبَرُ نَحْوُ: مُحَمَّدٌ ﷺ رَسُوْلُنَا
				٥	اسْمُ كَانَ وَأَخَوَاتِهَا نَحْوُ: كَانَ رَسُوْلُ اللهِ ﷺ أُسْوَةً حَسَنَةً
				٦	اسْمُ الْحُرُوْفِ الْمُشَبَّهَةِ بِلَيْسَ نَحْوُ: مَا التَّكَبُّرُ لَائِقًا بِالْعَالِمِ
				٧	خَبَرُ إِنَّ وَأَخَوَاتِهَا نَحْوُ: إِنَّ الْبَعْثَ حَقٌّ
				٨	خَبَرُ لَا لِنَفْيِ الْجِنْسِ نَحْوُ: لَا عَمَلَ مُرَاءٍ مَقْبُوْلٌ
		٢	الْمَنْصُوْبُ	١	الْمَفْعُوْلُ الْمُطْلَقُ: ﴿اذْكُرُوا اللهَ ذِكْرًا كَثِيرًا﴾
				٢	الْمَفْعُوْلُ بِهِ: أَعْبُدُ اللهَ
				٣	الْمَفْعُوْلُ فِيْهِ: صُمْ شَهْرَ رَمَضَانَ
				٤	الْمَفْعُوْلُ لَهُ: اعْمَلْ طَلَبًا لِمَرْضَاةِ اللهِ
				٥	الْمَفْعُوْلُ مَعَهُ: يَفْنَى الْمَالُ وَتَبْقَى وَعَمَلَكَ
				٦	الْحَالُ: أَعْبُدُ اللهَ مُحْتَسِبًا
				٧	التَّمْيِيْزُ: رَمَضَانُ ثَلَاثُوْنَ يَوْمًا
				٨	الْمُسْتَثْنَى: ﴿فَسَجَدُوا إِلَّا إِبْلِيسَ﴾
				٩	خَبَرُ كَانَ وَأَخَوَاتِهَا: كَانَ رَسُوْلُ اللهِ ﷺ أُسْوَةً حَسَنَةً
				١٠	خَبَرُ الْحُرُوْفِ الْمُشَبَّهَةِ بِلَيْسَ: مَا الْمَالُ مَقْصُوْدَنَا
				١١	اسْمُ إِنَّ وَأَخَوَاتِهَا: إِنَّ الْبَعْثَ حَقٌّ
				١٢	اسْمُ لَا لِنَفْيِ الْجِنْسِ: لَا عَمَلَ مُرَاءٍ مَقْبُوْلٌ
		٣	الْمَجْرُوْرُ	١	الْمَجْرُوْرُ بِحَرْفِ الْجَرِّ: اِعْمَلْ بِإِخْلَاصٍ
				٢	الْمَجْرُوْرُ بِالْإِضَافَةِ: ذَنْبُ الْعَبْدِ يُسَوِّدُ قَلْبَهُ
	الْمَعْمُوْلُ بِالتَّبَعِيَّةِ	١	النَّعْتُ نَحْوُ: جَاءَ رَجُلٌ صَالِحٌ		
		٢	الْبَدَلُ نَحْوُ: أُعْبُدْ رَبَّكَ إِلَهَ الْعَالَمِيْنَ		
		٣	عَطْفُ الْبَيَانِ نَحْوُ: آمَنَّا بِنَبِيِّنَا مُحَمَّدٍ ﷺ		
		٤	الْعَطْفُ بِحَرْفِ عَاطِفٍ نَحْوُ: أَطِيْعُ اللهَ وَرَسُوْلَهُ ﷺ		
		٥	التَّأْكِيْدُ: نَحْوُ: اُتْرُكِ الذُّنُوْبَ كُلَّهَا		

الْفِعْلُ الْمَعْمُوْلُ

الْفِعْلُ الْمَعْمُوْلُ	١	الْمَرْفُوْعُ	الْمُضَارِعُ الْخَالِيْ عَنِ النَّوَاصِبِ وَالْجَوَازِمِ نَحْوُ: يُحِبُّ اللهُ التَّوْبَةَ
	٢	الْمَنْصُوْبُ	الْفِعْلُ الَّذِيْ دَخَلَهُ إِحْدَى النَّوَاصِبِ، نَحْوُ: أُحِبُّ أَنْ يَغْفِرَ اللهُ ذُنُوْبِيْ
	٣	الْمَجْزُوْمُ	الْفِعْلُ الَّذِيْ دَخَلَهُ إِحْدَى الْجَوَازِمِ، نَحْوُ: إِنْ تَتُبْ تُقْبَلْ تَوْبَتُكَ

جَدَاوِلُ الْمَقْصِدِ الثَّالِثِ

إِعْرَابُ الِاسْمِ

الْإِعْرَابُ اللَّفْظِيُّ

				مَرْفُوْعٌ	مَنْصُوْبٌ	مَجْرُوْرٌ
إِعْرَابٌ لَفْظِيٌّ	بِالْحَرَكَةِ	١	الْمُفْرَدُ الْمُنْصَرِفُ الْجَمْعُ الْمُكَسَّرُ الْمُنْصَرِفُ	ضَمَّةٌ الرَّسُوْلُ كُتُبٌ	فَتْحَةٌ الرَّسُوْلَ كُتُبًا	كَسْرَةٌ الرَّسُوْلِ كُتُبٍ
		٢	الْمُفْرَدُ غَيْرُ الْمُنْصَرِفِ الْجَمْعُ الْمُكَسَّرُ غَيْرُ الْمُنْصَرِفِ	ضَمَّةٌ أَحْمَدُ، أَنْبِيَاءُ	فَتْحَةٌ أَحْمَدَ، أَنْبِيَاءَ	
		٣	جَمْعُ الْمُؤَنَّثِ السَّالِمُ	ضَمَّةٌ آيَاتٌ	كَسْرَةٌ آيَاتٍ	
	بِالْحَرْفِ	١	الْأَسْمَاءُ الْخَمْسَةُ	وَاوٌ أَبُوْهُ	أَلِفٌ أَبَاهُ	يَاءٌ أَبِيْهِ
		٢	الْمُثَنَّى، كِلَا	أَلِفٌ الْوَالِدَانِ كِلَاهُمَا	يَاءٌ الْوَالِدَيْنِ كِلَيْهِمَا	
		٣	جَمْعُ الْمُذَكَّرِ السَّالِمُ	وَاوٌ الْمُرْسَلُوْنَ	يَاءٌ الْمُرْسَلِيْنَ	

الْإِعْرَابُ التَّقْدِيْرِيُّ

				مَرْفُوْعٌ	مَنْصُوْبٌ	مَجْرُوْرٌ
إِعْرَابٌ تَقْدِيْرِيٌّ	بِالْحَرَكَةِ الْمُقَدَّرَةِ	١	الِاسْمُ الْمَقْصُوْرُ الْمُنْصَرِفُ	ضَمَّةٌ مُقَدَّرَةٌ الْهُدٰى	فَتْحَةٌ مُقَدَّرَةٌ الْهُدٰى	كَسْرَةٌ مُقَدَّرَةٌ الْهُدٰى
		٢	الِاسْمُ الْمَقْصُوْرُ غَيْرُ الْمُنْصَرِفِ	ضَمَّةٌ مُقَدَّرَةٌ عِيْسَى	فَتْحَةٌ مُقَدَّرَةٌ عِيْسَى	
		٣	الِاسْمُ الْمَنْقُوْصُ	ضَمَّةٌ مُقَدَّرَةٌ الْعَاصِيْ	فَتْحَةٌ الْعَاصِيَ	كَسْرَةٌ مُقَدَّرَةٌ الْعَاصِيْ
		٤	الِاسْمُ الْمُضَافُ إِلَى يَاءِ الْمُتَكَلِّمِ	ضَمَّةٌ مُقَدَّرَةٌ رَبِّيْ	فَتْحَةٌ مُقَدَّرَةٌ رَبِّيْ	كَسْرَةٌ رَبِّيْ

الْإِعْرَابُ الْمَحَلِّيْ

			مَرْفُوْعٌ	مَنْصُوْبٌ	مَجْرُوْرٌ
إِعْرَابٌ مَحَلِّيٌّ	١	الاسْمُ الْمُؤَوَّلُ	أَنْ أُطِيْعَ اللهَ		
	٢	الِاسْمُ الْمُعْرَبُ الْمُشْتَغِلُ آخِرُهُ بِإِعْرَابٍ لَفْظِيٍّ	بِبَعْثِ اللهِ		
	٣	الْاِسْمُ الْمَبْنِيُّ	هُوَ، ذٰلِكَ، الَّذِيْ		

إِعْرَابُ الْفِعْلِ

			مَرْفُوعٌ	مَنْصُوبٌ	مَجْزُومٌ
إِعْرَابٌ لَفْظِيٌّ	١	الْمُضَارِعُ مَعَ ضَمِيرٍ مُسْتَتِرٍ وَآخِرُهُ حَرْفٌ صَحِيحٌ	ضَمَّةٌ نَطْمَعُ	فَتْحَةٌ أَنْ يَغْفِرَ	حَذْفُ الْحَرَكَةِ لَمْ نَقْنَطْ
	٢	الْأَفْعَالُ الْخَمْسَةُ	نُونٌ يَتَمَنَّوْنَ	حَذْفُ النُّوْنِ أَنْ يَدْخُلُوا ولَمْ يَعْمَلُوْا	
إِعْرَابٌ تَقْدِيرِيٌّ	١	الْمُضَارِعُ مَعَ ضَمِيرٍ مُسْتَتِرٍ وَآخِرُهُ وَاوٌ أَوْ يَاءٌ	ضَمَّةٌ مُقَدَّرَةٌ نَدْعُوْ	فَتْحَةٌ أَن يَّهْدِيَ	حَذْفُ الآخِرِ لَمْ تُلْهِ
	٢	الْمُضَارِعُ مَعَ ضَمِيرٍ مُسْتَتِرٍ وَآخِرُهُ أَلِفٌ	ضَمَّةٌ مُقَدَّرَةٌ نَسْعَى	فَتْحَةٌ مُقَدَّرَةٌ أَنْ يَرْضَى	حَذْفُ الآخِرِ لَمْ نَنْسَ
إِعْرَابٌ مَحَلِّيٌّ	١	الْمُضَارِعُ مَعَ نُوْنِ النِّسْوَةِ	تَسْأَلْنَ		
	٢	الْمُضَارِعُ مَعَ نُوْنِ التَّاكِيْدِ	لَأَسْأَلَنَّ		
	٣	الْمَاضِي قَبْلَهُ جَازِمٌ أَوْ نَاصِبٌ	إِنْ غَفَرَ، أَنْ قَدْ غَفَرَ		

الْمُحْتَوِيَاتُ

الْمُقَدِّمَةُ........ ٣

الْبَابُ الْأَوَّلُ فِي الْكَلِمَةِ........ ٣

الْبَابُ الثَّانِيْ فِي الْجُمْلَةِ........ ٣

الْبَابُ الثَّالِثُ فِي الْعَامِلِ وَالْمَعْمُوْلِ وَالْإِعْرَابِ........ ٤

اَلْمقْصِدُ الْأَوَّلُ فِيْ الْعَامِلِ........ ٥

اَلْبَابُ الْأَوَّلُ فِي الْفِعْلِ الْعَامِلِ........ ٥

اَلْبَابُ الثَّانِيْ فِي الْحَرْفِ الْعَامِلِ........ ٨

الْبَابُ الثَّالِثُ فِي الِاسْمِ الْعَامِلِ........ ١١

الْبَابُ الرَّابِعُ فِي الْعَامِلِ الْمَعْنَوِيِّ........ ١٢

الْخَاتِمَةُ........ ١٣

الْمَقْصِدُ الثَّانِيْ فِي الْمَعْمُوْلِ........ ١٤

الْبَابُ الْأَوَّلُ فِي الِاسْمِ الْمَعْمُوْلِ........ ١٤

الْبَابُ الثَّانِيْ فِي الْفِعْلِ الْمَعْمُوْلِ........ ١٦

الْمَقْصِدُ الثَّالِثُ فِي الْإِعْرَابِ........ ١٧

الْبَابُ الْأَوَّلُ فِي إِعْرَابِ الِاسْمِ........ ١٧

الْبَابُ الثَّانِيْ فِي إِعْرَابِ الْفِعْلِ........ ٢٢

الْجَدَاوِلُ........ ٢٥

الْمُحْتَوِيَاتُ........ ٣٢

الوسطى في

النحو

هاشم بن إسماعيل محمد البربدوسي

Al-Qalam Institute

بِسْمِ اللهِ الرَّحْمٰنِ الرَّحِيْمِ

الْحَمْدُ للهِ رَبِّ الْعَالَمِيْنَ، وَالصَّلَاةُ وَالسَّلَامُ عَلى سَيِّدِنَا مُحَمَّدٍ ﷺ وَآلِهِ وَأَصْحَابِهِ أَجْمَعِيْنَ.

أَمَّا بَعْدُ، فَهَذِهِ رِسَالَةٌ[١] فِي مُقَدِّمَةٍ وَثَلَاثَةِ مَقَاصِدَ وَخَاتِمَةٍ.

[١] هَذَا مُخْتَصَرٌ لِلْمُتَوَسِّطِيْنَ سَمَّيْتُهَا الْوُسْطَى فِي النَّحْوِ، اتَّخَذْتُهَا تَذْكِرَةً لِنَفْسِيْ وَلِمَنْ شَاءَ مِنَ الْإِخْوَانِ مِنْ بَعْدِيْ، سَلَكْتُ فِيْهِ مَا سَلَكْتُ فِي الصُّغْرَى مُضِيْفًا إِلَيْهِ مَا يَحْتَاجُ إِلَيْهِ الْمُتَوَسِّطُ مِنْ مَسَائِلَ اقْتَبَسْتُهَا مِن كُتُبِ أَهْلِ الْفَنِّ مِثْلِ كَافِيَةِ ابْنِ الْحَاجِبِ وَقَطْرِ النَّدَى وَشُذُوْرِ الذَّهَبِ وَنُكْتَةِ الْإِعْرَابِ وَقَوَاعِدِ الْإِعْرَابِ لِابْنِ هِشَامٍ وَإِظْهَارِ الْأَسْرَارِ لِلْبِرْكَوِيِّ وَغَيْرِهَا، وَآثَرْتُ تَوْضِيْحَ الْعِبَارَةِ عَلَى إِيْجَازِهَا وَإِيْرَادَ الْأَمْثِلَةِ عَلَى الِاعْتِمَادِ عَلَى فَهْمِ قَارِئِهَا.

ثُمَّ أَوْدَعَ بَعْضُ رُفْقَتِي - جَزَاهُمُ اللهُ خَيْرًا - فِي الْحَاشِيَةِ إِعْرَابَ الْأَمْثِلَةِ.

فَأَسْأَلُ اللهَ قَبُوْلًا وَتَوْفِيْقًا، وَأَعُوْذُ بِهِ أَن يَكُوْنَ سَعْيُنَا ﴿كَسَرَابٍ بِقِيْعَةٍ يَحْسَبُهُ الظَّمْآنُ مَآءً﴾[٢]

الْمُقَدِّمَةُ

الْمُقَدِّمَةُ، وَفِيْهَا ثَلَاثَةُ أَبْوَابٍ

الْبَابُ الْأَوَّلُ فِي الْكَلِمَةِ

الْبَابُ الْأَوَّلُ فِي الْكَلِمَةِ، وَهِيَ قَوْلٌ مُفْرَدٌ، وَهِيَ ثَلَاثَةُ أَقْسَامٍ:

الْقِسْمُ الْأَوَّلُ: الِاسْمُ

الْقِسْمُ الْأَوَّلُ الِاسْمُ، وَهُوَ مَا دَلَّ عَلَى مَعْنًى فِيْ نَفْسِهِ غَيْرِ مُقْتَرِنٍ بِزَمَانٍ، نَحْوُ: الرَّبُّ

الْقِسْمُ الثَّانِي: الْفِعْلُ

الْقِسْمُ الثَّانِي الْفِعْلُ، وَهُوَ مَا دَلَّ عَلَى مَعْنًى فِيْ نَفْسِهِ مُقْتَرِنٍ بِزَمَانٍ، نَحْوُ: عَبَدَ وَيَعْبُدُ وَاعْبُدْ

الْقِسْمُ الثَّالِثُ: الْحَرْفُ

الْقِسْمُ الثَّالِثُ الْحَرْفُ، وَهُوَ مَا دَلَّ عَلَى مَعْنًى فِيْ غَيْرِهِ، نَحْوُ: فِيْ وَإِنَّ.

الْبَابُ الثَّانِيْ فِي الْجُمْلَةِ وَشِبْهِ الْجُمْلَةِ وَالْكَلَامِ

الْبَابُ الثَّانِيْ فِي الْجُمْلَةِ وَشِبْهِ الْجُمْلَةِ وَالْكَلَامِ، وَفِيْهِ ثَلَاثَةُ فُصُوْلٍ

الْفَصْلُ الْأَوَّلُ فِي الْجُمْلَةِ

الْفَصْلُ الْأَوَّلُ فِي الْجُمْلَةِ، وَهِيَ مَا اشْتَمَلَتْ عَلَى مُسْنَدٍ وَمُسْنَدٍ إِلَيْهِ

أَرْكَانُ الْجُمْلَةِ

الْمُسْنَدُ إِلَيْهِ هُوَ الْمُبْتَدَأُ أَوِ الْفَاعِلُ

الْمُسْنَدُ هُوَ الْخَبَرُ أَوِ الْفِعْلُ

يُسَمَّى الْمُسْنَدُ إِلَيْهِ وَالْمُسْنَدُ عُمْدَةً، وَيُسَمَّى مَا سِوَاهُمَا فَضْلَةً

وَالْجُمْلَةُ قِسْمَانِ:

الْقِسْمُ الْأَوَّلُ: الْجُمْلَةُ الِاسْمِيَّةُ

الْقِسْمُ الْأَوَّلُ الْجُمْلَةُ الِاسْمِيَّةُ، وَهِيَ مَا صَدَرَتْ بِاسْمٍ، نَحْوُ: اللهُ خَالِقُ كُلِّ شَيْءٍ[1]

الْقِسْمُ الثَّانِي: الْجُمْلَةُ الْفِعْلِيَّةُ

الْقِسْمُ الثَّانِي الْجُمْلَةُ الْفِعْلِيَّةُ، وَهِيَ مَا صَدَرَتْ بِفِعْلٍ، نَحْوُ: خَلَقَ اللهُ كُلَّ شَيْءٍ[2]

الْفَصْلُ الثَّانِيْ فِيْ شِبْهِ الْجُمْلَةِ

الْفَصْلُ الثَّانِيْ فِيْ شِبْهِ الْجُمْلَةِ، وَهِيَ قِسْمَانِ:

الْقِسْمُ الْأَوَّلُ: الْجَارُّ وَالْمَجْرُوْرُ

الْقِسْمُ الْأَوَّلُ الْجَارُّ وَالْمَجْرُوْرُ، نَحْوُ: فِيْ مَكَّةَ

الْقِسْمُ الثَّانِي: الظَّرْفُ وَالْمُضَافُ إِلَيْهِ

الْقِسْمُ الثَّانِي الظَّرْفُ وَالْمُضَافُ إِلَيْهِ، نَحْوُ: عِنْدَ الْكَعْبَةِ

الْفَصْلُ الثَّالِثُ فِي الْكَلَامِ

الْفَصْلُ الثَّالِثُ فِي الْكَلَامِ، وَهُوَ قَوْلٌ مُفِيدٌ، وَهُوَ قِسْمَانِ:

---

[1] لَفْظُ الْجَلَالَةِ مُبْتَدَأٌ، مَرْفُوْعٌ بِالضَّمَّةِ؛ خَالِقُ خَبَرٌ، مَرْفُوْعٌ بِالضَّمَّةِ؛ كُلِّ مُضَافٌ إِلَيْهِ، مَجْرُوْرٌ بِالْكَسْرَةِ؛ شَيْءٍ مُضَافٌ إِلَيْهِ، مَجْرُوْرٌ بِالْكَسْرَةِ.

[2] خَلَقَ فِعْلٌ مَاضٍ، مَبْنِيٌّ عَلَى الْفَتْحِ؛ لَفْظُ الْجَلَالَةِ فَاعِلٌ، مَرْفُوْعٌ بِالضَّمَّةِ؛ كُلَّ مَفْعُوْلٌ بِهِ، مَنْصُوْبٌ بِالْفَتْحَةِ؛ شَيْءٍ مُضَافٌ إِلَيْهِ، مَجْرُوْرٌ بِالْكَسْرَةِ.

فَائِدَةٌ: تَقُوْلُ فِيْ إِعْرَابِ اللَّفْظِ الْمُعْرَبِ: مَرْفُوْعٌ بِالضَّمَّةِ (بِالتَّاءِ الْمَرْبُوْطَةِ فِيْ آخِرِ التَّاءِ)، وَتَقُوْلُ فِيْ إِعْرَابِ اللَّفْظِ الْمَبْنِيِّ: مَبْنِيٌّ عَلَى الضَّمِّ (بِغَيْرِ التَّاءِ)

الْقِسْمُ الْأَوَّلُ: الْمُوْجَبُ

الْقِسْمُ الْأَوَّلُ الْمُوْجَبُ، وَهُوَ مَا لَيْسَ فِيْهِ نَفْيٌ أَوْ نَهْيٌ أَوِ اسْتِفْهَامٌ، نَحْوُ: نَشْكُرُ اللهَ[1]

الْقِسْمُ الثَّانِيْ: غَيْرُ الْمُوْجَبِ

الْقِسْمُ الثَّانِيْ غَيْرُ الْمُوْجَبِ، وَهُوَ مَا فِيْهِ ...

نَفْيٌ، نَحْوُ: مَا أَشْرَكْنَا بِاللهِ أَحَدًا[2]،

أَوْ نَهْيٌ، نَحْوُ: لَا تُشْرِكْ بِاللهِ أَحَدًا[3]،

أَوِ اسْتِفْهَامٌ، نَحْوُ: أَتُشْرِكُوْنَ بِاللهِ؟[4]

الْبَابُ الثَّالِثُ فِي الْعَامِلِ وَالْمَعْمُوْلِ وَالْإِعْرَابِ

الْبَابُ الثَّالِثُ فِي الْعَامِلِ وَالْمَعْمُوْلِ وَالْإِعْرَابِ، وفِيْهِ ثَلَاثَةُ فُصُوْلٍ:

الْفَصْلُ الْأَوَّلُ فِي الْعَامِلِ وَغَيْرِ الْعَامِلِ

الْفَصْلُ الْأَوَّلُ فِي الْعَامِلِ وَغَيْرِ الْعَامِلِ

---

[1] نَشْكُرُ فِعْلٌ مُضَارِعٌ، مَرْفُوْعٌ بِالضَّمَّةِ؛ نَحْنُ ضَمِيْرٌ مُسْتَتِرٌ، فَاعِلٌ، مَرْفُوْعٌ مَحَلًّا؛ لَفْظُ الْجَلَالَةِ مَفْعُوْلٌ بِهِ، مَنْصُوْبٌ بِالْفَتْحَةِ.

[2] مَا حَرْفُ نَفْيٍ، مَبْنِيٌّ عَلَى السُّكُوْنِ؛ أَشْرَكْنَا فِعْلٌ مَاضٍ، مَبْنِيٌّ عَلَى السُّكُوْنِ؛ نَا فَاعِلٌ، مَرْفُوْعٌ مَحَلًّا، مَبْنِيٌّ عَلَى السُّكُوْنِ؛ الْبَاءُ حَرْفُ جَرٍّ، مَبْنِيٌّ عَلَى الْكَسْرِ؛ لَفْظُ الْجَلَالَةِ مَجْرُوْرٌ بِالْكَسْرَةِ، وَشِبْهُ الْجُمْلَةِ مَفْعُوْلٌ بِهِ ثَانٍ غَيْرُ صَرِيْحٍ، مَنْصُوْبٌ مَحَلًّا؛ أَحَدًا مَفْعُوْلٌ بِهِ، مَنْصُوْبٌ بِالْفَتْحَةِ.

[3] لَا حَرْفُ نَهْيٍ، مَبْنِيٌّ عَلَى السُّكُوْنِ؛ تُشْرِكْ فِعْلٌ مُضَارِعٌ، مَجْزُوْمٌ بِالسُّكُوْنِ؛ أَنْتَ ضَمِيْرٌ مُسْتَتِرٌ، فَاعِلٌ، مَرْفُوْعٌ مَحَلًّا...

[4] الْهَمْزَةُ حَرْفُ اسْتِفْهَامٍ، مَبْنِيٌّ عَلَى الْفَتْحِ، تُشْرِكُوْنَ فِعْلٌ مُضَارِعٌ ، مَرْفُوْعٌ بِثُبُوْتِ النُّوْنِ، والْوَاوُ فَاعِلٌ، مَرْفُوْعَةٌ مَحَلًّا، مَبْنِيٌّ عَلَى السُّكُوْنِ...

فَالْعَامِلُ مَا يُوْجِبُ حَالَةً، نَحْوُ لَنْ فِيْ قَوْلِنَا: لَنْ نُشْرِكَ بِرَبِّنَا[1]

وَغَيْرُ الْعَامِلِ مَا لَا يُوْجِبُ حَالَةً، نَحْوُ مَا فِيْ قَوْلِنَا: مَا أَشْرَكْنَا

الْفَصْلُ الثَّانِيْ فِي الْمَعْمُوْلِ وَغَيْرِ الْمَعْمُوْلِ

الْفَصْلُ الثَّانِي فِي الْمَعْمُوْلِ وَغَيْرِ الْمَعْمُوْلِ

الْمَعْمُوْلُ مَا يَقْبَلُ حَالَةً وَيَكُوْنُ لَهُ إِعْرَابٌ، نَحْوُ الرَّسُوْلِ فِيْ قَوْلِنَا: مَا كَذَبَ الرَّسُوْلُ ﷺ

وَغَيْرُ الْمَعْمُوْلِ مَا لَا يَقْبَلُ حَالَةً وَلَا يَكُوْنُ لَهُ إِعْرَابٌ، نَحْوُ مَا فِيْ قَوْلِنَا: مَا كَذَبَ الرَّسُوْلُ ﷺ

الْفَصْلُ الثَّالِثُ فِي الْإِعْرَابِ

الْفَصْلُ الثَّالِثُ فِي الْإِعْرَابِ، وَهُوَ أَثَرٌ يَجْلِبُهُ الْعَامِلُ فِيْ آخِرِ الْكَلِمَةِ، نَحْوُ الضَّمَّةِ فِيْ قَوْلِنَا: مَا كَذَبَ الرَّسُوْلُ ﷺ

[1] لَنْ حَرْفُ نَفْيٍ، مَبْنِيٌّ عَلَى السُّكُوْنِ، نُشْرِكَ فِعْلٌ مُضَارِعٌ، مَنْصُوْبٌ بِالْفَتْحَةِ ...

الْمَقْصِدُ الْأَوَّلُ فِي الْعَامِلِ وَغيْرِ الْعَامِلِ

الْمَقْصِدُ الْأَوَّلُ فِي الْعَامِلِ وَغَيْرِ الْعَامِلِ، وَفِيْهِ مُقَدِّمَةٌ وَأَرْبَعَةُ أَبْوَابٍ وَخَاتِمَةٌ

الْمُقَدِّمَةُ

الْمُقَدِّمَةُ فِي الْعَامِلِ وَغيْرِ الْعَامِلِ

الْعَامِلُ هُوَ ...

الْأَفْعَالُ كُلُّهَا عَامِلَةٌ

وَبَعْضُ الْحُرُوْفِ

وَبَعْضُ الْأَسْمَاءِ

وَغيْرُ الْعَامِلِ هُوَ

بَعْضُ الْحُرُوْفِ

وَبَعْضُ الْأَسْمَاءِ

وَالْجُمْلَةُ كُلُّهَا

وَشِبْهُ الْجُمْلَةِ كُلُّهَا

الْبَابُ الْأَوَّلُ فِي الْفِعْلِ

الْبَابُ الْأَوَّلُ فِي الْفِعْلِ، وَهُوَ نَوْعَانِ:

النَّوْعُ الْأَوَّلُ: الْقِيَاسِيُّ

النَّوْعُ الْأَوَّلُ الْقِيَاسِيُّ، وَهُوَ يَرْفَعُ الْفَاعِلَ أَوْنَائِبَهُ وَيَنْصِبُ الْمَفَاعِيْلَ وَالْحَالَ

مَعْنَى الْقِيَاسِيِّ

الْقِيَاسِيُّ مَا لَهُ قَاعِدَةٌ مُطَّرِدَةٌ

وَهُوَ قِسْمَانِ:

الْقِسْمُ الْأَوَّلُ: الْفِعْلُ اللَّازِمُ

الْقِسْمُ الْأَوَّلُ الْفِعْلُ اللَّازِمُ، وَهُوَ الَّذِيْ لَا يَتَجَاوَزُ أَثَرُ فَاعِلِهِ إِلَى الْمَفْعُوْلِ بِهِ، نَحْوُ: جَلَسَ الطَّالِبُ.

مَسْأَلَةٌ

يَتَجَاوَزُ أَثَرُ فَاعِلِ الْفِعْلِ اللَّازِمِ إِلَى غَيْرِ الْمَفْعُوْلِ بِهِ مِثْلِ الْمَفْعُوْلِ فِيْهِ وَالْمَفْعُوْلِ لَهُ وَالْمَفْعُوْلِ مَعَهُ وَالْحَالِ وَالتَّمْيِيْزِ، نَحْوُ: جَلَسَ الطَّالِبُ أَمَامَ الْمُعَلِّمِ مُتَأَدِّبًا[1].

الْقِسْمُ الثَّانِي: الْفِعْلُ الْمُتَعَدِّيْ

الْقِسْمُ الثَّانِي الْفِعْلُ الْمُتَعَدِّيْ، وَهُوَ الَّذِيْ يَتَجَاوَزُ أَثَرُ فَاعِلِهِ إِلَى الْمَفْعُوْلِ بِهِ، نَحْوُ: حَفِظَ الصَّدِيْقَانِ الْقُرْآنَ[2].

الْمُتَعَدِّيْ بِنَفْسِهِ وَالْمُتَعَدِّيْ بِوَاسِطَةِ حَرْفِ جَرٍّ

قَدْ يَكُوْنُ الْفِعْلُ مُتَعَدِّيًا بِنَفْسِهِ، نَحْوُ: اتَّبَعَ الْمُسْلِمُوْنَ الْمُرْسَلِيْنَ عليهم السلام[3]، وَقَدْ يَكُوْنُ الْفِعْلُ مُتَعَدِّيًا بِوَاسِطَةِ حَرْفِ جَرٍّ، نَحْوُ: تَمَسَّكَتِ الصَّالِحَاتُ بِسُنَّةِ الْحَبِيْبِ ﷺ[4]

---

[1] جَلَسَ فِعْلٌ مَاضٍ، مَبْنِيٌّ عَلَى الْفَتْحِ؛ الطَّالِبُ فَاعِلٌ، مَرْفُوْعٌ بِالضَّمَّةِ؛ أَمَامَ مَفْعُوْلٌ فِيْهِ، مَنْصُوْبٌ بِالْفَتْحَةِ؛ الْمُعَلِّمِ مُضَافٌ إِلَيْهِ، مَجْرُوْرٌ بِالْكَسْرَةِ، مُتَأَدِّبًا حَالٌ مِنَ الْفَاعِلِ، مَنْصُوْبٌ بِالْفَتْحَةِ.

[2] حَفِظَ فِعْلٌ مَاضٍ، مَبْنِيٌّ عَلَى الْفَتْحِ؛ الصَّدِيْقَانِ فَاعِلٌ، مَرْفُوْعٌ بِالْأَلِفِ؛ الْقُرْآنَ مَفْعُوْلٌ بِهِ، مَنْصُوْبٌ بِالْفَتْحَةِ.

[3] اتَّبَعَ فِعْلٌ مَاضٍ، مَبْنِيٌّ عَلَى الْفَتْحِ؛ الْمُسْلِمُوْنَ فَاعِلٌ، مَرْفُوْعٌ بِالْوَاوِ؛ الْمُرْسَلِيْنَ مَفْعُوْلٌ بِهِ، مَنْصُوْبٌ بِالْيَاءِ.

[4] تَمَسَّكَتِ فِعْلٌ مَاضٍ، مَبْنِيٌّ عَلَى الْفَتْحِ، وَالتَّاءُ عَلَامَةُ التَّأْنِيْثِ، مَبْنِيٌّ عَلَى السُّكُوْنِ، كُسِرَتْ لِالْتِقَاءِ السَّاكِنَيْنِ؛ الصَّالِحَاتُ فَاعِلٌ، مَرْفُوْعٌ بِالضَّمَّةِ؛ وَالْبَاءُ حَرْفُ جَرٍّ، مَبْنِيٌّ عَلَى الْكَسْرِ؛ سُنَّةِ مَجْرُوْرٌ

وَحِيْنَئِذٍ يُسَمَّى الْمَفْعُوْلُ بِهِ مَفْعُوْلًا بِهِ غَيْرَ صَرِيْحٍ

وَالْفِعْلُ الْمُتَعَدِّيْ ثَلَاثَةُ أَضْرُبٍ:

الضَّرْبُ الْأَوَّلُ: الْفِعْلُ الْمُتَعَدِّيْ إِلَى مَفْعُوْلٍ وَاحِدٍ

الضَّرْبُ الْأَوَّلُ الْفِعْلُ الْمُتَعَدِّيْ إِلَى مَفْعُوْلٍ وَاحِدٍ، نَحْوُ: خَلَقَ اللهُ السَّمَاوَاتِ وَالْأَرْضَ[١]

الضَّرْبُ الثَّانِي: الْفِعْلُ الْمُتَعَدِّيْ إِلَى مَفْعُوْلَيْنِ

الضَّرْبُ الثَّانِي الْفِعْلُ الْمُتَعَدِّيْ إِلَى مَفْعُوْلَيْنِ، وَهُوَ اثْنَانِ:

الْأَوَّلُ فِعْلٌ لَيْسَ مَفْعُوْلَاهُ مُبْتَدَأً وَخَبَرًا فِي الْأَصْلِ، نَحْوُ: ﴿وَآتَيْنَا دَاوُدَ زَبُوْرًا﴾[٢]

الثَّانِي فِعْلٌ مَفْعُوْلَاهُ مُبْتَدَأٌ وَخَبَرٌ فِي الْأَصْلِ، نَحْوُ: ظَنَّ أَحْمَدُ خَالِدًا صَادِقًا.[٣] أَصْلُهُ خَالِدٌ صَادِقٌ.

مسألة

يُسَمَّى الْفِعْلُ الَّذِي مَفْعُوْلَاهُ مُبْتَدَأٌ وَخَبَرٌ فِي الْأَصْلِ فِعْلَ قَلْبٍ أَوْ فِعْلَ تَحْوِيْلٍ.

بِالْكَسْرَةِ؛ الْحَبِيْبِ ﷺ مُضَافٌ إِلَيْهِ، مَجْرُوْرٌ بِالْكَسْرَةِ؛ وَشِبْهُ الْجُمْلَةِ مَفْعُوْلٌ بِهِ غَيْرُ صَرِيْحٍ، مَنْصُوْبٌ مَحَلًّا.

[١] ... السَّمَاوَاتِ مَفْعُوْلٌ بِهِ، مَنْصُوْبٌ بِالْكَسْرَةِ؛ الْوَاوُ حَرْفُ عَطْفٍ، مَبْنِيَّةٌ عَلَى الْفَتْحِ؛ الْأَرْضَ مَعْطُوْفٌ عَلَى السَّمَاوَاتِ، مَنْصُوْبٌ بِالْفَتْحَةِ.

[٢] آتَيْنَا فِعْلٌ مَاضٍ، مَبْنِيٌّ عَلَى السُّكُوْنِ؛ نَا فَاعِلٌ، مَرْفُوْعٌ مَحَلًّا، مَبْنِيٌّ عَلَى السُّكُوْنِ؛ دَاوُدَ مَفْعُوْلٌ بِهِ، مَنْصُوْبٌ بِالْفَتْحَةِ؛ زَبُوْرًا مَفْعُوْلٌ بِهِ ثَانٍ، مَنْصُوْبٌ بِالْفَتْحَةِ.

[٣] ظَنَّ فِعْلٌ مَاضٍ، مَبْنِيٌّ عَلَى الْفَتْحِ؛ أَحْمَدُ فَاعِلٌ، مَرْفُوْعٌ بِالضَّمَّةِ؛ خَالِدًا مَفْعُوْلٌ بِهِ، مَنْصُوْبٌ بِالْفَتْحَةِ؛ صَادِقًا مَفْعُوْلٌ بِهِ ثَانٍ، مَنْصُوْبٌ بِالْفَتْحَةِ.

أَفْعَالُ الْقُلُوْبِ والتَّحْوِيْلِ

مِنْ أَفْعَالِ الْقُلُوْبِ ...

مَا تَدُلُّ عَلَى الْيَقِيْنِ، مِنْهَا: رَأَى وَعَلِمَ، نَحْوُ: أَرَى الْإِسْلَامَ حَقًّا

وَمَا تَدُلُّ عَلَى الظَّنِّ، مِنْهَا: ظَنَّ وَحَسِبَ، نَحْوُ: ظَنَّ الْكَافِرُ الْآخِرَةَ أُسْطُوْرَةً

مِنْ أَفْعَالِ التَّحْوِيْلِ صَيَّرَ وَجَعَلَ وَتَرَكَ، نَحْوُ: جَعَلَ الْقُرْآنُ الصَّحَابَةَ نُجُوْمًا.

الضَّرْبُ الثَّالِثُ: الْفِعْلُ الْمُتَعَدِّيْ إِلَى ثَلَاثَةِ مَفَاعِيْلَ

الضَّرْبُ الثَّالِثُ الْفِعْلُ الْمُتَعَدِّيْ إِلَى ثَلَاثَةِ مَفَاعِيْلَ، وَلَا يَكُوْنُ إِلَّا فِعْلَ قَلْبٍ، وَالْمَفْعُوْلُ الثَّانِي وَالثَّالِثُ يَكُوْنَانِ مُبْتَدَأً وَخَبَرًا فِي الْأَصْلِ، نَحْوُ: أَنْبَأَتْكَ فَاطِمَةُ اللهَ أَكْبَرَ.[1]

السَّادَّةُ مَسَدَّ الْمَفْعُوْلَيْنِ

قَدْ يَسُدُّ مَسَدَّ مَفْعُوْلَيْ أَفْعَالِ الْقُلُوْبِ ...

الِاسْمُ الْمُؤَوَّلُ، نَحْوُ: أَعْلَمُ أَنَّ مُحَمَّدًا ﷺ عَبْدُ اللهِ وَرَسُوْلُهُ[2]

---

[1] أَنْبَأَتْ فِعْلٌ مَاضٍ، مَبْنِيٌّ عَلَى الْفَتْحِ؛ وَالتَّاءُ عَلَامَةُ التَّأْنِيْثِ، مَبْنِيٌّ عَلَى السُّكُوْنِ؛ الْكَافُ مَفْعُوْلٌ بِهِ مُقَدَّمٌ، مَنْصُوْبٌ مَحَلًّا، مَبْنِيٌّ عَلَى الْفَتْحِ؛ فَاطِمَةُ فَاعِلٌ، مَرْفُوْعٌ بِالضَّمَّةِ؛ لَفْظُ الْجَلَالَةِ مَفْعُوْلٌ بِهِ ثَانٍ، مَنْصُوْبٌ بِالْفَتْحَةِ؛ أَكْبَرَ مَفْعُوْلٌ بِهِ ثَالِثٌ، مَنْصُوْبٌ بِالْفَتْحَةِ.

[2] أَعْلَمُ فِعْلٌ مُضَارِعٌ، مَرْفُوْعٌ بِالضَّمَّةِ؛ أَنَا ضَمِيرٌ مُسْتَتِرٌ، فَاعِلٌ، مَرْفُوْعٌ مَحَلًّا؛ أَنَّ حَرْفٌ مُشَبَّهٌ بِالْفِعْلِ، مَبْنِيٌّ عَلَى الْفَتْحِ؛ مُحَمَّدًا اسْمُ أَنَّ، مَنْصُوْبٌ بِالْفَتْحَةِ؛ عَبْدُ خَبَرُ أَنَّ، مَرْفُوْعٌ بِالضَّمَةِ؛ لَفْظُ الْجَلَالَةِ مُضَافٌ إِلَيْهِ، مَجْرُوْرٌ بِالْكَسْرَةِ؛ الْوَاوُ حَرْفُ عَطْفٍ، مَبْنِيَّةٌ عَلَى الْفَتْحِ؛ رَسُوْلُ مَعْطُوْفٌ عَلَى عَبْد، مَرْفُوْعٌ بِالضَّمَةِ؛ الْهَاءُ مُضَافٌ إِلَيْهِ، مَجْرُوْرٌ مَحَلًّا، مَبْنِيٌّ عَلَى الضَّمِّ؛ وَأَنَّ وَمَا بَعْدَهَا اسْمٌ مُؤَوَّلٌ، سَادٌّ مَسَدَّ مَفْعُوْلَيْ أَعْلَمُ، مَنْصُوْبٌ مَحَلًّا.

أَوِ الْجُمْلَةُ، نَحْوُ: عَلِمْتَ مَا أَنَا كَاذِبًا[١]

النَّوْعُ الثَّانِي: السَّمَاعِيُّ

النَّوْعُ الثَّانِي السَّمَاعِيُّ

مَعْنَى السَّمَاعِيِّ

السَّمَاعِيُّ مَا لَيْسَ لَهُ قَاعِدَةٌ مُطَّرِدَةٌ، بَلْ يَتَوَقَّفُ عَلَى السَّمَاعِ

وَهُوَ ثَلَاثَةُ أَقْسَامٍ:

الْقِسْمُ الْأَوَّلُ: الْأَفْعَالُ النَّاقِصَةُ

الْقِسْمُ الْأَوَّلُ الْأَفْعَالُ النَّاقِصَةُ، وَهِيَ أَفْعَالٌ تَدْخُلُ عَلَى الْمُبْتَدَإِ وَالْخَبَرِ، وَتَرْفَعُ الْأَوَّلَ وَيُسَمَّى اسْمَهَا، وَتَنْصِبُ الثَّانِيَ وَيُسَمَّى خَبَرَهَا، وَهِيَ أَرْبَعَةُ أَضْرُبٍ:

الضَّرْبُ الْأَوَّلُ: كَانَ وَأَخَوَاتُهَا

الضَّرْبُ الْأَوَّلُ كَانَ وَأَخَوَاتُهَا، وَهِيَ ثَلَاثَةَ عَشَرَ:

الْأَوَّلُ كَانَ، وَهُوَ لِاتِّصَافِ الِاسْمِ بِالْخَبَرِ فِي الْمَاضِي، نَحْوُ: كَانَ الرَّجُلُ مَرِيضًا[٢]

حَذْفُ نُوْنِ كَلِمَةِ كَانَ

يَجُوزُ حَذْفُ نُوْنِ كَلِمَةِ يَكُوْنُ وَتَكُوْنُ وَأَكُوْنُ وَنَكُوْنُ إِذَا كَانَتْ مَجْزُوْمَةً وَلَيْسَ

---

[١] عَلِمْتَ فِعْلٌ مَاضٍ، مَبْنِيٌّ عَلَى السُّكُوْنِ، تَ فَاعِلٌ، مَرْفُوْعٌ مَحَلًّا، مَبْنِيٌّ عَلَى الْفَتْحِ؛ مَا حَرْفٌ مُشَبَّهٌ بِلَيْسَ، مَبْنِيٌّ عَلَى السُّكُوْنِ؛ أَنَا اسْمُ مَا، مَرْفُوْعٌ مَحَلًّا، مَبْنِيٌّ عَلَى السُّكُوْنِ؛ كَاذِبًا خَبَرُ مَا، مَنْصُوْبٌ بِالْفَتْحَةِ؛ وَجُمْلَةُ مَا أَنَا كَاذِبًا سَادَّةٌ مَسَدَّ مَفْعُوْلَيْ عَلِمْتَ، مَنْصُوْبٌ مَحَلًّا.

[٢] كَانَ فِعْلٌ مَاضٍ نَاقِصٌ، مَبْنِيٌّ عَلَى الْفَتْحِ، الرَّجُلُ اسْمُ كَانَ، مَرْفُوْعٌ بِالضَّمَّةِ؛ مَرِيْضًا خَبَرُ كَانَ، مَنْصُوْبٌ بِالْفَتْحَةِ.

بَعْدَهَا سَاكِنٌ، نَحْوُ: ﴿لَمْ نَكُ مِنَ الْمُصَلِّيْنَ﴾[١]

الثَّانِي أَصْبَحَ، وَهُوَ لِاتِّصَافِ الِاسْمِ بِالْخَبَرِ وَقْتَ الصَّبَاحِ، نَحْوُ: أَصْبَحَ الرَّجُلُ بَارِئًا[٢]

الثَّالِثُ أَضْحَى، وَهُوَ لِاتِّصَافِ الِاسْمِ بِالْخَبَرِ وَقْتَ الضُّحَى، نَحْوُ: أَضْحَى الرَّجُلُ عَامِلًا[٣]

الرَّابِعُ أَمْسَى، وَهُوَ لِاتِّصَافِ الِاسْمِ بِالْخَبَرِ وَقْتَ الْمَسَاءِ، نَحْوُ: أَمْسَى الرَّجُلُ كَالًّا

الْخَامِسُ ظَلَّ، وَهُوَ لِاتِّصَافِ الِاسْمِ بِالْخَبَرِ وَقْتَ الظِّلِّ، وَهُوَ النَّهَارُ، نَحْوُ: ظَلَّ الصَّائِمُ مُسْتَغْفِرًا

السَّادِسُ بَاتَ، وَهُوَ لِاتِّصَافِ الِاسْمِ بِالْخَبَرِ وَقْتَ الْمَبِيْتِ، وَهُوَ اللَّيْلُ، نَحْوُ: بَاتَ الْعَابِدُ سَاجِدًا

السَّابِعُ صَارَ، وَهُوَ لِلتَّحَوُّلِ، نَحْوُ: صَارَ الْمُذْنِبُ مُتَّقِيًا

الْأَفْعَالُ النَّاقِصَةُ بِمَعْنَى صَارَ

قَدْ تَكُوْنُ كَانَ وَأَصْبَحَ وَأَضْحَى وَأَمْسَى وَظَلَّ وَبَاتَ بِمَعْنَى صَارَ، نَحْوُ: كَانَ

---

[١] لَمْ حَرْفُ نَفْيٍ، مَبْنِيٌّ عَلَى السُّكُوْنِ؛ نَكُ فِعْلٌ مُضَارِعٌ نَاقِصٌ، مَجْزُوْمٌ بِسُكُوْنٍ مُقَدَّرٍ؛ نَحْنُ ضَمِيْرٌ مُسْتَتِرٌ، اسْمُ كَانَ، مَرْفُوْعٌ مَحَلًّا؛ مِنْ حَرْفُ جَرٍّ، مَبْنِيٌّ عَلَى السُّكُوْنِ، فُتِحَتْ لِالْتِقَاءِ السَّاكِنَيْنِ؛ الْمُصَلِّيْنَ مَجْرُوْرٌ بِالْيَاءِ؛ وَشِبْهُ الْجُمْلَةِ مَفْعُوْلٌ فِيْهِ غَيْرُ صَرِيْحٍ لِمَحْذُوْفٍ، تَقْدِيْرُهُ اسْتَقَرَّ، مَنْصُوْبٌ مَحَلًّا؛ وَالْمَحْذُوْفُ مَعَ شِبْهِ الْجُمْلَةِ خَبَرُ كَانَ، مَنْصُوْبٌ مَحَلًّا.

فَائِدَةٌ: يَجُوْزُ أَنْ تَقُوْلَ اخْتِصَارًا: وَشِبْهُ الْجُمْلَةِ خَبَرُ كَانَ، مَنْصُوْبٌ مَحَلًّا.

[٢] أَصْبَحَ فِعْلٌ مَاضٍ نَاقِصٌ، مَبْنِيٌّ عَلَى الْفَتْحِ؛ الرَّجُلُ اسْمُ أَصْبَحَ، مَرْفُوْعٌ بِالضَّمَّةِ؛ بَارِئًا خَبَرُ أَصْبَحَ، مَنْصُوْبٌ بِالْفَتْحَةِ.

[٣] أَضْحَى فِعْلٌ مَاضٍ نَاقِصٌ، مَبْنِيٌّ عَلَى الْفَتْحِ الْمُقَدَّرِ ...

الْأَنْصَارُ أَعْدَاءً فَأَصْبَحُوْا إِخْوَانًا[1]

الثَّامِنُ مَا بَرِحَ، وَهُوَ لِلِاسْتِمْرَارِ، نَحْوُ: مَا بَرِحَ الْحَاجُّ مُلَبِّيًا[2]

التَّاسِعُ مَا انْفَكَّ، وَهُوَ لِلِاسْتِمْرَارِ، نَحْوُ: مَا انْفَكَّ الْمُذْنِبُ رَاجِيًا

الْعَاشِرُ مَا زَالَ، وَهُوَ لِلِاسْتِمْرَارِ، نَحْوُ: مَا زَالَ الْحُجَّاجُ وَاقِفِيْنَ[3]

الْحَادِيْ عَشَرَ مَا فَتِئَ، وَهُوَ لِلِاسْتِمْرَارِ، نَحْوُ: مَا فَتِئَ الْمُذْنِبُ نَادِمًا

الثَّانِيْ عَشَرَ مَا دَامَ، وَهُوَ لِتَوْقِيْتِ مَا قَبْلَهُ بِمُدَّةِ اتِّصَافِ الِاسْمِ بِالْخَبَرِ، نَحْوُ: أَطْلُبُ الْعِلْمَ مَا دُمْتُ حَيًّا[4]

الثَّالِثُ عَشَرَ: لَيْسَ، وَهُوَ لِنَفْيِ الْحَالِ، نَحْوُ: لَيْسَ رَبُّنَا ظَالِمًا[5]

وُقُوْعُ الْأَفْعَالِ النَّاقِصَةِ تَامَّةً

قَدْ تَكُوْنُ كَانَ وَأَخَوَاتُهَا تَامَّةً إِلَّا مَا زَالَ وَمَا فَتِئَ وَلَيْسَ

---

[1] ... أَصْبَحُوْا فِعْلٌ مَاضٍ نَاقِصٌ، مَبْنِيٌّ عَلَى الضَّمِّ؛ الْوَاوُ اسْمُ أَصْبَحَ، مَرْفُوْعٌ مَحَلًّا، مَبْنِيٌّ عَلَى السُّكُوْنِ؛ إِخْوَانًا خَبَرُ أَصْبَحَ، مَنْصُوْبٌ بِالْفَتْحَةِ.

[2] مَا حَرْفُ نَفْيٍ، مَبْنِيٌّ عَلَى السُّكُوْنِ؛ بَرِحَ فِعْلٌ مَاضٍ نَاقِصٌ، مَبْنِيٌّ عَلَى الْفَتْحِ؛ الْحَاجُّ اسْمُ بَرِحَ، مَرْفُوْعٌ بِالضَّمَّةِ؛ مُلَبِّيًا خَبَرُ بَرِحَ، مَنْصُوْبٌ بِالْفَتْحَةِ.

[3] ... وَاقِفِيْنَ خَبَرُ زَالَ، مَنْصُوْبٌ بِالْيَاءِ.

[4] أَطْلُبُ فِعْلٌ مُضَارِعٌ، مَرْفُوْعٌ بِالضَّمَّةِ؛ أَنَا ضَمِيْرٌ مُسْتَتِرٌ، فَاعِلٌ، مَرْفُوْعٌ مَحَلًّا؛ الْعِلْمَ مَفْعُوْلٌ بِهِ، مَنْصُوْبٌ بِالْفَتْحَةِ؛ مَا حَرْفُ مَصْدَرٍ، مَبْنِيٌّ عَلَى السُّكُوْنِ؛ دُمْتُ فِعْلٌ مَاضٍ نَاقِصٌ، مَبْنِيٌّ عَلَى السُّكُوْنِ؛ تُ اسْمُ مَا دَامَ، مَرْفُوْعٌ مَحَلًّا، مَبْنِيٌّ عَلَى الضَّمِّ؛ حَيًّا خَبَرُ مَا دَامَ، مَنْصُوْبٌ بِالْفَتْحَةِ، وَمَا وَمَا بَعْدَهَا اسْمٌ مُؤَوَّلٌ، مَفْعُوْلٌ فِيْهِ لِأَطْلُبُ، مَنْصُوْبٌ مَحَلًّا.

[5] لَيْسَ فِعْلٌ مَاضٍ نَاقِصٌ، مَبْنِيٌّ عَلَى الْفَتْحِ؛ رَبُّ اسْمُ لَيْسَ، مَرْفُوْعٌ بِالضَّمَّةِ؛ نَا مُضَافٌ إِلَيْهِ، مَجْرُوْرٌ مَحَلًّا، مَبْنِيٌّ عَلَى السُّكُوْنِ؛ ظَالِمًا خَبَرُ لَيْسَ، مَنْصُوْبٌ بِالْفَتْحَةِ.

وَالْفِعْلُ التَّامُّ مَا يَكْتَفِي بِفَاعِلِهِ وَلَا يَحْتَاجُ إِلَى خَبَرٍ، نَحْوُ: كَانَتْ حَرْبٌ[1]

الضَّرْبُ الثَّانِي: أَفْعَالُ الرَّجَاءِ

الضَّرْبُ الثَّانِي أَفْعَالُ الرَّجَاءِ، وَهِيَ مَا وُضِعَتْ لِلدَّلَالَةِ عَلَى رَجَاءِ وُقُوْعِ الْخَبَرِ، وَهِيَ ثَلَاثٌ:

الْأَوَّلُ عَسَى، نَحْوُ: عَسَى اللهُ أَن يَّقْبَلَ صَلَاةَ الْمُصَلِّيْنَ[2]

الثَّانِي اِخْلَوْلَقَ، نَحْوُ: اِخْلَوْلَقَ الْمُسْلِمُوْنَ أَن يُّحَافِظُوْا عَلَى الصَّلَاةِ[3]

الثَّالِثُ حَرَى، نَحْوُ: حَرَى الْمُذْنِبُ أَن يَّتُوْبَ[4]

أَنْ فِي خَبَرِ أَفْعَالِ الرَّجَاءِ

يَكْثُرُ حَرْفُ أَنْ فِي خَبَرِ عَسَى، وَيَجِبُ فِي خَبَرِ اخْلَوْلَقَ وَحَرَى

قَدْ تَكُوْنُ أَفْعَالُ الرَّجَاءِ تَامَّةً، نَحْوُ: عَسَى أَن يَّرْزُقَنِيَ اللهُ عِلْمًا[5]

---

[1] كَانَتْ فِعْلٌ مَاضٍ تَامٌّ، مَبْنِيٌّ عَلَى الْفَتْحِ، وَالتَّاءُ عَلَامَةُ التَّأْنِيْثِ، مَبْنِيٌّ عَلَى السُّكُوْنِ؛ حَرْبٌ فَاعِلٌ، مَرْفُوْعٌ بِالضَّمَّةِ.

[2] عَسَى فِعْلٌ مَاضٍ نَاقِصٌ لِلرَّجَاءِ، مَبْنِيٌّ عَلَى فَتْحٍ مُقَدَّرٍ؛ لَفْظُ الجَلَالَةِ اسْمُ عَسَى، مَرْفُوْعٌ بِالضَّمَّةِ؛ أَنْ حَرْفُ مَصْدَرٍ، مَبْنِيٌّ عَلَى السُّكُوْنِ؛ يَّقْبَلَ فِعْلٌ مُضَارِعٌ، مَنْصُوْبٌ بِالْفَتْحَةِ؛ هُوَ ضَمِيْرٌ مُسْتَتِرٌ، فَاعِلٌ، مَرْفُوْعٌ مَحَلًّا؛ صَلَاةَ مَفْعُوْلٌ بِهِ، مَنْصُوْبٌ بِالْفَتْحَةِ؛ الْمُصَلِّيْنَ مُضَافٌ إِلَيْهِ، مَجْرُوْرٌ بِالْيَاءِ؛ وَأَنْ وَمَا بَعْدَهَا اسْمٌ مُؤَوَّلٌ، خَبَرُ عَسَى، مَنْصُوْبٌ مَحَلًّا.

[3] اِخْلَوْلَقَ فِعْلٌ مَاضٍ نَاقِصٌ لِلرَّجَاءِ، مَبْنِيٌّ عَلَى الْفَتْحِ؛ ... عَلَى حَرْفُ جَرٍّ، مَبْنِيٌّ عَلَى السُّكُوْنِ؛ الصَّلَاةِ مَجْرُوْرٌ بِالْكَسْرَةِ؛ وَشِبْهُ الْجُمْلَةِ مَفْعُوْلٌ بِهِ غَيْرُ صَرِيْحٍ، مَنْصُوْبٌ مَحَلًّا؛ وَأَنْ وَمَا بَعْدَهَا اسْمٌ مُؤَوَّلٌ، خَبَرُ اخْلَوْلَقَ، مَنْصُوْبٌ مَحَلًّا.

[4] حَرَى فِعْلٌ مَاضٍ نَاقِصٌ لِلرَّجَاءِ، مَبْنِيٌّ عَلَى فَتْحٍ مُقَدَّرٍ ...

[5] ... يَّرْزُقَ فِعْلٌ مُضَارِعٌ، مَنْصُوْبٌ بِالْفَتْحَةِ؛ النُّوْنُ نُوْنُ الوِقَايَةِ، مَبْنِيٌّ عَلَى الْكَسْرِ؛ الْيَاءُ مَفْعُوْلٌ بِهِ

الضَّرْبُ الثَّالِثُ: أَفْعَالُ الْمُقَارَبَةِ

الضَّرْبُ الثَّالِثُ أَفْعَالُ الْمُقَارَبَةِ، وَهِيَ مَا وُضِعَتْ لِلدَّلَالَةِ عَلَى قُرْبِ وُقُوْعِ الْخَبَرِ، وَهِيَ ثَلَاثٌ:

الْأَوَّلُ كَادَ، نَحْوُ: كَادَ الْمُؤَذِّنُ يُؤَذِّنُ[1]

الثَّانِي كَرَبَ، نَحْوُ: كَرَبَ الْمُؤَذِّنُ يُقِيْمُ[2]

الثَّالِثُ أَوْشَكَ، نَحْوُ: يُوْشِكُ الْإِمَامُ أَنْ يُكَبِّرَ[3]

أَنْ فِي خَبَرِ أَفْعَالِ الْمُقَارَبَةِ

يَكْثُرُ حَرْفُ أَنْ فِيْ خَبَرِ أَوْشَكَ، وَيَقِلُّ فِيْ خَبَرِ كَادَ وَكَرَبَ

الضَّرْبُ الرَّابِعُ: أَفْعَالُ الشُّرُوْعِ

الضَّرْبُ الرَّابِعُ أَفْعَالُ الشُّرُوْعِ، وَهِيَ مَا وُضِعَتْ لِلدَّلَالَةِ عَلَى الشُّرُوْعِ فِي الْفِعْلِ، مِنْهَا جَعَلَ وَأَخَذَ وَطَفِقَ، نَحْوُ: طَفِقَ الصَّائِمُوْنَ يُفْطِرُوْنَ[4]

الْقِسْمُ الثَّانِي: أَفْعَالُ الْمَدْحِ وَالذَّمِّ

الْقِسْمُ الثَّانِي أَفْعَالُ الْمَدْحِ وَالذَّمِّ، وَهِيَ مَا وُضِعَتْ لِلدَّلَالَةِ عَلَى الْمَدْحِ وَالذَّمِّ، وَهِيَ

مُقَدَّمٌ، مَنْصُوْبٌ مَحَلًّا، مَبْنِيٌّ عَلَى السُّكُوْنِ، فُتِحَتْ لِالْتِقَاءِ السَّاكِنَيْنِ؛ لَفظُ الْجَلَالَةِ فَاعِلٌ، مَرْفُوْعٌ بِالضَّمَّةِ؛ عِلْمًا مَفعُوْلٌ بِهِ ثَانٍ، مَنْصُوْبٌ بِالْفَتْحَةِ؛ وَأَنْ وَمَا بَعْدَهَا اسْمٌ مُؤَوَّلٌ، فَاعِلٌ، مَرْفُوْعٌ مَحَلًّا.

[1] كَادَ فِعْلٌ مَاضٍ نَاقِصٌ لِلْمُقَارَبَةِ، مَبْنِيٌّ عَلَى الْفَتْحِ ... وَجُمْلَةُ يُؤَذِّنُ خَبَرُ كَادَ، مَنْصُوْبٌ مَحَلًّا.

[2] كَرَبَ فِعْلٌ مَاضٍ نَاقِصٌ لِلْمُقَارَبَةِ، مَبْنِيٌّ عَلَى الْفَتْحِ ... وَجُمْلَةُ يُقِيْمُ خَبَرُ كَرَبَ، مَنْصُوْبٌ مَحَلًّا.

[3] يُوْشِكُ فِعْلٌ مُضَارِعٌ نَاقِصٌ لِلْمُقَارَبَةِ، مَرْفُوْعٌ بِالضَّمَّةِ؛ ...

[4] طَفِقَ فِعْلٌ مَاضٍ نَاقِصٌ لِلشُّرُوْعِ، مَبْنِيٌّ عَلَى الْفَتْحِ؛ الصَّائِمُوْنَ اسْمُ طَفِقَ، مَرْفُوْعٌ بِالْوَاوِ؛ يُفْطِرُوْنَ فِعْلٌ مُضَارِعٌ، مَرْفُوْعٌ بِثُبُوْتِ النُّوْنِ، الْوَاوُ فَاعِلٌ، مَرْفُوْعٌ مَحَلًّا، مَبْنِيٌّ عَلَى السُّكُوْنِ؛ وَجُمْلَةُ يُفْطِرُوْنَ خَبَرُ طَفِقَ، مَنْصُوْبٌ مَحَلًّا.

تَرْفَعُ فَاعِلَهَا وَمَخْصُوْصَهَا، وَهِيَ خَمْسَةٌ:

الْأَوَّلُ نِعْمَ، نَحْوُ: نِعْمَتِ العِبَادَةُ الصَّلَاةُ[1]

الثَّانِيْ حَبَّذَا، نَحْوُ: حَبَّذَا خَالِدٌ[2]

الثَّالِثُ بِئْسَ، نَحْوُ: بِئْسَ الْخُلُقُ الْكَسَلُ[3]

الرَّابِعُ سَاءَ، نَحْوُ: سَاءَ الْخُلُقُ الْبُخْلُ

الْخَامِسُ لَا حَبَّذَا، نَحْوُ: لَا حَبَّذَا الكِبْرُ[4]

بَعْضُ أَحْكَامِ أَفْعَالِ الْمَدْحِ وَالذَّمِّ

يُحْذَفُ الْمَخْصُوْصُ إِذَا دَلَّ عَلَيْهِ السِّيَاقُ، نَحْوُ: اللهُ وَلِيُّ الْمُؤْمِنِيْنَ وَنِعْمَ الْوَلِيُّ[5]

يَجُوْزُ أَن يَّكُوْنَ فَاعِلُ أَفْعَالِ الْمَدْحِ وَالذَّمِّ ضَمِيْرًا مُسْتَتِرًا مُفَسَّرًا بِتَمْيِيْزٍ، نَحْوُ:

---

[1] نِعْمَتِ فِعْلٌ مَاضٍ لِلْمَدْحِ، مَبْنِيٌّ عَلَى الْفَتْحِ؛ التَّاءُ عَلَامَةُ التَّأْنِيْثِ، مَبْنِيٌّ عَلَى السُّكُوْنِ كُسِرَتْ لِالْتِقَاءِ السَّاكِنَيْنِ؛ الْعِبَادَةُ فَاعِلٌ، مَرْفُوْعٌ بِالضَّمَةِ؛ وَجُمْلَةُ نِعْمَتِ الْعِبَادَةُ خَبَرٌ مُقَدَّمٌ، مَرْفُوْعٌ مَحَلًّا، وَالصَّلَاةُ مُبْتَدَأٌ مُؤَخَّرٌ، مَخْصُوْصٌ بِالْمَدْحِ، مَرْفُوْعٌ بِالضَّمَّةِ.

فَائِدَةٌ: وَفِيْ إِعْرَابِهِ وَجْهٌ آخَرُ

[2] حَبَّ فِعْلٌ مَاضٍ لِلْمَدْحِ، مَبْنِيٌّ عَلَى الْفَتْحِ؛ ذَا (اسْمُ الْإِشَارَةِ) فَاعِلٌ، مَرْفُوْعٌ مَحَلًّا، مَبْنِيٌّ عَلَى السُّكُوْنِ؛ وَجُمْلَةُ حَبَّذَا خَبَرٌ مُقَدَّمٌ، مَرْفُوْعٌ مَحَلًّا؛ خَالِدٌ مُبْتَدَأٌ مُؤَخَّرٌ، مَخْصُوْصٌ بِالْمَدْحِ، مَرْفُوْعٌ بِالضَّمَّةِ.

[3] بِئْسَ فِعْلٌ مَاضٍ لِلذَّمِّ، مَبْنِيٌّ عَلَى الْفَتْحِ …

[4] لَا حَرْفُ نَفْيٍ، مَبْنِيٌّ عَلَى السُّكُوْنِ …

[5] نِعْمَ فِعْلٌ مَاضٍ لِلْمَدْحِ، مَبْنِيٌّ عَلَى الْفَتْحِ؛ الْوَلِيُّ فَاعِلٌ، مَرْفُوْعٌ بِالضَّمَةِ؛ وَجُمْلَةُ نِعْمَ الْوَلِيُّ خَبَرٌ مُقَدَّمٌ، مَرْفُوْعٌ مَحَلًّا؛ وَالْمَخْصُوْصُ بِالْمَدْحِ مَحْذُوْفٌ، تَقْدِيْرُهُ هُوَ.

نِعْمَتْ عِبَادَةً الصَّلَاةُ[1]

قَدْ يَكُوْنُ بَعْدَ مَخْصُوْصِ حَبَّذَا وَلَا حَبَّذَا تَمْيِيزٌ، نَحْوُ: حَبَّذَا خَالِدٌ جَارًا[2] وَنَحْوُ: حَبَّذَا زَيْنَبُ مِنْ مُعَلِّمَةٍ[3]

الْقِسْمُ الثَّالِثُ صِيَغُ التَّعَجُّبِ

الْقِسْمُ الثَّالِثُ صِيَغُ التَّعَجُّبِ، وَهِيَ مَا وُضِعَتْ لِلدَّلَالَةِ عَلَى التَّعَجُّبِ، مِنْهَا ...

صِيْغَةُ مَا أَفْعَلَهُ، نَحْوُ: مَا أَجْمَلَ الْقُرْآنَ[4]

وَصِيْغَةُ أَفْعِلْ بِهِ، نَحْوُ: أَجْمِلْ بِالْقُرْآنِ[5]

---

[1] نِعْمَتْ فِعْلٌ مَاضٍ لِلْمَدْحِ، مَبْنِيٌّ عَلَى الْفَتْحِ؛ هِيَ ضَمِيرٌ مُسْتَتِرٌ، فَاعِلٌ، مَرْفُوْعٌ مَحَلًّا؛ وَالتَّاءُ عَلَامَةُ التَّأْنِيْثِ، مَبْنِيٌّ عَلَى السُّكُوْنِ؛ عِبَادَةً تَمْيِيزٌ، مَنْصُوْبٌ بِالْفَتْحَةِ؛ وَالصَّلَاةُ مُبْتَدَأٌ مُؤَخَّرٌ، مَخْصُوْصٌ بِالْمَدْحِ، مَرْفُوْعٌ بِالضَّمَّةِ.

[2] ... جَارًا تَمْيِيزٌ، مَنْصُوْبٌ بِالْفَتْحَةِ.

[3] ... مِنْ حَرْفُ جَرٍّ، مَبْنِيٌّ عَلَى السُّكُوْنِ؛ مُعَلِّمَةٍ مَجْرُوْرٌ بِالْكَسْرَةِ، وَشِبْهُ الْجُمْلَةِ تَمْيِيزٌ غَيْرُ صَرِيحٍ، مَنْصُوْبٌ مَحَلًّا.

[4] مَا (اسْمُ اسْتِفْهَامٍ) مُبْتَدَأٌ، مَرْفُوْعٌ مَحَلًّا، مَبْنِيٌّ عَلَى السُّكُوْنِ؛ أَجْمَلَ فِعْلٌ مَاضٍ لِلتَّعَجُّبِ، مَبْنِيٌّ عَلَى الْفَتْحِ؛ هُوَ ضَمِيرٌ مُسْتَتِرٌ، فَاعِلٌ، مَرْفُوْعٌ مَحَلًّا؛ الْقُرْآنَ مَفْعُوْلٌ بِهِ، مَنْصُوْبٌ بِالْفَتْحَةِ؛ وَجُمْلَةُ أَجْمَلَ الْقُرْآنَ خَبَرٌ، مَرْفُوْعٌ مَحَلًّا.

[5] أَجْمِلْ فِعْلُ أَمْرٍ لِلتَّعَجُّبِ، مَبْنِيٌّ عَلَى السُّكُوْنِ، أَنْتَ ضَمِيرٌ مُسْتَتِرٌ، فَاعِلٌ، مَرْفُوْعٌ مَحَلًّا؛ الْبَاءُ حَرْفُ صِلَةٍ، مَبْنِيٌّ عَلَى الْكَسْرِ؛ الْقُرْآنِ مَفْعُوْلٌ بِهِ، مَنْصُوْبٌ مَحَلًّا، مَجْرُوْرٌ بِالْكَسْرَةِ لَفْظًا.

فَائِدَةٌ: وَفِي إِعْرَابِهِ وُجُوْهٌ أُخْرَى

الْبَابُ الثَّانِيْ فِي الْحَرْفِ

الْبَابُ الثَّانِيْ فِي الْحَرْفِ، وَفِيْهِ فَصْلَانِ

الْفَصْلُ الْأَوَّلُ فِي الْحَرْفِ الْعَامِلِ

الْفَصْلُ الْأَوَّلُ فِي الْحَرْفِ الْعَامِلِ، وَهُوَ نَوْعَانِ:

النَّوْعُ الْأَوَّلُ: حُرُوْفٌ تَعْمَلُ فِي الِاسْمِ

النَّوْعُ الْأَوَّلُ حُرُوْفٌ تَعْمَلُ فِي الِاسْمِ، وَهِيَ أَرْبَعَةُ أَقْسَامٍ:

الْقِسْمُ الْأَوَّلُ: حُرُوْفٌ تَجُرُّ اسْمًا وَاحِدًا

الْقِسْمُ الْأَوَّلُ حُرُوْفٌ تَجُرُّ اسْمًا وَاحِدًا، وَتُسَمَّى حُرُوْفَ الْجَرِّ، وَهِيَ ثَلَاثَةُ أَضْرُبٍ:

الضَّرْبُ الْأَوَّلُ: حَرْفُ الْجَرِّ الْأَصْلِيُّ

الضَّرْبُ الْأَوَّلُ حَرْفُ الْجَرِّ الْأَصْلِيُّ،

حَرْفُ الْجَرِّ الْأَصْلِيُّ

حَرْفُ الْجَرِّ الْأَصْلِيُّ مَا يُفِيْدُ مَعْنًى خَاصًّا، وَيَكُوْنُ مَعَ مَجْرُوْرِهِ مَنْصُوْبًا مَحَلًّا
مَعْمُوْلًا لِفِعْلٍ أَوْ شِبْهِ الْفِعْلِ،

وَهِيَ ثَلَاثَةَ عَشَرَ:

الْأَوَّلُ الْبَاءُ،

إِعْرَابُ الْبَاءِ مَعَ مَجْرُوْرِهِ

تَكُوْنُ الْبَاءُ مَعَ مَجْرُوْرِهَا ...

مَفْعُوْلًا مُطْلَقًا، نَحْوُ: ﴿خُذِ الْكِتَٰبَ بِقُوَّةٍ﴾

أَوْ مَفْعُوْلًا بِهِ غَيْرَ صَرِيْحٍ، نَحْوُ: ذَهَبَ اللهُ بِنُوْرِ الْمُنَافِقِيْنَ[1]

---

[1] ... الْبَاءُ حَرْفُ جَرٍّ، مَبْنِيٌّ عَلَى الْكَسْرِ؛ نُوْرِ مَجْرُوْرٌ بِالْكَسْرَةِ؛ الْمُنَافِقِيْنَ مُضَافٌ إِلَيْهِ، مَجْرُوْرٌ بِالْيَاءِ؛

أَوْ مَفْعُوْلًا فِيْهِ غَيْرَ صَرِيْحٍ ...

لِلْمَكَانِ، نَحْوُ: أَقَامَ رَسُوْلُ اللهِ ﷺ بِالْمَدِيْنَةِ

أَوِ الزَّمَانِ، نَحْوُ: دَعَا رَسُوْلُ اللهِ ﷺ قَوْمَهُ بِاللَّيْلِ وَالنَّهَارِ[1]

أَوْ مَفْعُوْلًا لَهُ غَيْرَ صَرِيْحٍ، نَحْوُ: نَدْخُلُ الْجَنَّةَ بِرَحْمَةِ اللهِ[2]

أَوْ مَفْعُوْلًا مَعَهُ غَيْرَ صَرِيْحٍ، نَحْوُ: اِشْتَرَيْتُ الْفَرَسَ بِسَرْجِهِ[3]

أَوْ حَالًا غَيْرَ صَرِيْحٍ، نَحْوُ: يَدْخُلُوْنَ الْجَنَّةَ بِسَلَامٍ[4]

أَوْ تَمْيِيْزًا غَيْرَ صَرِيْحٍ، نَحْوُ: يَمْلَأُ الْخُلُقُ الْحَسَنُ الْمِيْزَانَ بِالْحَسَنَاتِ

أَوْ آلَةً، نَحْوُ: أَكْتُبُ بِالْقَلَمِ[5]

وَشِبْهُ الْجُمْلَةِ مَفْعُوْلٌ بِهِ غَيْرُ صَرِيْحٍ، مَنْصُوْبٌ مَحَلًّا.

فَائِدَةٌ: إِذَا كَانَتِ الْبَاءُ وَمَجْرُوْرُهَا مَفْعُوْلًا بِهِ غَيْرَ صَرِيْحٍ يُقَالُ: الْبَاءُ لِلتَّعْدِيَةِ

فَائِدَةٌ: فِيْ إِعْرَابِ الْجَارِّ وَالْمَجْرُوْرِ وَجْهٌ آخَرُ، وَهُوَ: الْجَارُّ وَالْمَجْرُوْرُ مُتَعَلِّقٌ بِالْفِعْلِ

[1] **فَائِدَةٌ**: إِذَا كَانَتِ الْبَاءُ وَمَجْرُوْرُهَا مَفْعُوْلًا فِيْهِ غَيْرَ صَرِيْحٍ يُقَالُ: الْبَاءُ لِلظَّرْفِيَّةِ

[2] **فَائِدَةٌ**: إِذَا كَانَتِ الْبَاءُ وَمَجْرُوْرُهَا مَفْعُوْلًا لَهُ غَيْرَ صَرِيْحٍ يُقَالُ: الْبَاءُ لِلسَّبَبِ أَوِ الْبَاءُ لِلتَّعْلِيْلِ

[3] **فَائِدَةٌ**: إِذَا كَانَتِ الْبَاءُ وَمَجْرُوْرُهَا مَفْعُوْلًا مَعَهُ غَيْرَ صَرِيْحٍ يُقَالُ: الْبَاءُ لِلْمُصَاحَبَةِ

[4] **فَائِدَةٌ**: إِذَا كَانَتِ الْبَاءُ وَمَجْرُوْرُهَا حَالًا غَيْرَ صَرِيْحٍ يُقَالُ: الْبَاءُ لِلْمُصَاحَبَةِ أَوِ الْبَاءُ بَاءُ الْحَالِ

[5] أَكْتُبُ فِعْلٌ مُضَارِعٌ، مَرْفُوْعٌ بِالضَّمَّةِ، أَنَا ضَمِيْرٌ مُسْتَتِرٌ، فَاعِلٌ، مَرْفُوْعٌ مَحَلًّا؛ الْبَاءُ حَرْفُ جَرٍّ، مَبْنِيٌّ عَلَى الْكَسْرِ؛ الْقَلَمِ مَجْرُوْرٌ بِالْكَسْرَةِ؛ وَشِبْهُ الْجُمْلَةِ آلَةٌ، مَنْصُوْبٌ مَحَلًّا.

فَائِدَةٌ: إِذَا كَانَتِ الْبَاءُ وَمَجْرُوْرُهَا آلَةً يُقَالُ: الْبَاءُ لِلِاسْتِعَانَةِ

فَائِدَةٌ: لَا نَقُوْلُ فِيْ لَفْظِ الْجَلَالَةِ آلَةً تَأَدُّبًا، بَلْ نَقُوْلُ فِيْ مِثْلِ أَسْتَعِيْنُ بِاللهِ، الْبَاءُ حَرْفُ جَرٍّ، مَبْنِيٌّ عَلَى الْكَسْرِ؛ لَفْظُ الْجَلَالَةِ مَجْرُوْرٌ بِالْكَسْرَةِ؛ وَشِبْهُ الْجُمْلَةِ مُسْتَعَانٌ بِهِ، مَنْصُوْبٌ مَحَلًّا.

أَوْ عِوَضًا، نَحْوُ: لَنْ أَبِيعَ الْآخِرَةَ بِالدُّنْيَا[1]

الثَّانِي مِنْ،

إِعْرَابُ مِنْ مَعَ مَجْرُوْرِهِ

تَكُوْنُ مِنْ مَعَ مَجْرُوْرِهَا ...

مَفْعُوْلًا بِهِ غَيْرَ صَرِيْحٍ، نَحْوُ: أَنَا تَائِبٌ مِنْ كُلِّ ذَنْبٍ[2]

أَوْ مَفْعُوْلًا فِيْهِ غَيْرَ صَرِيْحٍ ...

لِلْمَكَانِ، نَحْوُ: هَاجَرَ رَسُوْلُ اللهِ ﷺ مِنْ مَكَّةَ إِلَى الْمَدِيْنَةِ

أَوِ الزَّمَانِ، نَحْوُ: أَطْلُبُ الْعِلْمَ مِنَ الْمَهْدِ إِلَى اللَّحْدِ[3]

أَوْ مَفْعُوْلًا لَهُ غَيْرَ صَرِيْحٍ، نَحْوُ: يَبْكِي الصُّلَحَاءُ مِنْ خَشْيَةِ اللهِ

أَوْ تَمْيِيْزًا غَيْرَ صَرِيْحٍ، نَحْوُ: تَصَدَّقَ الرَّجُلُ بِصَاعٍ مِنْ تَمْرٍ

أَوْ عِوَضًا، نَحْوُ: رَضِيَ الْكَافِرُ بِالْحَيَاةِ الدُّنْيَا مِنَ الْآخِرَةِ

مِنْ مَعَ مَجْرُوْرِهِ تَابِعًا

تَكُوْنُ مِنْ مَعَ مَجْرُوْرِهَا ...

بَدَلًا غَيْرَ صَرِيْحٍ، نَحْوُ: يَعْلَمُ اللهُ مَا تَفْعَلُوْنَ مِنْ خَيْرٍ أَوْ شَرٍّ[4]

---

[1] **فَائِدَةٌ**: إِذَا كَانَتِ الْبَاءُ وَمَجْرُوْرُهَا عِوَضًا يُقَالُ: الْبَاءُ لِلْمُقَابَلَةِ

[2] أَنَا مُبْتَدَأٌ، مَرْفُوْعٌ مَحَلًّا، مَبْنِيٌّ عَلَى الْفَتْحِ؛ تَائِبٌ خَبَرٌ، مَرْفُوْعٌ بِالضَّمَّةِ، أَنَا ضَمِيْرٌ مُسْتَتِرٌ، فَاعِلٌ، مَرْفُوْعٌ مَحَلًّا؛ مِنْ حَرْفُ جَرٍّ، مَبْنِيٌّ عَلَى السُّكُوْنِ؛ كُلِّ مَجْرُوْرٌ بِالْكَسْرَةِ؛ ذَنْبٍ مُضَافٌ إِلَيْهِ، مَجْرُوْرٌ بِالْكَسْرَةِ؛ وَشِبْهُ الْجُمْلَةِ مَفْعُوْلٌ بِهِ غَيْرُ صَرِيْحٍ لِتَائِبٍ، مَنْصُوْبٌ مَحَلًّا.

[3] **فَائِدَةٌ**: إِذَا كَانَتْ مِنْ وَمَجْرُوْرُهَا مَفْعُوْلًا فِيْهِ غَيْرَ صَرِيْحٍ يُقَالُ: مِنْ لِابْتِدَاءِ الْغَايَةِ

[4] **فَائِدَةٌ**: قَدْ تَكُوْنُ مِنْ وَمَجْرُوْرُهَا بَدَلًا مِنَ اسْمِ الْمَوْصُوْلِ مَعْنًى، وَحَالًا إِعْرَابًا، وَحِيْنَئِذٍ يُقَالُ: مِنْ

أَوْ مُضَافًا إِلَيْهِ غَيْرَ صَرِيْحٍ، نَحْوُ: قَرَأْتُ صَفْحَةً مِنَ الْكِتَابِ[1]

الثَّالِثُ إِلَى،

إِعْرَابُ إِلَى مَعَ مَجْرُوْرِهِ

تَكُوْنُ إِلَى مَعَ مَجْرُوْرِهَا ...

مَفْعُوْلًا بِهِ غَيْرَ صَرِيْحٍ، نَحْوُ: نَشْتَاقُ إِلَى بَيْتِ اللهِ

أَوْ مَفْعُوْلًا فِيْهِ غَيْرَ صَرِيْحٍ ...

لِلْمَكَانِ، نَحْوُ: هَاجَرَ رَسُوْلُ اللهِ ﷺ مِنْ مَكَّةَ إِلَى الْمَدِيْنَةِ

أَوِ الزَّمَانِ: أَطْلُبُ الْعِلْمَ مِنَ الْمَهْدِ إِلَى اللَّحْدِ[2]

لِلْبَيَانِ

... مَا (اسْمٌ مَوْصُوْلٌ) مَفْعُوْلٌ بِهِ، مَنْصُوْبٌ مَحَلًّا، مَبْنِيٌّ عَلَى السُّكُوْنِ؛ تَفْعَلُوْنَ فِعْلٌ مُضَارِعٌ، مَرْفُوْعٌ بِثُبُوْتِ النُّوْنِ، وَالْوَاوُ فَاعِلٌ، مَرْفُوْعَةٌ مَحَلًّا، مَبْنِيَّةٌ عَلَى السُّكُوْنِ؛ وَجُمْلَةُ تَفْعَلُوْنَ صِلَةٌ؛ ... وَشِبْهُ الْجُمْلَةِ مِنْ خَيْرٍ أَوْ شَرٍّ حَالٌ مِنْ مَا، مَنْصُوْبٌ مَحَلًّا.

[1] **فَائِدَةٌ:** قَدْ تَكُوْنُ مِنْ وَمَجْرُوْرُهَا مُضَافًا إِلَيْهِ مَعْنًى، حَالًا أَوْ نَعْتًا غَيْرَ صَرِيْحٍ مِمَّا قَبْلَهُ إِعْرَابًا، وَحِيْنَئِذٍ يُقَالُ: مِنْ لِبَيَانِ الْجِنْسِ

فَائِدَةٌ: إِنْ كَانَ مَا قَبْلَ مِنْ مَعْرِفَةً تَكُوْنُ مِنْ وَمَجْرُوْرُهَا حَالًا إِعْرَابًا، نَحْوُ: قَرَأْتُ الصَّفْحَةَ مِنَ الْكِتَابِ، وَإِنْ كَانَ مَا قَبْلَ مِنْ نَكِرَةً تَكُوْنُ مِنْ وَمَجْرُوْرُهَا نَعْتًا إِعْرَابًا، نَحْوُ: قَرَأْتُ صَفْحَةً مِنَ الْكِتَابِ

... صَفْحَةً مَفْعُوْلٌ بِهِ، مَنْصُوْبٌ بِالْفَتْحَةِ؛ مِنْ حَرْفُ جَرٍّ، مَبْنِيٌّ عَلَى السُّكُوْنِ، فُتِحَتْ لِالْتِقَاءِ السَّاكِنَيْنِ؛ الْكِتَابِ مَجْرُوْرٌ بِالْكَسْرَةِ؛ وَشِبْهُ الْجُمْلَةِ مَفْعُوْلٌ فِيْهِ غَيْرُ صَرِيْحٍ لِمَحْذُوْفٍ، تَقْدِيْرُهُ اسْتَقَرَّ، مَنْصُوْبٌ مَحَلًّا؛ وَالْمَحْذُوْفُ مَعَ شِبْهِ الْجُمْلَةِ نَعْتٌ لِصَفْحَةٍ، مَنْصُوْبٌ مَحَلًّا.

فَائِدَةٌ: يَجُوْزُ أَنْ تَقُوْلَ اخْتِصَارًا: وَشِبْهُ الْجُمْلَةِ نَعْتٌ غَيْرُ صَرِيْحٍ لِصَفْحَةٍ، مَنْصُوْبٌ مَحَلًّا؛ أَوْ شِبْهُ الْجُمْلَةِ حَالٌ غَيْرُ صَرِيْحٍ لِصَفْحَةٍ

[2] **فَائِدَةٌ:** إِذَا كَانَتْ إِلَى وَمَجْرُوْرُهَا مَفْعُوْلًا فِيْهِ غَيْرَ صَرِيْحٍ يُقَالُ: إِلَى لِانْتِهَاءِ الْغَايَةِ

الرَّابِعُ عَنْ،

إِعْرَابُ عَنْ مَعَ مَجْرُوْرِهِ

تَكُوْنُ عَنْ مَعَ مَجْرُوْرِهَا ...

مَفْعُوْلًا بِهِ غَيرَ صَرِيْحٍ، نَحْوُ: لَا نَرْغَبُ عَنْ سُنَّةِ نَبِيِّنَا ﷺ

أَوْ مَفْعُوْلًا فِيْهِ غَيْرَ صَرِيْحٍ ...

لِلْمَكَانِ، نَحْوُ: ابْتَعَدَ الرَّكْبُ عَنْ مَدِيْنَةِ الرَّسُوْلِ ﷺ

أَوِ الزَّمَانِ: سَيَبْلُغُ الرَّكْبُ مَكَّةَ عَنْ قَرِيْبٍ

أَوْ مَفْعُوْلًا لَهُ غَيْرَ صَرِيْحٍ، نَحْوُ: تَرَكَ الْكَافِرُوْنَ عِبَادَةَ اللهِ عَنْ وَسْوَسَةِ إِبْلِيْس

الْخَامِسُ عَلَى،

إِعْرَابُ عَلَى مَعَ مَجْرُوْرِهِ

تَكُوْنُ عَلَى مَعَ مَجْرُوْرِهَا ...

مَفْعُوْلًا بِهِ غَيْرَ صَرِيْحٍ، نَحْوُ: أَنْعَمَ اللهُ عَلَيْكَ

أَوْ مَفْعُوْلًا فِيْهِ غَيْرَ صَرِيْحٍ ...

لِلْمَكَانِ، نَحْوُ: قَامَ رَسُوْلُ اللهِ ﷺ عَلَى الصَّفَا وَدَعَا قَوْمَهُ[1]

أَوِ الزَّمَانِ، نَحْوُ: أُصَلِّي الصَّلَوَاتِ عَلَى وَقْتِهَا

أَوْ مَفْعُوْلًا لَهُ غَيْرَ صَرِيْحٍ، نَحْوُ: نَشْكُرُ اللهَ عَلَى نِعَمِهِ

أَوْ مَفْعُوْلًا مَعَهُ غَيْرَ صَرِيْحٍ ، نَحْوُ: يُنْفِقُوْنَ مَالَهُمْ عَلَى حُبِّهِ

أَوْ حَالًا غَيْرَ صَرِيْحٍ، نَحْوُ: أَنَامُ عَلَى الْوُضُوْءِ[2]

---

[1] **فَائِدَةٌ**: إِذَا كَانَتْ عَلَى وَمَجْرُوْرُهَا مَفْعُوْلًا فِيْهِ غَيْرَ صَرِيْحٍ يُقَالُ: عَلَى لِلِاسْتِعْلَاءِ

[2] ... وَشِبْهُ الْجُمْلَةِ عَلَى الْوُضُوْءِ حَالٌ غَيْرُ صَرِيْحٍ مِنَ الْفَاعِلِ، مَنْصُوْبٌ مَحَلًّا.

السَّادِسُ اللَّامُ،

إِعْرَابُ اللَّامِ مَعَ مَجْرُوْرِهِ

تَكُوْنُ اللَّامُ مَعَ مَجْرُوْرِهَا ...

مَفْعُوْلًا بِهِ غَيْرَ صَرِيْحٍ، نَحْوُ: نَصَحَ الرَّسُوْلُ ﷺ لِلْأُمَّةِ

أَوْ مَفْعُوْلًا لَهُ غَيْرَ صَرِيْحٍ، نَحْوُ: نَصُوْمُ للهِ[1]

مَسْأَلَةٌ

قَدْ تُفِيْدُ اللَّامُ مَعَ مَجْرُوْرِهَا مَعْنَى الْإِضَافَةِ، نَحْوُ: مَاتَ ابْنٌ لِلرَّجُلِ[2]

السَّابِعُ فِيْ،

إِعْرَابُ فِيْ مَعَ مَجْرُوْرِهِ

تَكُوْنُ فِيْ مَعَ مَجْرُوْرِهَا ...

مَفْعُوْلًا بِهِ غَيْرَ صَرِيْحٍ، نَحْوُ: نَرْغَبُ فِي الْخَيْرِ

أَوْ مَفْعُوْلًا فِيْهِ غَيْرَ صَرِيْحٍ ...

لِلْمَكَانِ، نَحْوُ: أُصَلِّي الْمَكْتُوْبَاتِ فِي الْمَسْجِدِ

أَوِ الزَّمَانِ، نَحْوُ: تُصَلِّي الصَّالِحَاتُ فِي اللَّيْلِ

أَوْ مَفْعُوْلًا لَهُ غَيْرَ صَرِيْحٍ، نَحْوُ: «دَخَلَتِ امْرَأَةٌ النَّارَ فِيْ هِرَّةٍ»

أَوْ مَفْعُوْلًا مَعَهُ غَيْرَ صَرِيْحٍ ، نَحْوُ: ﴿فَادْخُلِيْ فِيْ عِبَادِيْ﴾

الثَّامِنُ الْكَافُ،

---

[1] ... وَشِبْهُ الْجُمْلَةِ للهِ مَفْعُوْلٌ لَهُ غَيْرُ صَرِيْحٍ، مَنْصُوْبٌ مَحَلًّا.

[2] مَاتَ فِعْلٌ مَاضٍ، مَبْنِيٌّ عَلَى الْفَتْحِ؛ ابْنٌ فَاعِلٌ، مَرْفُوْعٌ بِالضَّمَّةِ؛ اللَّامُ حَرْفُ جَرٍّ، مَبْنِيٌّ عَلَى الْكَسْرِ؛ الرَّجُلِ مَجْرُوْرٌ بِالْكَسْرَةِ؛ وَشِبْهُ الْجُمْلَةِ نَعْتٌ غَيْرُ صَرِيْحٍ لِابْنٍ، مَرْفُوْعٌ مَحَلًّا.

إِعْرَابُ الْكَافِ مَعَ مَجْرُوْرِهِ

تَكُوْنُ الْكَافُ مَعَ مَجْرُوْرِهَا ...

مَفْعُوْلًا مُطْلَقًا غَيْرَ صَرِيْحٍ، نَحْوُ: يَجْلِسُ أَحْمَدُ كَطَالِبٍ مُتَأَدِّبٍ[1]

التَّاسِعُ حَتَّى،

إِعْرَابُ حَتَّى مَعَ مَجْرُوْرِهِ

تَكُوْنُ حَتَّى مَعَ مَجْرُوْرِهَا ...

مَفْعُوْلًا فِيْهِ غَيْرَ صَرِيْحٍ ...

لِلْمَكَانِ، نَحْوُ: سَارَ الرَّكْبُ حَتَّى الْمَدِيْنَةِ

أَوِ الزَّمَانِ، نَحْوُ: أَعْبُدُ اللهَ حَتَّى الْمَوْتِ

أَوْ مَفْعُوْلًا لَهُ غَيْرَ صَرِيْحٍ، نَحْوُ: أَسْلَمْتُ حَتَّى أُدْخَلَ الْجَنَّةَ[2]

الْعَاشِرُ وَاوُ الْقَسَمِ،

الْحَادِيْ عَشَرَ تَاءُ الْقَسَمِ،

إِعْرَابُ أَحْرُفِ الْقَسَمِ مَعَ مَجْرُوْرِهِ

تَكُوْنُ حَرْفَا الْقَسَمِ مَعَ مَجْرُوْرَيْهِمَا ...

مَفْعُوْلًا بِهِ غَيْرَ صَرِيْحٍ لِفِعْلٍ مَحْذُوْفٍ، نَحْوُ: وَاللهِ إِنَّ مُحَمَّدًا لَرَسُوْلُ اللهِ ﷺ[3]،

---

[1] **فَائِدَةٌ**: إِذَا كَانَتِ الْكَافُ وَمَجْرُوْرُهَا مَفْعُوْلًا مُطْلَقًا غَيْرَ صَرِيْحٍ يُقَالُ: الْكَافُ لِلتَّشْبِيْهِ

[2] ... حَتَّى حَرْفُ جَرٍّ، مَبْنِيٌّ عَلَى الْفَتْحِ، أَنْ حَرْفُ مَصْدَرٍ مُقَدَّرٌ؛ ... وَأَنْ وَمَا بَعْدَهَا اسْمٌ مُؤَوَّلٌ، مَجْرُوْرٌ مَحَلًّا؛ وَشِبْهُ الْجُمْلَةِ مَفْعُوْلٌ لَهُ غَيْرُ صَرِيْحٍ، مَنْصُوْبٌ مَحَلًّا.

[3] الْوَاوُ حَرْفُ جَرٍّ، مَبْنِيَّةٌ عَلَى الْفَتْحِ، لَفْظُ الْجَلَالَةِ مَجْرُوْرٌ بِالْكَسْرَةِ؛ وَشِبْهُ الْجُمْلَةِ مَفْعُوْلٌ بِهِ غَيْرُ صَرِيْحٍ لِمَحْذُوْفٍ، تَقْدِيْرُهُ أُقْسِمُ، مَنْصُوْبٌ مَحَلًّا؛ إِنَّ حَرْفٌ مُشَبَّهٌ بِالْفِعْلِ، مَبْنِيٌّ عَلَى الْفَتْحِ؛ مُحَمَّدًا اسْمُ إِنَّ، مَنْصُوْبٌ بِالْفَتْحَةِ؛ لَامٌ مُزَحْلَقَةٌ، مَبْنِيَّةٌ عَلَى الْفَتْحِ؛ رَسُوْلُ خَبَرُ إِنَّ، مَرْفُوْعٌ بِالضَّمَّةِ؛ لَفْظُ

وَنَحْوُ: تَاللهِ لَنْ أَتْرُكَ الْفَرَائِضَ[1]

مَسْأَلَةٌ

تَكُوْنُ الْبَاءُ لِلْقَسَمِ، نَحْوُ: بِاللهِ لَأُحِبُّ اللهَ وَرَسُوْلَهُ ﷺ

الثَّانِيْ عَشَرَ مُذْ،

الثَّالِثُ عَشَرَ مُنْذُ،

إِعْرَابُ مُذْ وَمُنْذُ مَعَ مَجْرُوْرِهِ

تَكُوْنُ مُذْ وَمُنْذُ مَعَ مَجْرُوْرَيْهِمَا ...

مَفْعُوْلًا فِيْهِ غَيْرَ صَرِيْحٍ لِلزَّمَانِ، نَحْوُ: مَا تَرَكْتُ صَلَاةً مُذْ يَوْمِ الْبُلُوْغِ[2]، وَنَحْوُ: تَجِبُ الصَّلَاةُ مُنْذُ يَوْمِ الْبُلُوْغِ.

الضَّرْبُ الثَّانِيْ: حَرْفُ الْجَرِّ الشَّبِيْهُ بِالزَّائِدِ

الضَّرْبُ الثَّانِيْ حَرْفُ الْجَرِّ الشَّبِيْهُ بِالزَّائِدِ،

حَرْفُ الْجَرِّ الشَّبِيْهُ بِالزَّائِدِ

حَرْفُ الْجَرِّ الشَّبِيْهُ بِالزَّائِدِ مَا يُفِيْدُ مَعْنًى خَاصًّا، وَلَا يَكُوْنُ مَعَ مَجْرُوْرِهِ مَعْمُوْلًا لِفِعْلٍ أَوْ شِبْهِ الْفِعْلِ،[3]

وَهُوَ ثَلَاثٌ:

الْجَلَالَةِ مُضَافٌ إِلَيْهِ، مَجْرُوْرٌ بِالْكَسْرَةِ؛ وَجُمْلَةُ إِنَّ مُحَمَّدًا لَرَسُوْلُ اللهِ جَوَابُ الْقَسَمِ، لَا مَحَلَّ لَهَا مِنَ الْإِعْرَابِ.

[1] التَّاءُ حَرْفُ جَرٍّ، مَبْنِيٌّ عَلَى الْفَتْحِ؛ لَفْظُ الْجَلَالَةِ مَجْرُوْرٌ بِالْكَسْرَةِ؛ وَشِبْهُ الْجُمْلَةِ مَفْعُوْلٌ بِهِ غَيْرُ صَرِيْحٍ لِمَحْذُوْفٍ، تَقْدِيْرُهُ أُقْسِمُ، مَنْصُوْبٌ مَحَلًّا...

[2] ... مُذْ حَرْفُ جَرٍّ، مَبْنِيٌّ عَلَى السُّكُوْنِ؛ يَوْمِ مَجْرُوْرٌ بِالْكَسْرَةِ؛ الْبُلُوْغِ مُضَافٌ إِلَيْهِ، مَجْرُوْرٌ بِالْكَسْرَةِ؛ وَشِبْهُ الْجُمْلَةِ مَفْعُوْلٌ فِيْهِ غَيْرُ صَرِيْحٍ، مَنْصُوْبٌ مَحَلًّا.

[3] فَائِدَةٌ: يَكُوْنُ مَا بَعْدَهَا مَعْمُوْلًا لِفِعْلٍ أَوْ شِبْهِ الْفِعْلِ وَحْدَهَا

الْأَوَّلُ رُبَّ، نَحْوُ: رُبَّ شَهْوَةٍ تُوْرِثُ حُزْنًا طَوِيْلًا[1]

الثَّانِي مِنْ التَّبْعِيْضِيَّةُ، نَحْوُ: أَنْفِق مِنْ مَالِكَ[2] وَنَحْوُ: عِنْدِيْ مِنْ مَاءٍ[3]

الثَّالِثُ حَاشَا، نَحْوُ: هَلَكَ النَّاسُ حَاشَا الْعَالِمِ[4]

الضَّرْبُ الثَّالِثُ: حَرْفُ الْجَرِّ الزَّائِدُ

الضَّرْبُ الثَّالِثُ حَرْفُ الْجَرِّ الزَّائِدُ

حَرْفُ الْجَرِّ الزَّائِدُ

حَرْفُ الْجَرِّ الزَّائِدُ مَا لَا يُفِيْدُ مَعْنًى إِلَّا التَّأْكِيدَ، وَلَا يَكُوْنُ مَعَ مَجْرُوْرِهِ مَعْمُوْلًا لِفِعْلٍ أَوْ شِبْهِ الْفِعْلِ

مَسْأَلَةٌ

يُسَمَّى حَرْفُ الْجَرِّ الزَّائِدُ حَرْفَ صِلَةٍ

وَهِيَ ثَلَاثَةٌ:

الْأَوَّلُ الْبَاءُ الدَّاخِلَةُ ...

---

[1] رُبَّ حَرْفُ جَرٍّ شَبِيْهٌ بِالزَّائِدِ، مَبْنِيٌّ عَلَى الْفَتْحِ؛ شَهْوَةٍ مُبْتَدَأٌ، مَرْفُوْعٌ مَحَلًّا، مَجْرُوْرٌ بِالْكَسْرَةِ لَفْظًا؛ ... وَجُمْلَةُ تُوْرِثُ حُزْنًا طَوِيْلًا خَبَرٌ، مَرْفُوْعٌ مَحَلًّا.

مَسْأَلَةٌ: لَا تَقَعُ رُبَّ إِلَّا فِي صَدْرِ الْكَلَامِ، وَلَا يَكُوْنُ مَجْرُوْرُهَا إِلَّا نَكِرَةً

[2] ... مِنْ حَرْفُ جَرٍّ شَبِيْهٌ بِالزَّائِدِ، مَبْنِيٌّ عَلَى السُّكُوْنِ؛ مَالِ مَفْعُوْلٌ بِهِ، مَنْصُوْبٌ مَحَلًّا، مَجْرُوْرٌ بِالْكَسْرَةِ لَفْظًا...

[3] ... مِنْ حَرْفُ جَرٍّ شَبِيْهٌ بِالزَّائِدِ، مَبْنِيٌّ عَلَى السُّكُوْنِ؛ مَاءٍ مُبْتَدَأٌ مُؤَخَّرٌ، مَرْفُوْعٌ مَحَلًّا، مَجْرُوْرٌ بِالْكَسْرَةِ لَفْظًا...

[4] هَلَكَ فِعْلٌ مَاضٍ، مَبْنِيٌّ عَلَى الْفَتْحِ؛ النَّاسُ فَاعِلٌ، مَرْفُوْعٌ بِالضَّمَّةِ؛ حَاشَا حَرْفُ جَرٍّ شَبِيْهٌ بِالزَّائِدِ، مَبْنِيٌّ عَلَى السُّكُوْنِ؛ الْعَالِمِ مُسْتَثْنًى مِنَ الْفَاعِلِ، مَنْصُوْبٌ مَحَلًّا، مَجْرُوْرٌ بِالْكَسْرَةِ لَفْظًا.

عَلَى خَبَرِ لَيْسَ أَوْ مَا الْمُشَبَّهَةِ بِلَيْسَ، نَحْوُ: ﴿وَمَا رَبُّكَ بِظَلَّامٍ لِّلْعَبِيدِ ﴿٣٦﴾﴾[1]

وَعَلَى فَاعِلِ كَفَى، نَحْوُ ﴿وَكَفَىٰ بِاللَّهِ شَهِيدًا﴾[2]

وَعَلَى نَفْسٍ فِي التَّأْكِيْدِ الْمَعْنَوِيِّ، نَحْوُ: كَانَ عُمَرُ رَضِيَ اللَّهُ عَنْهُ يَكْنِسُ الْمَسْجِدَ بِنَفْسِهِ[3]

الثَّانِي مِنْ فِيْ سِيَاقِ النَّفْيِ أَوِ اسْتِفْهَامٍ، نَحْوُ: مَا ظَلَمْتُ مِنْ أَحَدٍ[4] وَنَحْوُ: هَلْ جَاءَ مِنْ أَحَدٍ؟

الثَّالِثُ اللَّامُ الدَّاخِلَةُ عَلَى خَبَرِ كَانَ الْمَنْفِيِّ، نَحْوُ: مَا كَانَ اللّٰهُ لِيَظْلِمَ أَحَدًا.[5]

مَسْأَلَةٌ

تُسَمَّى اللَّامُ الدَّاخِلَةُ عَلَى خَبَرِ كَانَ الْمَنْفِيِّ لَامَ الْجُحُوْدِ

---

[1] مَا حَرْفٌ مُشَبَّهٌ بِلَيْسَ، مَبْنِيٌّ عَلَى السُّكُوْنِ؛ رَبُّ اسْمُ مَا، مَرْفُوْعٌ بِالضَّمَّةِ؛ الْكَافُ مُضَافٌ إِلَيْهِ، مَجْرُوْرٌ مَحَلًّا، مَبْنِيٌّ عَلَى الْفَتْحِ؛ الْبَاءُ حَرْفُ صِلَةٍ، مَبْنِيٌّ عَلَى الْكَسْرِ؛ ظَلَّامٍ خَبَرُ مَا، مَنْصُوْبٌ مَحَلًّا، مَجْرُوْرٌ بِالْكَسْرَةِ لَفْظًا.

[2] كَفَى فِعْلٌ مَاضٍ، مَبْنِيٌّ عَلَى فَتْحٍ مُقَدَّرٍ؛ الْبَاءُ حَرْفُ صِلَةٍ، مَبْنِيٌّ عَلَى الْكَسْرِ؛ لَفْظُ الْجَلَالَةِ فَاعِلٌ مَرْفُوْعٌ مَحَلًّا؛ مَجْرُوْرٌ بِالْكَسْرَةِ لَفْظًا؛ شَهِيْدًا تَمْيِيْزٌ، مَنْصُوْبٌ بِالْفَتْحَةِ.

[3] ... الْبَاءُ حَرْفُ صِلَةٍ، مَبْنِيٌّ عَلَى الْكَسْرِ؛ نَفْسِ تَأْكِيْدٌ لِعُمَر، مَرْفُوْعٌ مَحَلًّا، مَجْرُوْرٌ بِالْكَسْرَةِ لَفْظًا؛ الْهَاءُ مُضَافٌ إِلَيْهِ، مَجْرُوْرٌ مَحَلًّا، مَبْنِيٌّ عَلَى الْكَسْرِ.

[4] مَا حَرْفُ نَفْيٍ، مَبْنِيٌّ عَلَى السُّكُوْنِ؛ ظَلَمْتُ فِعْلٌ مَاضٍ، مَبْنِيٌّ عَلَى السُّكُوْنِ؛ تُ فَاعِلٌ، مَرْفُوْعٌ مَحَلًّا، مَبْنِيٌّ عَلَى الضَّمِّ؛ مِنْ حَرْفُ صِلَةٍ، مَبْنِيٌّ عَلَى السُّكُوْنِ؛ أَحَدٍ مَفْعُوْلٌ بِهِ، مَنْصُوْبٌ مَحَلًّا، مَجْرُوْرٌ بِالْكَسْرَةِ لَفْظًا.

[5] مَا حَرْفُ نَفْيٍ، مَبْنِيٌّ عَلَى السُّكُوْنِ؛ كَانَ فِعْلٌ مَاضٍ نَاقِصٌ، مَبْنِيٌّ عَلَى الْفَتْحِ؛ لَفْظُ الْجَلَالَةِ اسْمُ كَانَ، مَرْفُوْعٌ بِالضَّمَّةِ؛ اللَّامُ حَرْفُ صِلَةٍ لِلْجُحُوْدِ، مَبْنِيٌّ عَلَى الْكَسْرِ؛ يَظْلِمَ فِعْلٌ مُضَارِعٌ، مَنْصُوْبٌ بِالْفَتْحَةِ؛ هُوَ ضَمِيْرٌ مُسْتَتِرٌ، فَاعِلٌ، مَرْفُوْعٌ مَحَلًّا؛ أَحَدًا مَفْعُوْلٌ بِهِ، مَنْصُوْبٌ بِالْفَتْحَةِ؛ وَأَنْ الْمُقَدَّرَةُ وَمَا بَعْدَهَا اسْمٌ مُؤَوَّلٌ، خَبَرُ كَانَ، مَنْصُوْبٌ مَحَلًّا بَعِيْدًا، مَجْرُوْرٌ مَحَلًّا قَرِيْبًا.

الْقِسْمُ الثَّانِي: حَرْفٌ يَنْصِبُ اسْمًا وَاحِدًا

الْقِسْمُ الثَّانِي حَرْفٌ يَنْصِبُ اسْمًا وَاحِدًا، وَهُوَ إِلَّا، نَحْوُ: يَغْفِرُ اللهُ الذُّنُوبَ إِلَّا الشِّرْكَ[1]

مَسْأَلَةٌ

مَا خَلَا ومَا عَدَا فِعْلَانِ لِلِاسْتِثْنَاءِ، نَحْوُ: كُلُّ شَيْءٍ مَا خَلَا اللهَ بَاطِلٌ[2]

الْقِسْمُ الثَّالِثُ: حُرُوْفٌ تَنْصِبُ الِاسْمَ وَتَرْفَعُ الْخَبَرَ

الْقِسْمُ الثَّالِثُ حُرُوْفٌ تَدْخُلُ عَلَى الْمُبْتَدَأِ وَالْخَبَرِ، وَتَنْصِبُ الْأَوَّلَ وَيُسَمَّى اسْمَهَا، وَتَرْفَعُ الثَّانِيَ وَيُسَمَّى خَبَرَهَا. وَهِيَ سَبْعَةٌ:

الْأَوَّلُ إِنَّ، وَهِيَ لِلتَّأْكِيْدِ، نَحْوُ: إِنَّ اللهَ رَحِيْمٌ

الثَّانِي أَنَّ، وَهِيَ حَرْفُ مَصْدَرٍ لِلتَّأْكِيْدِ، نَحْوُ: أَعْلَمُ أَنَّ اللهَ غَفُوْرٌ[3]

الثَّالِثُ كَأَنَّ، وَهِيَ حَرْفٌ لِلتَّشْبِيْهِ، نَحْوُ: كَأَنَّ الْحَرَامَ نَارٌ

الرَّابِعُ لَكِنَّ، وَهِيَ حَرْفٌ لِلِاسْتِدْرَاكِ، نَحْوُ: مَا فَازَ الْكَسُوْلُ لَكِنَّ الْمُجْتَهِدَ فَائِزٌ[4]

الْخَامِسُ لَعَلَّ، وَهِيَ حَرْفٌ لِلتَّوَقُّعِ، وَتَكُوْنُ فِي ...

---

[1] ... إِلَّا حَرْفُ الِاسْتِثْنَاءِ، مَبْنِيٌّ عَلَى السُّكُوْنِ؛ الشِّرْكَ مُسْتَثْنًى مِنَ الْمَفْعُوْلِ بِهِ، مَنْصُوْبٌ بِالْفَتْحَةِ.

[2] ... مَا حَرْفٌ زَائِدٌ، مَبْنِيٌّ عَلَى السُّكُوْنِ؛ خَلَا فِعْلٌ مَاضٍ، مَبْنِيٌّ عَلَى فَتْحٍ مُقَدَّرٍ؛ هُوَ ضَمِيْرٌ مُسْتَتِرٌ، فَاعِلٌ، مَرْفُوْعٌ مَحَلًّا؛ لَفْظُ الْجَلَالَةِ مَفْعُوْلٌ بِهِ، مَنْصُوْبٌ بِالْفَتْحَةِ.

فَائِدَةٌ: وَفِيْ إِعْرَابِهِ وُجُوْهٌ أُخْرَى

[3] أَعْلَمُ فِعْلٌ مُضَارِعٌ، مَرْفُوْعٌ بِالضَّمَّةِ؛ أَنَا ضَمِيْرٌ مُسْتَتِرٌ، فَاعِلٌ، مَرْفُوْعٌ مَحَلًّا؛ أَنَّ حَرْفٌ مُشَبَّهٌ بِالْفِعْلِ، مَبْنِيٌّ عَلَى الْفَتْحِ؛ لَفْظُ الْجَلَالَةِ اسْمُ أَنَّ، مَنْصُوْبٌ بِالْفَتْحَةِ؛ غَفُوْرٌ خَبَرُ أَنَّ، مَرْفُوْعٌ بِالضَّمَّةِ؛ وَأَنَّ وَمَا بَعْدَهَا اسْمٌ مُؤَوَّلٌ، سَادٌّ مَسَدَّ مَفْعُوْلَيْ أَعْلَمُ، مَنْصُوْبٌ مَحَلًّا.

[4] لَكِنَّ حَرْفٌ مُشَبَّهٌ بِالْفِعْلِ، مَبْنِيٌّ عَلَى الْفَتْحِ؛ الْمُجْتَهِدَ اِسْمُ لَكِنَّ، مَنْصُوْبٌ بِالْفَتْحَةِ؛ فَائِزٌ خَبَرُ لَكِنَّ، مَرْفُوْعٌ بِالضَّمَّةِ؛

الْمَرْغُوْبِ، نَحْوُ: لَعَلَّ اللهَ يَغْفِرُ ذَنْبِي

وَالْمَكْرُوْهِ، نَحْوُ: ﴿لَعَلَّكَ بَاخِعٌ نَفْسَكَ﴾

وَقَدْ تَكُوْنُ لِلتَّعْلِيْلِ، نَحْوُ: ﴿وَاتَّقُوا اللهَ لَعَلَّكُمْ تُفْلِحُوْنَ ﴿١٨٩﴾﴾[1]

السَّادِسُ: لَيْتَ، وَهِيَ حَرْفٌ لِلتَّمَنِّي، نَحْوُ: لَيْتَ السَّنَةَ كُلَّهَا رَمَضَانُ[2]

مَسْأَلَةٌ

هَذِهِ السِّتَّةُ تُسَمَّى الْحُرُوْفَ الْمُشَبَّهَةَ بِالْفِعْلِ

تَخْفِيْفُ الْحُرُوْفِ الْمُشَبَّهَةِ بِالْفِعْلِ

قَدْ يُخَفَّفُ إِنَّ وَأَنَّ وَكَأَنَّ وَلَكِنَّ مَعَ حَذْفِ اسْمِهَا ...

نَحْوُ: هَدَانَا اللهُ وَإِنْ كُنَّا لَضَالِّيْنَ[3]

وَنَحْوُ: ظَنُّوْا أَنْ لَّن يُّبْعَثُوْا[4]

---

[1] .... وَجُمْلَةُ لَعَلَّكُمْ تُفْلِحُوْنَ مَفْعُوْلٌ لَهُ

[2] لَيْتَ حَرْفٌ مُشَبَّهٌ بِالْفِعْلِ، مَبْنِيٌّ عَلَى الْفَتْحِ؛ السَّنَةَ اسْمُ لَيْتَ، مَنْصُوْبٌ بِالْفَتْحَةِ؛ كُلَّ تَأْكِيْدٌ لِلسَّنَةِ، مَنْصُوْبٌ بِالْفَتْحَةِ؛ هَا مُضَافٌ إِلَيْهِ، مَجْرُوْرٌ مَحَلًّا، مَبْنِيٌّ عَلَى السُّكُوْنِ؛ رَمَضَانُ خَبَرُ لَيْتَ، مَرْفُوْعٌ بِالضَّمَّةِ.

[3] ... الْوَاوُ حَالِيَّةٌ، مَبْنِيَّةٌ عَلَى الْفَتْحِ؛ إِنِ الْمُخَفَّفَةُ، مَبْنِيٌّ عَلَى السُّكُوْنِ؛ اسْمُ إِنْ مُقَدَّرٌ؛ كُنَّا فِعْلٌ مَاضٍ نَاقِصٌ، مَبْنِيٌّ عَلَى السُّكُوْنِ؛ نَا اسْمُ كَانَ، مَرْفُوْعٌ مَحَلًّا، مَبْنِيٌّ عَلَى السُّكُوْنِ؛ اللَّامُ فَارِقَةٌ، مَبْنِيَّةٌ عَلَى الْفَتْحِ؛ ضَالِّيْنَ خَبَرُ كَانَ، مَنْصُوْبٌ بِالْيَاءِ؛ وَجُمْلَةُ كُنَّا لَضَالِّيْنَ خَبَرُ إِنِ الْمُخَفَّفَةِ، مَرْفُوْعٌ مَحَلًّا؛ وَجُمْلَةُ إِنْ كُنَّا لَضَالِّيْنَ حَالٌ مِنَ الْمَفْعُوْلِ بِهِ، مَنْصُوْبٌ مَحَلًّا.

[4] ... أَنِ الْمُخَفَّفَةُ، مَبْنِيٌّ عَلَى السُّكُوْنِ؛ اسْمُ أَنْ مُقَدَّرٌ؛ ... وَجُمْلَةُ لَن يُّبْعَثُوْا خَبَرُ أَنِ الْمُخَفَّفَةِ، مَرْفُوْعٌ مَحَلًّا؛ وَأَنْ وَمَا بَعْدَهَا اسْمٌ مُؤَوَّلٌ، سَادٌّ مَسَدَّ مَفْعُوْلَيْ ظَنُّوْا، مَنْصُوْبٌ مَحَلًّا.

وَنَحْوُ: يَعْصُوْنَ اللهَ كَأَن لَّمْ يُنْذَرُوْا[1]

وَنَحْوُ: إِنَّ وَعْدَ اللهِ حَقٌّ وَلَكِنْ لَا يَعْلَمُوْنَ[2]

مَسْأَلَةٌ

لَا يُخَفَّفُ إِنَّ إِلَّا قَبْلَ فِعْلٍ نَاسِخٍ

اللَّامُ الْفَارِقَةُ

تَكْثُرُ لَامٌ فَارِقَةٌ فِي خَبَرِ إِنْ الْمُخَفَّفَةِ[3]، نَحْوُ: هَدَانَا اللهُ وَإِنْ كُنَّا لَضَالِّيْنَ

مَا الْكَافَّةُ

قَدْ تَدْخُلُ مَا الْكَافَّةُ عَلَى الْحُرُوْفِ الْمُشَبَّهَةِ بِالْفِعْلِ وَ...

تَكُفُّهَا عَنِ الْعَمَلِ، نَحْوُ: ﴿إِنَّمَا اللهُ إِلَهٌ وَاحِدٌ﴾[4]

وَتُسَوِّغُ لَهَا أَنْ تَدْخُلَ عَلَى الْأَفْعَالِ، نَحْوُ: ﴿إِنَّمَا يَتَقَبَّلُ اللهُ مِنَ الْمُتَّقِيْنَ﴾

السَّابِعُ: لَا لِنَفْيِ الْجِنْسِ، نَحْوُ: لَا فَاعِلَ شَرٍّ فَائِزٌ[5]

الْقِسْمُ الرَّابِعُ: حُرُوْفٌ تَرْفَعُ الِاسْمَ وَتَنْصِبُ الْخَبَرَ

الْقِسْمُ الرَّابِعُ حُرُوْفٌ تَدْخُلُ عَلَى الْمُبْتَدَأِ وَالْخَبَرِ، وَتَرْفَعُ الْأَوَّلَ وَيُسَمَّى اسْمَهَا،

---

[1] ... كَأَن الْمُخَفَّفَةُ، مَبْنِيٌّ عَلَى السُّكُوْنِ؛ اسْمُ كَأَنْ مُقَدَّرٌ؛ ... وَجُمْلَةُ لَمْ يُنْذَرُوْا خَبَرُ كَأَنِ الْمُخَفَّفَةِ، مَرْفُوْعٌ مَحَلًّا، وَجُمْلَةُ كَأَن لَّمْ يُنْذَرُوْا حَالٌ مِنَ الْفَاعِلِ، مَنْصُوْبٌ مَحَلًّا.

[2] ... الْوَاوُ حَرْفُ عَطْفٍ، مَبْنِيَّةٌ عَلَى الْفَتْحِ؛ لَكِنِ الْمُخَفَّفَةُ، اسْمُ لَكِنْ مُقَدَّرٌ؛ ... وَجُمْلَةُ لَا يَعْلَمُوْنَ خَبَرُ لَكِنِ الْمُخَفَّفَةِ، مَرْفُوْعٌ مَحَلًّا.

[3] **فَائِدَةٌ:** اللَّامُ الْفَارِقَةُ تُمَيِّزُ إِنْ الْمُخَفَّفَةَ مِنْ إِنِ النَّافِيَةِ

[4] إِنَّ حَرْفٌ مُشَبَّهٌ بِالْفِعْلِ، مَبْنِيٌّ عَلَى الْفَتْحِ، مَا كَافَّةٌ، مَبْنِيَّةٌ عَلَى السُّكُوْنِ؛ لَفْظُ الْجَلَالَةِ مُبْتَدَأٌ، مَرْفُوْعٌ بِالضَّمَّةِ؛ إِلَهٌ خَبَرٌ، مَرْفُوْعٌ بِالضَّمَّةِ؛ وَاحِدٌ نَعْتٌ لِإِلَه، مَرْفُوْعٌ بِالضَّمَّةِ.

[5] لَا نَافِيَةٌ لِلْجِنْسِ، مَبْنِيٌّ عَلَى السُّكُوْنِ؛ فَاعِلَ اسْمُ لَا، مَنْصُوْبٌ بِالْفَتْحَةِ؛ شَرٍّ مُضَافٌ إِلَيْهِ، مَجْرُوْرٌ بِالْكَسْرَةِ؛ فَائِزٌ خَبَرُ لَا، مَرْفُوْعٌ بِالضَّمَّةِ.

وَتَنصِبُ الثَّانِيَ وَيُسَمَّى خَبَرَهَا. وَهِيَ حُرُوْفٌ مُشَبَّهَةٌ بِلَيْس، وَهِيَ ثَلَاثَةٌ:

الْأَوَّلُ مَا، نَحْوُ: مَا الْمَالُ مَقْصُوْدَنَا[1]

الثَّانِيْ لَا، نَحْوُ: لَا شَيْءٌ مُشَابِهًا للهِ[2]

الثَّالِثُ لَاتَ، وَهِيَ خَاصَّةٌ بِالْحِيْنِ، وَالْغَالِبُ حَذْفُ اسْمِهَا، نَحْوُ: نَدِمْنَا وَلَاتَ سَاعَةَ نَدَمٍ[3]

مَسْأَلَةٌ

لَا تَعْمَلُ مَا الْمُشَبَّهَةُ بِلَيْسَ إِذَا دَخَلَتْ كَلِمَةُ إِلَّا عَلَى خَبَرِهَا، نَحْوُ: ﴿مَا مُحَمَّدٌ إِلَّا رَسُوْلٌ﴾[4]

النَّوَاسِخُ

تُسَمَّى الْعَوَامِلُ الدَّاخِلَةُ عَلَى الْمُبْتَدَإِ وَالْخَبَرِ نَوَاسِخَ، وَهِيَ خَمْسٌ:

الْأَوَّلُ أَفْعَالُ الْقُلُوْبِ

الثَّانِي الْأَفْعَالُ النَّاقِصَةُ

[1] مَا حَرْفٌ مُشَبَّهٌ بِلَيْسَ، مَبْنِيٌّ عَلَى السُّكُوْنِ؛ الْمَالُ اسْمُ مَا، مَرْفُوْعٌ بِالضَّمَّةِ؛ مَقْصُوْدَ خَبَرُ مَا، مَنْصُوْبٌ بِالْفَتْحَةِ؛ نَا مُضَافٌ إِلَيْهِ، مَجْرُوْرٌ مَحلًّا، مَبْنِيٌّ عَلَى السُّكُوْنِ.

[2] لَا حَرْفٌ مُشَبَّهٌ بِلَيْسَ، مَبْنِيٌّ عَلَى السُّكُوْنِ؛ شَيْءٌ اسْمُ لَا، مَرْفُوْعٌ بِالضَّمَّةِ؛ مُشَابِهًا خَبَرُ لَا، مَنْصُوْبٌ بِالْفَتْحَةِ؛ هُوَ ضَمِيرٌ مُسْتَتِرٌ، فَاعِلٌ لِمُشَابِه، مَرْفُوْعٌ مَحَلًّا؛ اللَّامُ حَرْفُ جَرٍّ، مَبْنِيٌّ عَلَى الْكَسْرِ؛ لَفْظُ الْجَلَالَةِ مَجْرُوْرٌ بِالْكَسْرَةِ؛ وَشِبْهُ الْجُمْلَةِ مَفْعُوْلٌ بِهِ غَيْرُ صَرِيحٍ لِمُشَابِه، مَنْصُوْبٌ مَحَلًّا.

[3] نَدِمْنَا فِعْلٌ مَاضٍ، مَبْنِيٌّ عَلَى السُّكُوْنِ؛ نَا فَاعِلٌ، مَرْفُوْعٌ مَحَلًّا، مَبْنِيٌّ عَلَى السُّكُوْنِ؛ الْوَاوُ حَرْفُ عَطْفٍ، مَبْنِيَّةٌ عَلَى الْفَتْحِ، لَاتَ حَرْفٌ مُشَبَّهٌ بِلَيْسَ، مَبْنِيٌّ عَلَى الْفَتْحِ؛ اسْمُ لَاتَ مَحْذُوْفٌ؛ سَاعَةَ خَبَرُ لَاتَ، مَنْصُوْبٌ بِالْفَتْحَةِ؛ نَدَمٍ مُضَافٌ إِلَيْهِ، مَجْرُوْرٌ بِالْكَسْرَةِ.

[4] مَا حَرْفُ نَفْيٍ، مَبْنِيَّةٌ عَلَى السُّكُوْنِ؛ مُحَمَّدٌ مُبْتَدَأٌ، مَرْفُوْعٌ بِالضَّمَّةِ؛ إِلَّا حَرْفُ حَصْرٍ، مَبْنِيَّةٌ عَلَى السُّكُوْنِ؛ رَسُوْلٌ خَبَرٌ، مَرْفُوْعٌ بِالضَّمَّةِ.

الثَّالِثُ الْحُرُوْفُ الْمُشَبَّهَةُ بِالْفِعْلِ

الرَّابِعُ لَا لِنَفْيِ الْجِنْسِ

الْخَامِسُ الْحُرُوْفُ الْمُشَبَّهَةُ بِلَيْسَ.

النَّوْعُ الثَّانِيْ: حُرُوْفٌ تَعْمَلُ فِي الْفِعْلِ

النَّوْعُ الثَّانِيْ حُرُوْفٌ تَعْمَلُ فِي الْفِعْلِ، وَهِيَ قِسْمَانِ:

الْقِسْمُ الْأَوَّلُ: حُرُوْفٌ تَنْصِبُ الْفِعْلَ الْمُضَارِعَ

الْقِسْمُ الْأَوَّلُ حُرُوْفٌ تَنْصِبُ الْفِعْلَ الْمُضَارِعَ، وَهِيَ أَرْبَعَةُ أَحْرُفٍ:

الْأَوَّلُ أَنْ، وَهِيَ حَرْفُ مَصْدَرٍ، نَحْوُ: أُحِبُّ أَنْ أُطِيْعَ اللهَ[1]

الثَّانِيْ كَيْ، وَهِيَ حَرْفُ مَصْدَرٍ لِلتَّعْلِيْلِ، نَحْوُ: أُحِبُّ طُوْلَ الْعُمُرِ كَيْ أَطْلُبَ الْعِلْمَ[2]

الثَّالِثُ لَنْ، وَهِيَ لِتَأْكِيْدِ نَفْيِ الْمُضَارِعِ فِي الْمُسْتَقْبَلِ، نَحْوُ: لَنْ أُشْرِكَ بِاللهِ[3]

الرَّابِعُ إِذَنْ، وَهِيَ لِلْجَوَابِ، نَحْوُ قَوْلِكَ: إِذَنْ تَدْخُلَ الْجَنَّةَ[4]، لِمَنْ قَالَ أُطِيْعُ اللهَ

أَنْ الْمُقَدَّرَةُ

تَكُوْنُ أَنْ مُقَدَّرَةً فِيْ مَوَاضِعَ، مِنْهَا ...

---

[1] ... أَنْ حَرْفُ مَصْدَرٍ، مَبْنِيٌّ عَلَى السُّكُوْنِ؛ أُطِيْعَ فِعْلٌ مُضَارِعٌ، مَنْصُوْبٌ بِالْفَتْحَةِ؛ أَنَا ضَمِيْرٌ مُسْتَتِرٌ، فَاعِلٌ، مَرْفُوْعٌ مَحَلًّا؛ لَفْظُ الْجَلَالَةِ مَفْعُوْلٌ بِهِ، مَنْصُوْبٌ بِالْفَتْحَةِ؛ وَأَنْ وَمَا بَعْدَهَا اسْمٌ مُؤَوَّلٌ، مَفْعُوْلٌ بِهِ، مَنْصُوْبٌ مَحَلًّا.

[2] ... كَيْ حَرْفُ مَصْدَرٍ، مَبْنِيٌّ عَلَى السُّكُوْنِ؛ أَعْبُدَ فِعْلٌ مُضَارِعٌ، مَنْصُوْبٌ بِالْفَتْحَةِ؛ أَنَا ضَمِيْرٌ مُسْتَتِرٌ، فَاعِلٌ، مَرْفُوْعٌ مَحَلًّا؛ الْعِلْمَ مَفْعُوْلٌ بِهِ، مَنْصُوْبٌ بِالْفَتْحَةِ، وَكَيْ وَمَا بَعْدَهَا اسْمٌ مُؤَوَّلٌ، مَفْعُوْلٌ لَهُ، مَنْصُوْبٌ مَحَلًّا.

[3] لَنْ حَرْفُ نَفْيٍ، مَبْنِيٌّ عَلَى السُّكُوْنِ؛ أُشْرِكَ فِعْلٌ مُضَارِعٌ، مَنْصُوْبٌ بِالْفَتْحَةِ؛ ...

[4] إِذَنْ حَرْفُ جَوَابٍ، مَبْنِيٌّ عَلَى السُّكُوْنِ؛ تَدْخُلَ ...

بَعْدَ لَامِ الْجَرِّ، نَحْوُ: سَافَرْتُ إِلَى مَكَّةَ لِأَحُجَّ[١]، وَنَحْوُ: مَا كَانَ اللهُ لِيَظْلِمَ أَحَدًا

وَبَعْدَ حَتَّى، نَحْوُ: لَا يَأْكُلُ الصَّائِمُ حَتَّى تَغْرُبَ الشَّمْسُ[٢]

وَبَعْدَ فَاءِ السَّبَبِ[٣] الْمَسْبُوْقَةِ ...

بِنَفْيٍ، نَحْوُ: مَا أَنَا بِمُشْرِكٍ فَأَسْجُدَ لِصَنَمٍ[٤]

أَوْ طَلَبٍ، مِثْلُ

الْأَمْرِ، نَحْوُ: اِحْفَظْ دَرْسَكَ فَتَنْجَحَ

أَوِ النَّهْيِ، نَحْوُ: لَا تَكْسَلْ فَتَنْدَمَ

أَوِ الِاسْتِفْهَامِ، نَحْوُ: هَلْ عِنْدَكَ مَالٌ فَتَنْصُرَ الْفَقِيْرَ

أَوِ التَّمَنِّيْ، نَحْوُ: لَيْتَ لِيْ قُوَّةً فَأَنْصُرَ الْمَظْلُوْمَ

أَوِ التَّرَجِّيْ، نَحْوُ: لَعَلَّ اللهَ يَرْزُقُنِيْ قُوَّةً فَأَنْصُرَ الْمَسَاكِيْنَ

أَوِ التَّحْضِيْضِ، نَحْوُ: أَلَا تَنْصُرُ الضُّعَفَاءَ فَيَرْحَمَكَ اللهُ[٥]

أَوِ الْعَرْضِ، نَحْوُ: أَلَا تَنْصُرُ الْفُقَرَاءَ فَيَرْحَمَكَ اللهُ

مَسْأَلَةٌ

إِذَا سَبَقَتْ إِذَنْ الْفَاءُ أَوِ الْوَاوُ جَازَ النَّصْبُ وَالرَّفْعُ، الْغَالِبُ الرَّفْعُ، نَحْوُ قَوْلِكَ:

---

[١] ... اللَّامُ حَرْفُ جَرٍّ، مَبْنِيٌّ عَلَى الْكَسْرِ؛ أَنْ حَرْفُ مَصْدَرٍ مُقَدَّرٌ ... وَأَنْ الْمُقَدَّرَةُ وَمَا بَعْدَهَا اسْمٌ مُؤَوَّلٌ، مَجْرُوْرٌ، وَالْجَارُّ وَالْمَجْرُوْرُ مَفْعُوْلٌ لَهُ غَيْرُ صَرِيْحٍ، مَنْصُوْبٌ مَحَلًّا.

[٢] ... حَتَّى حَرْفُ جَرٍّ، مَبْنِيٌّ عَلَى السُّكُوْنِ؛ أَنْ حَرْفُ مَصْدَرٍ مُقَدَّرٌ ... وَأَنْ الْمُقَدَّرَةُ وَمَا بَعْدَهَا اسْمٌ مُؤَوَّلٌ، مَجْرُوْرٌ، وَالْجَارُّ وَالْمَجْرُوْرُ مَفْعُوْلٌ فِيْهِ غَيْرُ صَرِيْحٍ، مَنْصُوْبٌ مَحَلًّا.

[٣] **فَائِدَةٌ:** فَاءُ السَّبَبِ مَا تَدُلُّ عَلَى أَنَّ مَا قَبْلَهَا سَبَبٌ لِمَا بَعْدَهَا

[٤] ... الْفَاءُ حَرْفُ عَطْفٍ، مَبْنِيَّةٌ عَلَى الْفَتْحِ؛ أَنْ حَرْفُ مَصْدَرٍ مُقَدَّرٌ ...

[٥] هَلَّا حَرْفُ تَحْضِيْضٍ، مَبْنِيٌّ عَلَى السُّكُوْنِ ...

فَإِذَنْ تَدْخُل الْجَنَّةَ

كِتَابَةُ إِذَنْ

تُكْتَبُ إِذَنْ فِي الْمُصْحَفِ بِالْأَلِفِ، نَحْوُ: ﴿فَإِذًا﴾

الْقِسْمُ الثَّانِي: حُرُوْفٌ تَجْزِمُ الْفِعْلَ الْمُضَارِعَ

الْقِسْمُ الثَّانِي حُرُوْفٌ تَجْزِمُ الْفِعْلَ الْمُضَارِعَ، وَهُوَ ضَرْبَانِ:

الضَّرْبُ الْأَوَّلُ: مَا تَجْزِمُ فِعْلًا وَاحِدًا

الضَّرْبُ الْأَوَّلُ مَا تَجْزِمُ فِعْلًا وَاحِدًا، وَهُوَ أَرْبَعَةُ أَحْرُفٍ:

الْأَوَّلُ لَمْ، وَهِيَ لِنَفْيِ الْمُضَارِعِ وَقَلْبِ مَعْنَاهُ مَاضِيًا، نَحْوُ: لَمْ تَطْلُعِ الْفَجْرُ[1]

الثَّانِي لَمَّا، وَهِيَ لِنَفْيِ الْمُضَارِعِ وَقَلْبِ مَعْنَاهُ مَاضِيًا مَعَ تَوَقُّعِ الْحُصُوْلِ، نَحْوُ: لَمَّا يُؤَذِّنِ الْمُؤَذِّنُ[2]

الثَّالِثُ: لَامُ الْأَمْرِ، نَحْوُ: لِيَذْهَبُوْا لِصَلَاةِ الْفَجْرِ[3]

الرَّابِعُ: لَا فِي النَّهْيِ، نَحْوُ: لَا تَتْرُكْ صَلَاةَ الْفَجْرِ[4]

---

[1] لَمْ حَرْفُ نَفْيٍ، مَبْنِيٌّ عَلَى السُّكُوْنِ؛ تَطْلُع فِعْلٌ مُضَارِعٌ، مَجْزُوْمٌ بِالسُّكُوْنِ، كُسِرَتْ لِالْتِقَاءِ السَّاكِنَيْنِ؛ الْفَجْرُ فَاعِلٌ، مَرْفُوْعٌ بِالضَّمَّةِ.

[2] لَمَّا حَرْفُ نَفْيٍ، مَبْنِيٌّ عَلَى السُّكُوْنِ؛ يُؤَذِّن فِعْلٌ مُضَارِعٌ، مَجْزُوْمٌ بِالسُّكُوْنِ، كُسِرَتْ لِالْتِقَاءِ السَّاكِنَيْنِ؛ الْمُؤَذِّنُ فَاعِلٌ، مَرْفُوْعٌ بِالضَّمَّةِ.

[3] اللَّامُ لَامُ الْأَمْرِ، مَبْنِيٌّ عَلَى الْكَسْرِ؛ يَذْهَبُوْا فِعْلٌ مُضَارِعٌ، مَجْزُوْمٌ بِحَذْفِ النُّوْنِ، وَالْوَاوُ فَاعِلٌ، مَرْفُوْعَةٌ مَحَلًّا ...

[4] لَا حَرْفُ نَهْيٍ، مَبْنِيٌّ عَلَى السُّكُوْنِ؛ تَتْرُكْ فِعْلٌ مُضَارِعٌ، مَجْزُوْمٌ بِالسُّكُوْنِ؛ أَنْتَ ضَمِيرٌ مُسْتَتِرٌ، فَاعِلٌ، مَرْفُوْعٌ مَحَلًّا ...

الضَّرْبُ الثَّانِيْ: مَا تَجْزِمُ فِعْلَيْنِ

الضَّرْبُ الثَّانِيْ مَا تَجْزِمُ فِعْلَيْنِ، ويُسَمَّى الْأَوَّلُ شَرْطًا، ويُسَمَّى الثَّانِيْ جَوابَ الشَّرْطِ أَوْ جَزاءً. وَهُوَ حَرْفَانِ:

الْأَوَّلُ إِنْ، نَحْوُ: إِنْ تَتُبْ تُغْفَرْ ذُنُوْبُكَ[1]

الثَّانِيْ إِذْمَا، وَهِيَ بِمَعْنَى إِنْ، نَحْوُ: إِذْمَا تَتُبْ تُقْبَلْ تَوْبَتُكَ[2]

مَا الزَّائِدَةُ بَعْدَ إِنْ الشَّرْطِيَّةِ

قَدْ يُزَادُ حَرْفُ مَا بَعْدَ إِنْ، وَحِيْنَئِذٍ تَلْحَقُ فِعْلَ الشَّرْطِ نُوْنٌ لِلتَّوْكِيْدِ، نَحْوُ: إِمَّا يَغُرَّنَّكَ الشَّيْطَانُ فَلَا تُطِعْهُ[3]

الْفَاءُ فِي جَوَابِ الشَّرْطِ

قَدْ تُزَادُ الْفَاءُ قَبْلَ فِعْلِ الْجَوَابِ فِيْ مَوَاضِعَ، وَحِيْنَئِذٍ لَا تَعْمَلُ إِنْ فِي الْجَوَابِ،

---

[1] إِنْ حَرْفُ شَرْطٍ، مَبْنِيٌّ عَلَى السُّكُوْنِ؛ تَتُبْ فِعْلٌ مُضَارِعٌ، مَجْزُوْمٌ بِالسُّكُوْنِ؛ أَنْتَ ضَمِيْرٌ مُسْتَتِرٌ، فَاعِلٌ، مَرْفُوْعٌ مَحَلًّا، وَجُمْلَةُ إِنْ تَتُبْ، ابْتِدَائِيَّةٌ (أَوْ شَرْطِيَّةٌ)، لَا مَحَلَّ لَهَا مِنَ الْإِعْرَابِ؛ تُغْفَرْ فِعْلٌ مُضَارِعٌ مَبْنِيٌّ لِلْمَجْهُوْلِ، مَجْزُوْمٌ بِالسُّكُوْنِ؛ ذُنُوْبُ نَائِبُ الْفَاعِلِ، مَرْفُوْعٌ بِالضَّمَّةِ؛ الْكَافُ مُضَافٌ إِلَيْهِ، مَجْرُوْرٌ مَحَلًّا، مَبْنِيٌّ عَلَى الْفَتْحِ؛ وَجُمْلَةُ تُغْفَرْ ذُنُوْبُكَ جَوابُ الشَّرْطِ، لَا مَحَلَّ لَهَا مِنَ الْإِعْرَابِ

[2] إِذْمَا حَرْفُ شَرْطٍ، مَبْنِيٌّ عَلَى السُّكُوْنِ؛ تَتُبْ ...

[3] إِنْ حَرْفُ شَرْطٍ، مَبْنِيٌّ عَلَى السُّكُوْنِ؛ مَا حَرْفٌ زَائِدٌ (حَرْفُ صِلَةٍ)، مَبْنِيٌّ عَلَى السُّكُوْنِ؛ يَغُرَّنَّكَ فِعْلٌ مُضَارِعٌ، مَجْزُوْمٌ مَحَلًّا، مَبْنِيٌّ عَلَى الْفَتْحِ؛ النُّوْنُ لِلتَّوْكِيْدِ، مَبْنِيٌّ عَلَى الْفَتْحِ؛ الْكَافُ مَفْعُوْلٌ بِهِ مُقَدَّمٌ، مَنْصُوْبٌ مَحَلًّا، مَبْنِيٌّ عَلَى الْفَتْحِ؛ الشَّيْطَانُ فَاعِلٌ، مَرْفُوْعٌ بِالضَّمَّةِ؛ وَجُمْلَةُ إِمَّا يَغُرَّنَّكَ الشَّيْطَانُ ابْتِدَائِيَّةٌ (أَوْ شَرْطِيَّةٌ)، لَا مَحَلَّ لَهَا مِنَ الْإِعْرَابِ؛ الْفَاءُ رَابِطَةٌ لِجَوَابِ الشَّرْطِ، مَبْنِيَّةٌ عَلَى الْفَتْحِ؛ لَا حَرْفُ نَهْيٍ، مَبْنِيٌّ عَلَى السُّكُوْنِ؛ تُطِعْ فِعْلٌ مُضَارِعٌ، مَجْزُوْمٌ بِالسُّكُوْنِ؛ أَنْتَ ضَمِيْرٌ مُسْتَتِرٌ، فَاعِلٌ، مَرْفُوْعٌ مَحَلًّا؛ الْهَاءُ مَفْعُوْلٌ بِهِ مُقَدَّمٌ، مَنْصُوْبٌ مَحَلًّا، مَبْنِيٌّ عَلَى الضَّمِّ؛ وَجُمْلَةُ لَا تُطِعْهُ جَوابُ الشَّرْطِ، مَجْزُوْمٌ مَحَلًّا.

نَحْوُ: إِنْ تُؤْمِنْ فَسَوْفَ تَدْخُلُ الْجَنَّةَ[1]

مَسْأَلَةٌ

إِذَا كَانَ فِعْلُ الشَّرْطِ مَاضِيًا وَفِعْلُ الْجَوَابِ مُضَارِعًا، جَازَ فِي الْجَوَابِ الْجَزْمُ وَالرَّفْعُ، نَحْوُ: إِنْ آمَنْتَ بِاللهِ تَدْخُلِ الْجَنَّةَ[2]

مَسْأَلَةٌ

يُجْزَمُ الْمُضَارِعُ بَعْدَ طَلَبٍ إِن لَّمْ تَسْبِقْهُ فَاءٌ، نَحْوُ: أَحْسِنْ إِلَى النَّاسِ يُحْسِنُوْا إِلَيْكَ، وَنَحْوُ: لَا تَكْسَلْ تَنْجَحْ[3]

---

[1] ... الْفَاءُ رَابِطَةٌ لِلْجَوَابِ، مَبْنِيَّةٌ عَلَى الْفَتْحِ؛ سَوْفَ حَرْفُ اسْتِقْبَالٍ، مَبْنِيٌّ عَلَى الْفَتْحِ؛ تَدْخُلُ فِعْلٌ مُضَارِعٌ، مَرْفُوْعٌ بِالضَّمَّةِ

[2] إِنْ حَرْفُ شَرْطٍ، مَبْنِيٌّ عَلَى السُّكُوْنِ؛ آمَنْتَ فِعْلٌ مَاضٍ مَبْنِيٌّ عَلَى السُّكُوْنِ، مَجْزُوْمٌ مَحَلًّا؛ تَ فَاعِلٌ، مَرْفُوْعٌ مَحَلًّا، مَبْنِيٌّ عَلَى الْفَتْحِ، تَدْخُلُ فِعْلٌ مُضَارِعٌ، مَرْفُوْعٌ بِالضَّمَّةِ أَوْ مَجْزُوْمٌ بِالسُّكُوْنِ

[3] ... تَنْجَحْ فِعْلٌ مُضَارِعٌ جَوَابُ النَّهْيِ، مَجْزُوْمٌ بِالسُّكُوْنِ ...

الْفَصْلُ الثَّانِي فِي الْحَرْفِ غَيْرِ الْعَامِلِ

الْفَصْلُ الثَّانِيْ فِي الْحَرْفِ غَيْرِ الْعَامِلِ، وَهُوَ سَبْعَةَ عَشَرَ قِسْمًا:

الْقِسْمُ الْأَوَّلُ: أَحْرُفُ العَطْفِ

الْقِسْمُ الْأَوَّلُ أَحْرُفُ العَطْفِ، وَهِيَ تِسْعَةٌ:

الْأَوَّلُ الْوَاوُ، وَهِيَ لِلْجَمْعِ مُطْلَقًا، نَحْوُ: أُطِيْعُ اللهَ وَرَسُوْلَهُ ﷺ[1]

الثَّانِي الْفَاءُ، وَهِيَ لِلْجَمْعِ مَعَ التَّرْتِيْبِ وَالتَّعْقِيْبِ، نَحْوُ: آمَنَتْ خَدِيْجَةُ فَأَبُوْ بَكْرٍ رضي الله عنهما

الثَّالِثُ ثُمَّ، وَهِيَ لِلْجَمْعِ مَعَ التَّرْتِيْبِ وَالتَّرَاخِيْ، نَحْوُ: آمَنَ عَلِيٌّ ثُمَّ عُمَرُ رضي الله عنهما

الرَّابِعُ حَتَّى، وَهِيَ لِلْغَايَةِ وَالتَّدْرِيجِ، نَحْوُ: قَرَأْتُ الْقُرْآنَ حَتَّى سُوْرَةَ النَّاسِ

الْخَامِسُ أَوْ، وَهِيَ

وَلِلشَّكِّ بَعْدَ الْخَبَرِ، نَحْوُ: رَمَضَانُ غَدًا أَوْ بَعْدَ غَدٍ

لِلتَّخْيِيْرِ بَعْدَ الطَّلَبِ، نَحْوُ: اُتْلُ الْقُرْآنَ قَبْلَ الْفَجْرِ أَوْ بَعْدَهُ

وَالْجَمْعِ بَعْدَ ...

النَّهْيِ، نَحْوُ: لَا تَصُمْ عِيْدَ الْفِطْرِ أَوْ عِيْدَ الْأَضْحَى

أَوِ النَّفْيِ، نَحْوُ: مَا فَاتَنِي صَلَاةُ الْعَصْرِ أَوِ الْمَغْرِبِ

السَّادِسُ أَمْ، وَهِيَ لِطَلَبِ التَّعْيِيْنِ، نَحْوُ: آلدُّنْيَا تَبْتَغِيْ أَمِ الْآخِرَةَ،[2]

---

[1] ... لَفْظُ الْجَلَالَةِ مَفْعُوْلٌ بِهِ، مَنْصُوْبٌ بِالْفَتْحَةِ؛ الْوَاوُ حَرْفُ عَطْفٍ، مَبْنِيَّةٌ عَلَى الْفَتْحِ؛ رَسُوْلَ مَعْطُوْفٌ عَلَى لَفْظِ الْجَلَالَةِ، مَنْصُوْبٌ بِالْفَتْحَةِ؛ الْهَاءُ مُضَافٌ إِلَيْهِ، مَجْرُوْرٌ مَحَلًّا، مَبْنِيٌّ عَلَى الضَّمِّ.

[2] الْهَمْزَةُ حَرْفُ اسْتِفْهَامٍ، مَبْنِيٌّ عَلَى الْفَتْحِ، الدُّنْيَا مَفْعُوْلٌ بِهِ مُقَدَّمٌ، مَنْصُوْبٌ بِفَتْحَةٍ مُقَدَّرَةٍ؛ تَبْتَغِي فِعْلٌ مُضَارِعٌ، مَرْفُوْعٌ بِضَمَّةٍ مُقَدَّرَةٍ؛ أَمْ حَرْفُ عَطْفٍ، مَبْنِيٌّ عَلَى السُّكُوْنِ، كُسِرَتْ لِالْتِقَاءِ السَّاكِنَيْنِ؛ الْآخِرَةَ مَعْطُوْفٌ عَلَى الدُّنْيَا، مَنْصُوْبٌ بِالْفَتْحَةِ.

السَّابِعُ لَا، وَهِيَ لِنَفْيِ الْحُكْمِ عَنِ الْمَعْطُوْفِ، نَحْوُ: اِعْمَلْ صَالِحًا لَا سَيِّئًا

الثَّامِنُ بَلْ، وَهِيَ لِلْإِضْرَابِ، نَحْوُ: صُمِ الْيَوْمَ بَلْ غَدًا

التَّاسِعُ لَكِنْ، وَهِيَ لِلِاسْتِدْرَاكِ، نَحْوُ: مَا آمَنَ أَبُوْ جَهْلٍ لَكِنْ عِكْرِمَةُ ابْنُهُ

لَكِنِ الْمُخَفَّفَةُ

لَكِنْ أَصْلُهُ لَكِنَّ

الْقِسْمُ الثَّانِي: أَحْرُفُ الْجَوَابِ

الْقِسْمُ الثَّانِي أَحْرُفُ الْجَوَابِ، وَهِيَ ضَرْبَانِ:

الضَّرْبُ الْأَوَّلُ: أَحْرُفُ الْإِيْجَابِ

الضَّرْبُ الْأَوَّلُ أَحْرُفُ الْإِيْجَابِ، وَهِيَ سِتَّةٌ:

الْأَوَّلُ نَعَمْ، نَحْوُ: نَعَمْ فِيْ جَوَابِ مَنْ سَأَلَ: أَتُحِبُّ اللهَ؟

الثَّانِي بَلَى بَعْدَ النَّفْيِ، نَحْوُ: بَلَى فِيْ جَوَابِ مَنْ سَأَلَ: أَلَا تُحِبُّ الرَّسُوْلَ ﷺ؟

الثَّالِثُ إِيْ قَبْلَ الْقَسَمِ، نَحْوُ: إِيْ وَاللهِ[1] فِيْ جَوَابِ مَنْ سَأَلَ: أَتُحِبُّ الْمُهَاجِرِيْنَ رضي الله عنهم؟

الرَّابِعُ أَجَلْ، نَحْوُ: أَجَلْ، فِيْ جَوَابِ مَنْ قَالَ: نُحِبُّ الْأَنْصَارَ رضي الله عنهم.

الْخَامِسُ إِنَّ، نَحْوُ: إِنَّهْ[2]، فِيْ جَوَابِ مَنْ سَأَلَ: هَلْ تُحِبُّ الصَّحَابَةَ رضي الله عنهم؟

السَّادِسُ جَيْرِ، نَحْوُ: جَيْرِ لَأَتَّبِعَنَّهُمْ فِيْ جَوَابِ مَنْ سَأَلَ: هَلْ تَتَّبِعُ الرَّسُوْلَ ﷺ وَأَصْحَابَهُ رضي الله عنهم؟

[1] إِيْ حَرْفُ جَوَابٍ، مَبْنِيٌّ عَلَى السُّكُوْنِ؛ الْوَاوُ حَرْفُ جَرٍّ، مَبْنِيَّةٌ عَلَى الْفَتْحِ، لَفْظُ الْجَلَالَةِ مَجْرُوْرٌ بِالْكَسْرَةِ؛ وَشِبْهُ الْجُمْلَةِ مَفْعُوْلٌ بِهِ غَيْرُ صَرِيْحٍ لِمَحْذُوْفٍ، تَقْدِيْرُهُ أُقْسِمُ، مَنْصُوْبٌ مَحَلًّا.

[2] إِنَّ حَرْفُ جَوَابٍ، مَبْنِيٌّ عَلَى الْفَتْحِ؛ الْهَاءُ هَاءُ السَّكْتِ، مَبْنِيَّةٌ عَلَى السُّكُوْنِ.

الضَّرْبُ الثَّانِيْ: حَرْفَا النَّفْيِ

الضَّرْبُ الثَّانِيْ حَرْفَا النَّفْيِ

الْأَوَّلُ لَا، نَحْوُ: لَا[1] فِيْ جَوَابِ مَنْ سَأَلَ: هَلْ تُبْغِضُ الصَّحَابَةَ رَضِيَ اللهُ عَنْهُمْ؟

الثَّانِيْ كَلَّا، نَحْوُ: كَلَّا فِيْ جَوَابِ مَنْ طَلَبَ مِنْكَ: أُتْرُكْ سُنَّةَ الرَّسُوْلِ ﷺ

حَرْفُ رَدْعٍ

تُسَمَّى كَلَّا حَرْفُ رَدْعٍ

الْقِسْمُ الثَّالِثُ: أَحْرُفُ التَّأْكِيْدِ

الْقِسْمُ الثَّالِثُ أَحْرُفُ التَّأْكِيْدِ،

مَسْأَلَةٌ

يُسَمَّى التَّأْكِيْدُ تَوْكِيْدًا

وَهِيَ خَمْسَةٌ:

الْأَوَّلُ لَامُ الِابْتِدَاءِ، نَحْوُ: لَلصِّدْقُ نَجَاةٌ[2]

الثَّانِيْ اللَّامُ الْمُزَحْلَقَةُ، نَحْوُ: إِنَّ فِي الْكَذِبِ لَهَلَاكًا

لَامُ التَّوْكِيْدِ

تُسَمَّى لَامُ الِابْتِدَاءِ وَاللَّامُ الْمُزَحْلَقَةُ لَامَ التَّوْكِيْدِ

مَوَاضِعُ لَامِ الِابْتِدَاءِ

قَدْ تَدْخُلُ عَلَى الْمُبْتَدَأِ لَامُ الِابْتِدَاءِ، نَحْوُ: لَلصِّدْقُ نَجَاةٌ

مَوَاضِعُ اللَّامِ الْمُزَحْلَقَةِ

تَدْخُلُ اللَّامُ الْمُزَحْلَقَةُ عَلَى ...

خَبَرِ إِنَّ، نَحْوُ: إِنَّ الصِّدْقَ لَنَجَاةٌ

---

[1] لَا حَرْفُ جَوَابٍ، مَبْنِيٌّ عَلَى السُّكُوْنِ.

[2] اللَّامُ لَامُ الِابْتِدَاءِ، مَبْنِيَّةٌ عَلَى الْفَتْحِ؛ الصِّدْقُ مُبْتَدَأٌ، ...

وَعَلَى اسْمِهَا الْمُؤَخَّرِ، نَحْوُ: إِنَّ فِي الصِّدْقِ لَنَجَاةً

وَعَلَى ضَمِيْرِ الفَصْلِ الدَّاخِلِ بَيْنَ اسْمِهَا وَخَبَرِهَا، نَحْوُ: إِنَّ الصِّدْقَ لَهُوَ النَّجَاةُ

الثَّالِثُ اللَّامُ فِيْ جَوَابِ الْقَسَمِ، نَحْوُ: وَاللهِ لَأَصْدُقَنَّ[1]

الرَّابِعُ نُوْنَا التَّأْكِيْدِ، وَهُمَا ...

الْخَفِيْفَةُ، نَحْوُ: لَا تَكْذِبَنْ[2]

وَالثَّقِيْلَةُ، نَحْوُ: اُصْدُقَنَّ[3]

الْخَامِسُ قَدْ، وَهِيَ تَدْخُلُ ...

عَلَى الْمَاضِيْ، وَتَكُوْنُ لِلتَّحْقِيقِ، نَحْوُ: قَدْ صَدَقْتَ

وَعَلَى الْمُضَارِعِ، وَتَكُوْنَ ...

لِلتَّحْقِيقِ، نَحْوُ ﴿قَدْ يَعْلَمُ اللهُ﴾

وَلِلتَّوَقُّعِ، نَحْوُ: قَدْ يَبْرَأُ الْمَرِيْضُ

وَالتَّقْلِيلِ، نَحْوُ: قَدْ يَصْدُقُ الْكَذُوْبُ

حَرْفُ تَقْلِيْلٍ

الْغَالِبُ فِي قَدْ الدَّاخِلَةِ عَلَى الْمُضَارِعِ أَنْ تَكُوْنَ حَرْفَ تَقْلِيْلٍ

---

[1] ... اللَّامُ لَامُ الْقَسَمِ، مَبْنِيَّةٌ عَلَى الْفَتْحِ ...

[2] لَا حَرْفُ نَهْيٍ، مَبْنِيَّةٌ عَلَى السُّكُوْنِ؛ تَكْذِبَنْ فِعْلٌ مُضَارِعٌ، مَبْنِيٌّ عَلَى الْفَتْحِ، أَنْتَ ضَمِيْرٌ مُسْتَتِرٌ، فَاعِلٌ، مَرْفُوْعٌ مَحَلًّا؛ النُّوْنُ لِلتَّوْكِيْدِ، مَبْنِيٌّ عَلَى السُّكُوْنِ.

[3] أُصْدُقَنَّ فِعْلُ أَمْرٍ، مَبْنِيٌّ عَلَى الْفَتْحِ؛ أَنْتَ ضَمِيْرٌ مُسْتَتِرٌ، فَاعِلٌ، مَرْفُوْعٌ مَحَلًّا؛ النُّوْنُ لِلتَّوْكِيْدِ، مَبْنِيٌّ عَلَى الْفَتْحِ.

الْقِسْمُ الرَّابِعُ: أَحْرُفُ الشَّرْطِ

الْقِسْمُ الرَّابِعُ أَحْرُفُ الشَّرْطِ، وَهِيَ أَرْبَعَةُ أَحْرُفٍ:

الْأَوَّلُ لَوْ، وَهِيَ لِامْتِنَاعِ الْجَوَابِ لِامْتِنَاعِ الشَّرْطِ، نَحْوُ: لَوْ كَفَرْتَ لَعَذَّبَكَ اللهُ[1]

الثَّانِي لَوْلَا، وَهِيَ لِامْتِنَاعِ الْجَوَابِ لِوُجُودِ الشَّرْطِ، نَحْوُ: لَوْلَا رَحْمَةُ اللهِ لَهَلَكَ النَّاسُ[2]

الثَّالِثُ لَوْمَا، وَهِيَ لِامْتِنَاعِ الْجَوَابِ لِوُجُودِ الشَّرْطِ، نَحْوُ: لَوْمَا التَّوْفِيقُ لَمَا عَمِلْنَا الصَّالِحَاتِ[3]

الرَّابِعُ أَمَّا، وَهِيَ حَرْفُ شَرْطٍ وَتَفْصِيلٍ وَتَوْكِيدٍ، نَحْوُ: أَمَّا أُسْوَتِي فَرَسُولُ اللهِ ﷺ[4]

مَسْأَلَةٌ

بَقِيَّةُ أَدَوَاتِ الشَّرْطِ عَامِلَةٌ

---

[1] لَوْ حَرْفُ شَرْطٍ، مَبْنِيٌّ عَلَى السُّكُونِ؛ كَفَرْتَ فِعْلٌ مَاضٍ، مَبْنِيٌّ عَلَى السُّكُونِ؛ تَ فَاعِلٌ، مَرْفُوعٌ مَحَلًّا، مَبْنِيٌّ عَلَى الْفَتْحِ؛ وَجُمْلَةُ لَوْ كَفَرْتَ ابْتِدَائِيَّةٌ، لَا مَحَلَّ لَهَا مِنَ الإِعْرَابِ؛ اللَّامُ لَامُ الْجَوَابِ، مَبْنِيٌّ عَلَى الْفَتْحِ؛ عَذَّبَ فِعْلٌ مَاضٍ، مَبْنِيٌّ عَلَى الْفَتْحِ؛ الْكَافُ مَفْعُولٌ بِهِ مُقَدَّمٌ، مَنْصُوبٌ مَحَلًّا، مَبْنِيٌّ عَلَى الْفَتْحِ؛ لَفْظُ الْجَلَالَةِ فَاعِلٌ، مَرْفُوعٌ بِالضَّمَّةِ؛ وَجُمْلَةُ عَذَّبَكَ اللهُ جَوَابُ الشَّرْطِ، لَا مَحَلَّ لَهَا مِنَ الإِعْرَابِ.

[2] لَوْلَا حَرْفُ شَرْطٍ، مَبْنِيَّةٌ عَلَى السُّكُونِ؛ رَحْمَةُ مُبْتَدَأٌ، مَرْفُوعٌ بِالضَّمَّةِ؛ لَفْظُ الْجَلَالَةِ مُضَافٌ إِلَيْهِ، مَجْرُورٌ بِالْكَسْرَةِ؛ وَالْخَبَرُ مَحْذُوفٌ، تَقْدِيرُهُ مَوْجُودٌ ...

[3] لَوْمَا حَرْفُ شَرْطٍ، مَبْنِيٌّ عَلَى السُّكُونِ؛ التَّوْفِيقُ مُبْتَدَأٌ، مَرْفُوعٌ بِالضَّمَّةِ؛ وَالْخَبَرُ مَحْذُوفٌ، تَقْدِيرُهُ مَوْجُودٌ ...

[4] أَمَّا حَرْفُ شَرْطٍ، مَبْنِيٌّ عَلَى السُّكُونِ؛ أُسْوَتِي مُبْتَدَأٌ، مَرْفُوعٌ بِالضَّمَّةِ الْمُقَدَّرَةِ؛ الْيَاءُ مُضَافٌ إِلَيْهِ، مَجْرُورٌ مَحَلًّا، مَبْنِيٌّ عَلَى السُّكُونِ، ؛ الْفَاءُ رَابِطَةٌ لِجَوَابِ الشَّرْطِ، مَبْنِيَّةٌ عَلَى الْفَتْحِ؛ رَسُولُ خَبَرٌ، مَرْفُوعٌ بِالضَّمَّةِ؛ لَفْظُ الْجَلَالَةِ مُضَافٌ إِلَيْهِ، مَجْرُورٌ بِالْكَسْرَةِ.

الْقِسْمُ الْخَامِسُ: أَحْرُفٌ لِلتَّوْبِيْخِ وَالتَّحْضِيْضِ

الْقِسْمُ الْخَامِسُ أَحْرُفٌ لِلتَّوْبِيْخِ وَالتَّحْضِيْضِ

مَعْنَى التَّوْبِيْخِ وَالتَّحْضِيْضِ

التَّوْبِيْخُ لَوْمٌ عَلَى الْخَطَأِ، وَتَقَعُ أَحْرُفُهُ قبلَ الْمَاضِيْ

التَّحْضِيْضُ طَلَبٌ بِشِدَّةٍ، وَتقَعُ أَحْرُفُهُ قبلَ الْمُضَارِعِ

وَهِيَ خَمْسَةٌ:

الْأَوَّلُ هَلَّا، نَحْوُ: هَلَّا صَلَّيْتَ،[1] وَنَحْوُ: هَلَّا تُصَلِّيْ،[2]

الثَّانِيْ أَلَّا، نَحْوُ: أَلَّا أَنْفَقْتَ عَلَى الْفُقَرَاءِ، وَنَحْوُ: أَلَّا تُنْفِقُ عَلَى الْفُقَرَاءِ

الثَّالِثُ لَوْلَا، نَحْوُ: لَوْلَا صُمْتَ، وَنَحْوُ: لَوْلَا تَصُوْمُ

الرَّابِعُ لَوْمَا، نَحْوُ: لَوْمَا صَدَقْتَ، وَنَحْوُ: لَوْمَا تَصْدُقُ

الْخَامِسُ أَلَا، نَحْوُ: أَلَا تَصْدُقُ

وُجُوْهُ لَوْلَا وَلَوْمَا

لَوْلَا وَلَوْمَا تَأْتِيَانِ لِلشَّرْطِ وَالتَّوْبِيْخِ وَالتَّحْضِيْضِ، فَتُعْرَفَانِ بِالسِّيَاقِ

اخْتِصَاصُ أَلَا بِالْمُضَارِعِ

أَلَا مُخْتَصَّةٌ بِالْمُضَارِعِ وَلَا تَأْتِيْ قَبْلَ الْمَاضِيْ

أَصْلُ أَلَا

أَلَا مُرَكَّبَةٌ مِنْ هَمْزَةِ اسْتِفْهَامٍ وَحَرْفِ نَفْيٍ، وَمَجْمُوْعُهُمَا حَرْفُ تَحْضِيْضٍ

الْقِسْمُ السَّادِسُ: أَحْرُفُ الْعَرْضِ

الْقِسْمُ السَّادِسُ أَحْرُفُ الْعَرْضِ

---

[1] هَلَّا حَرْفُ تَوْبِيْخٍ، مَبْنِيٌّ عَلَى السُّكُوْنِ؛ صَلَّيْتَ فِعْلٌ مَاضٍ ...

[2] هَلَّا حَرْفُ تَحْضِيْضٍ، مَبْنِيٌّ عَلَى السُّكُوْنِ؛ تُصَلِّيْ فِعْلٌ مُضَارِعٌ ...

مَعْنَى العَرْضِ

العَرْضُ طَلَبٌ بِلِيْنٍ

وَهِيَ ثَلَاثَةٌ:

الْأَوَّلُ أَلَا، نَحْوُ: أَلَا تَقُوْمُ بِاللَّيْلِ؟[1]

الثَّانِي أَمَا، نَحْوُ: أَمَا تَصُوْمُ يَوْمَ الِاثْنَيْنِ وَالْخَمِيْسِ

الثَّالِثُ لَوْ، نَحْوُ: لَوْ تَتَصَدَّقُ عَلَى الْفُقَرَاءِ

وُجُوْهُ أَلَا

تَأْتِي أَلَا لِلتَّحْضِيْضِ وَالْعَرْضِ وَالتَّنْبِيْهِ وَتُعْرَفُ بِالسِّيَاقِ

أَصْلُ أَمَا

أَمَا مُرَكَّبَةٌ مِنْ هَمْزَةِ اسْتِفْهَامٍ وَحَرْفِ نَفْيٍ، وَمَجْمُوْعُهُمَا حَرْفُ عَرْضٍ

الْقِسْمُ السَّابِعُ: أَحْرُفُ التَّنْبِيْهِ

الْقِسْمُ السَّابِعُ أَحْرُفُ التَّنْبِيْهِ، وَهِيَ ثَلَاثَةٌ:

الْأَوَّلُ أَلَا، نَحْوُ: أَلَا إِنَّ اللهَ فَرَضَ الْحَجَّ[2]

الثَّانِي أَمَا قَبْلَ الْقَسَمِ، نَحْوُ: أَمَا وَاللهِ لَنَحُجَّنَّ

الثَّالِثُ هَا الدَّاخِلَةُ ...

عَلَى اسْمِ الْإِشَارَةِ الْقَرِيْبَةِ، نَحْوُ: سَافَرَ هٰؤُلَاءِ الْحُجَّاجُ إِلَى مَكَّةَ[3]

---

[1] أَلَا حَرْفُ عَرْضٍ، مَبْنِيٌّ عَلَى السُّكُوْنِ؛ ...

[2] أَلَا حَرْفُ تَنْبِيْهٍ، مَبْنِيٌّ عَلَى السُّكُوْنِ ...

[3] سَافَرَ فِعْلٌ مَاضٍ، مَبْنِيٌّ عَلَى الْفَتْحِ، هَا حَرْفُ تَنْبِيْهٍ، مَبْنِيٌّ عَلَى السُّكُوْنِ؛ أُولَاءِ (اسْمُ إِشَارَةٍ) فَاعِلٌ، مَرْفُوْعٌ مَحَلًّا، مَبْنِيٌّ عَلَى الْكَسْرِ؛ الْحُجَّاجُ بَدَلٌ مِنْ أُولَاءِ، مَرْفُوْعٌ بِالضَّمَّةِ؛ ...

وَعَلَى الضَّمِيرِ الْمَرْفُوْعِ، نَحْوُ: هَا هُمْ أُوْلَاءِ[١]

وَعَلَى الْمَاضِي الْمَقْرُوْنِ بِقَدْ، نَحْوُ: هَا قَدْ غَفَرَ اللهُ لَهُمْ

وَعَلَى أَيٍّ أَوْ أَيَّةٍ قَبْلَ الْمُعَرَّفِ بِأَلْ فِي النِّدَاءِ، نَحْوُ: يَا أَيُّهَا الْحَاجُّ وَأَيَّتُهَا الْحَاجَّةُ اسْتَغْفِرَا لَنَا[٢]

الْقِسْمُ الثَّامِنُ: أَحْرُفُ الْمَصْدَرِ

الْقِسْمُ الثَّامِنُ أَحْرُفُ الْمَصْدَرِ

مَسْأَلَةٌ

تُسَمَّى أَحْرُفُ الْمَصْدَرِ مَوْصُوْلَاتٍ حَرْفِيَّةً وَحُرُوْفًا مَوْصُوْلَةً

وَهِيَ ثَلَاثَةٌ:

الْأَوَّلُ مَا، وَهِيَ اثْنَانِ

مَا الْمَصْدَرِيَّةُ الظَّرْفِيَّةُ، نَحْوُ: أَطْلُبُ الْعِلْمَ مَا عِشْتُ،[٣]

وَمَا الْمَصْدَرِيَّةُ غَيْرُ الظَّرْفِيَّةِ، نَحْوُ: سَرَّنِي مَا تَطْلُبُ الْعِلْمَ[٤]

---

[١] هَا حَرْفُ تَنْبِيهٍ، مَبْنِيٌّ عَلَى السُّكُوْنِ؛ هُمْ مُبْتَدَأٌ، مَرْفُوْعٌ مَحَلًّا، مَبْنِيٌّ عَلَى السُّكُوْنِ؛ أُوْلَاءِ (اسْمُ إِشَارَةٍ) خَبَرٌ، مَرْفُوْعٌ مَحَلًّا، مَبْنِيٌّ عَلَى الْكَسْرِ.

[٢] يَا حَرْفُ نِدَاءٍ، مَبْنِيٌّ عَلَى السُّكُوْنِ؛ أَيُّ مُنَادًى، مَنْصُوْبٌ مَحَلًّا، مَبْنِيٌّ عَلَى الضَّمِّ؛ هَا حَرْفُ تَنْبِيهٍ، مَبْنِيٌّ عَلَى السُّكُوْنِ؛ الْحَاجُّ بَدَلٌ مِنْ أَيِّ، مَنْصُوْبٌ مَحَلًّا، مَرْفُوْعٌ بِالضَّمَّةِ لَفْظًا، تَابِعٌ عَلَى اللَّفْظِ؛ ...

[٣] ... مَا حَرْفُ مَصْدَرٍ، مَبْنِيٌّ عَلَى السُّكُوْنِ؛ عِشْتُ فِعْلٌ مَاضٍ، مَبْنِيٌّ عَلَى السُّكُوْنِ؛ التَّاءُ فَاعِلٌ، مَرْفُوْعٌ مَحَلًّا، مَبْنِيٌّ عَلَى الضَّمِّ؛ وَمَا الْمَصْدَرِيَّةُ وَمَا بَعْدَهَا اسْمٌ مُؤَوَّلٌ، مَفْعُوْلٌ فِيهِ لِأَطْلُبُ، مَنْصُوْبٌ مَحَلًّا.

[٤] ... وَمَا الْمَصْدَرِيَّةُ وَمَا بَعْدَهَا اسْمٌ مُؤَوَّلٌ، فَاعِلٌ، مَرْفُوْعٌ مَحَلًّا.

الثَّانِي لَوْ بَعْدَ وَدَّ، نَحْوُ: وَدُّوْا لَوْ طَلَبُوا الْعِلْمَ[١]

الثَّالِثُ هَمْزَةُ التَّسْوِيَةِ، نَحْوُ: ﴿وَسَوَآءٌ عَلَيۡهِمۡ ءَأَنذَرۡتَهُمۡ أَمۡ لَمۡ تُنذِرۡهُمۡ﴾[٢]

مَسْأَلَةٌ

بَقِيَّةُ أَحْرُفِ الْمَصْدَرِ عَامِلَةٌ، وَهِيَ كَيْ وَأَنْ وَأَنَّ

الْقِسْمُ التَّاسِعُ: أَحْرُفُ النَّفْيِ

الْقِسْمُ التَّاسِعُ أَحْرُفُ النَّفْيِ، وَهِيَ ثَلَاثَةٌ:

الْأَوَّلُ مَا الدَّاخِلَةُ عَلَى فِعْلٍ، نَحْوُ: مَا كَذَبْنَ وَمَا يَكْذِبْنَ

الثَّانِي لَا الدَّاخِلَةُ عَلَى فِعْلٍ، نَحْوُ: لَا يَكْذِبْنَ

الثَّالِثُ إِنْ، نَحْوُ: إِنْ هُنَّ إِلَّا صَادِقَاتٌ[٣]

مَسْأَلَةٌ

الْغَالِبُ دُخُوْلُ كَلِمَةِ إِلَّا فِي الْخَبَرِ بَعْدَ إِنْ النَّافِيَةِ

مَسْأَلَةٌ

بَقِيَّةُ أَحْرُفِ النَّفْيِ عَامِلَةٌ، وَهُنَّ لَا لِنَفْيِ الْجِنْسِ وَالْحُرُوْفُ الْمُشَبَّهَةُ بِلَيْسَ وَلَنْ وَلَمْ وَلَمَّا وَلَا فِي النَّهْيِ

---

[١] ... وَلَوْ وَمَا بَعْدَهَا اسْمٌ مُؤَوَّلٌ، مَفْعُوْلٌ بِهِ لِوَدُّوْا، مَنْصُوْبٌ مَحَلًّا.

[٢] سَوَاءٌ خَبَرٌ مُقَدَّمٌ، مَرْفُوْعٌ بِالضَّمَّةِ؛ عَلَى حَرْفُ جَرٍّ، ... وَشِبْهُ الْجُمْلَةِ مَفْعُوْلٌ بِهِ غَيْرُ صَرِيْحٍ لِسَوَاءٍ، مَنْصُوْبٌ مَحَلًّا؛ الْهَمْزَةُ حَرْفُ مَصْدَرٍ، مَبْنِيٌّ عَلَى الْفَتْحِ؛ أَنْذَرْتَ ... وَالْهَمْزَةُ وَمَا بَعْدَهَا اسْمٌ مُؤَوَّلٌ، مُبْتَدَأٌ مُؤَخَّرٌ، مَرْفُوْعٌ مَحَلًّا.

[٣] إِنْ حَرْفُ نَفْيٍ، مَبْنِيٌّ عَلَى السُّكُوْنِ؛ هُنَّ مُبْتَدَأٌ، مَرْفُوْعٌ مَحَلًّا، مَبْنِيٌّ عَلَى الْفَتْحِ؛ إِلَّا حَرْفُ حَصْرٍ، مَبْنِيٌّ عَلَى السُّكُوْنِ؛ صَادِقَاتٌ خَبَرٌ، مَرْفُوْعٌ بِالضَّمَّةِ.

الْقِسْمُ الْعَاشِرُ: أَحْرُفُ الزِّيَادَةِ

الْقِسْمُ الْعَاشِرُ أَحْرُفُ الزِّيَادَةِ

مَسْأَلَةٌ

تُسَمَّى أَحْرُفُ الزِّيَادَةِ أَحْرُفَ الصِّلَةِ

وَهِيَ ثَلَاثَةٌ

الْأَوَّلُ إِنْ، نَحْوُ: مَا إِنْ عَصَيْتُكَ[1]

الثَّانِي أَنْ، نَحْوُ: ﴿فَلَمَّآ أَنْ جَآءَ الْبَشِيرُ ...﴾

الثَّالِثُ مَا، نَحْوُ: إِمَّا يَغُرَّنَّكَ الشَّيْطَانُ فَلَا تُطِعْهُ

مَسْأَلَةٌ

بَقِيَّةُ أَحْرُفِ الزِّيَادَةِ عَامِلَةٌ، وَهِيَ الْبَاءُ وَمِنْ وَاللَّامُ

مَسْأَلَةٌ

إِنْ تَأْتِي مُخَفَّفَةً وَلِلشَّرْطِ وَلِلنَّفْيِ وَلِلزِّيَادَةِ، فَتُعْرَفُ بِالسِّيَاقِ

الْقِسْمُ الْحَادِيْ عَشَرَ: حَرْفَا الْإِسْتِفْهَامِ

الْقِسْمُ الْحَادِيْ عَشَرَ حَرْفَا الْإِسْتِفْهَامِ

الْأَوَّلُ الْهَمْزَةُ، نَحْوُ: آلدُّنْيَا تَبْتَغُوْنَ أَمِ الْآخِرَةَ؟[2]

الثَّانِي هَلْ، نَحْوُ: هَلْ تَعْمَلُ لِلْآخِرَةِ؟

الْقِسْمُ الثَّانِي عَشَرَ: حَرْفَا التَّمَنِّي

الْقِسْمُ الثَّانِي عَشَرَ حَرْفَا التَّمَنِّي،

---

[1] مَا حَرْفُ نَفْيٍ، مَبْنِيٌّ عَلَى السُّكُوْنِ، إِنْ حَرْفُ صِلَةٍ، مَبْنِيٌّ عَلَى السُّكُوْنِ؛ ...

[2] الْهَمْزَةُ حَرْفُ اسْتِفْهَامٍ، مَبْنِيٌّ عَلَى الْفَتْحِ؛ الدُّنْيَا مَفْعُوْلٌ بِهِ مُقَدَّمٌ، ...

الْأَوَّلُ لَوْ، نَحْوُ: لَوْ تُبْنَا[١]

الثَّانِي هَلْ، نَحْوُ: هَلْ لَنَا مِنْ تَوْبَةٍ[٢]

مَسْأَلَةٌ

بَقِيَّةُ أَحْرُفِ التَّمَنِّي عَامِلَةٌ، وَهِيَ لَيْتَ

مَسْأَلَةٌ

لَوْ تَأْتِي لِلشَّرْطِ وَالتَّمَنِّي وَالْعَرْضِ، وَهَلْ تَأْتِي لِلِاسْتِفْهَامِ وَالتَّمَنِّي، فَتُعْرَفَانِ بِالسِّيَاقِ

الْقِسْمُ الثَّالِثُ عَشَرَ: حَرْفَا الْاِسْتِقْبَالِ

الْقِسْمُ الثَّالِثُ عَشَرَ حَرْفَا الْاِسْتِقْبَالِ

الْأَوَّلُ السِّيْنُ، نَحْوُ: سَأَجْتَهِدُ[٣]

الثَّانِي سَوْفَ، نَحْوُ: سَوْفَ تَرَى ثَمَرَةَ اجْتِهَادِكَ

الْقِسْمُ الرَّابِعُ عَشَرَ: حَرْفَا التَّفْسِيرِ

وَالْقِسْمُ الرَّابِعُ عَشَرَ حَرْفَا التَّفْسِيرِ

---

[١] لَوْ حَرْفُ شَرْطٍ، مَبْنِيٌّ عَلَى السُّكُوْنِ؛ تُبْنَا فِعْلٌ مَاضٍ، مَبْنِيٌّ عَلَى السُّكُوْنِ؛ نَا فَاعِلٌ، مَرْفُوْعٌ مَحَلًّا، مَبْنِيٌّ عَلَى الْفَتْحِ؛ وَجُمْلَةُ لَوْ تُبْنَا ابْتِدَائِيَّةٌ، لَا مَحَلَّ لَهَا مِنَ الْإِعْرَابِ؛ وَجَوَابُ الشَّرْطِ مَحْذُوْفٌ.

[٢] هَلْ حَرْفُ اسْتِفْهَامٍ، مَبْنِيٌّ عَلَى السُّكُوْنِ؛ اللَّامُ حَرْفُ جَرٍّ، مَبْنِيٌّ عَلَى الْفَتْحِ؛ نَا مَجْرُوْرٌ مَحَلًّا، مَبْنِيٌّ عَلَى السُّكُوْنِ؛ وَشِبْهُ الْجُمْلَةِ مَفْعُوْلٌ بِهِ غَيْرُ صَرِيحٍ لِمَحْذُوْفٍ، تَقْدِيْرُهُ اسْتَقَرَّ، مَنْصُوْبٌ مَحَلًّا؛ وَالْمَحْذُوْفُ مَعَ شِبْهِ الْجُمْلَةِ خَبَرٌ مُقَدَّمٌ، مَرْفُوْعٌ مَحَلًّا؛ مِنْ حَرْفُ صِلَةٍ، مَبْنِيٌّ عَلَى السُّكُوْنِ؛ تَوْبَةٍ مُبْتَدَأٌ مُؤَخَّرٌ، مَرْفُوْعٌ مَحَلًّا، مَجْرُوْرٌ بِالْكَسْرَةِ لَفْظًا.

[٣] السِّيْنُ حَرْفُ اسْتِقْبَالٍ، مَبْنِيٌّ عَلَى الْفَتْحِ؛ ...

الْأَوَّلُ أَيْ، وهِيَ لِتَفْسِيرِ الْمُفْرَدِ، نَحْوُ: أَسْأَلُ اللهَ الْفِرْدَوْسَ أَيِ الْجَنَّةَ[1]

الثَّانِي أَنْ، وهِيَ لِتَفْسِيرِ الْجُمْلَةِ، نَحْوُ: دَعَوْتُ اللهَ أَنْ أَدْخِلْنِي الْفِرْدَوْسَ[2]

مَسْأَلَةٌ

أَنْ تَأْتِي مَصْدَرِيَّةً وَمُخَفَّفَةً وَلِلزِّيَادَةِ ولِلتَّفْسِيرِ، فَتُعْرَفُ بِالسِّيَاقِ

الْقِسْمُ الْخَامِسُ عَشَرَ: الرَّابِطَةُ لِلْجَوَابِ

الْقِسْمُ الْخَامِسُ عَشَرَ الرَّابِطَةُ لِلْجَوَابِ، وَهِيَ اثْنَانِ:

الْأَوَّلُ الْفَاءُ، نَحْوُ: مَنْ أَرَادَ الْآخِرَةَ فَلْيَسْعَ لَهَا[3]

الثَّانِي اللَّامُ، نَحْوُ: لَوْلَا رَحْمَةُ اللهِ لَهَلَكَ النَّاسُ

الْقِسْمُ السَّادِسُ عَشَرَ: تَاءُ التَّأْنِيثِ السَّاكِنَةُ

الْقِسْمُ السَّادِسُ عَشَرَ تَاءُ التَّأْنِيثِ السَّاكِنَةُ، وَهِيَ التَّاءُ فِي مِثْلِ صَدَقَتْ[4]

---

[1] ... أَيْ حَرْفُ تَفْسِيرٍ، مَبْنِيٌّ عَلَى السُّكُونِ، كُسِرَتْ لِالْتِقَاءِ السَّاكِنَيْنِ؛ الْجَنَّةَ بَدَلٌ مِنَ الْفِرْدَوْسِ، مَنْصُوبٌ بِالْفَتْحَةِ.

[2] ... أَنْ حَرْفُ تَفْسِيرٍ، مَبْنِيٌّ عَلَى السُّكُونِ؛ ... جُمْلَةُ أَدْخِلْنِي الْفِرْدَوْسَ مَفْعُولٌ بِهِ، مَنْصُوبٌ مَحَلًّا.

فَائِدَةٌ: وَفِي إِعْرَابِهِ وَجْهٌ آخَرُ

[3] مَنْ (اسْمُ شَرْطٍ) مُبْتَدَأٌ، مَرْفُوعٌ مَحَلًّا، مَبْنِيٌّ عَلَى السُّكُونِ؛ أَرَادَ فِعْلٌ مَاضٍ، مَبْنِيٌّ عَلَى الْفَتْحِ، مَجْزُومٌ مَحَلًّا؛ هُوَ ...؛ وَجُمْلَةُ أَرَادَ الْآخِرَةَ خَبَرُ الْمُبْتَدَأِ، مَرْفُوعٌ مَحَلًّا؛ وَجُمْلَةُ مَنْ أَرَادَ الْآخِرَةَ ابْتِدَائِيَّةٌ، لَا مَحَلَّ لَهَا مِنَ الْإِعْرَابِ؛ الْفَاءُ رَابِطَةٌ لِجَوَابِ الشَّرْطِ، مَبْنِيَّةٌ عَلَى الْفَتْحِ؛ اللَّامُ لَامُ الْأَمْرِ، مَبْنِيٌّ عَلَى السُّكُونِ؛ يَسْعَ فِعْلٌ مُضَارِعٌ، مَجْزُومٌ بِحَذْفِ حَرْفِ الْعِلَّةِ؛ ... وَشِبْهُ الْجُمْلَةِ مَفْعُولٌ بِهِ غَيْرُ صَرِيحٍ، مَنْصُوبٌ مَحَلًّا؛ وَجُمْلَةُ لِيَسْعَ لَهَا جَوَابُ الشَّرْطِ، مَجْزُومٌ مَحَلًّا.

[4] صَدَقَتْ فِعْلٌ مَاضٍ، مَبْنِيٌّ عَلَى الْفَتْحِ؛ هِيَ ضَمِيرٌ مُسْتَتِرٌ، فَاعِلٌ، مَرْفُوعٌ مَحَلًّا؛ التَّاءُ عَلَامَةُ التَّأْنِيثِ، مَبْنِيٌّ عَلَى السُّكُونِ.

الْقِسْمُ السَّابِعُ عَشَرَ: هَاءُ السَّكْتِ

الْقِسْمُ السَّابِعُ عَشَرَ هَاءُ السَّكْتِ، نَحْوُ: ﴿مَآ أَغْنَىٰ عَنِّي مَالِيَهْ﴾[1]

مَا لَهُ صَدْرُ الْكَلَامِ

حُرُوْفُ النَّفْيِ وَالتَّنْبِيهِ وَالِاسْتِفْهَامِ والشَّرْطِ والتَّحْضِيْضِ وَالْحُرُوْفُ الْمُشَبَّهَةُ بِالْفِعْلِ - مَا عَدَا أَنَّ - لَا تَأْتِيْ إِلَّا فِيْ صَدْرِ الْكَلَامِ.

[1] ... مَالِيَ فَاعِلٌ، مَرْفُوْعٌ بِالضَّمَّةِ الْمُقَدَّرَةِ؛ الْيَاءُ مُضَافٌ إِلَيْهِ، مَجْرُوْرٌ مَحَلًّا، مَبْنِيٌّ عَلَى السُّكُوْنِ، فُتِحَتْ لِالْتِقَاءِ السَّاكِنَيْنِ؛ الهَاءُ لِلسَّكْتِ، مَبْنِيٌّ عَلَى السُّكُوْنِ.

الْبَابُ الثَّالِثُ فِي الِاسْمِ

الْبَابُ الثَّالِثُ فِي الِاسْمِ، وَفِيْهِ فَصْلَانِ

الْفَصْلُ الْأَوَّلُ فِي الِاسْمِ الْعَامِلِ

الْفَصْلُ الْأَوَّلُ فِي الِاسْمِ الْعَامِلِ، وَهُوَ نَوْعَانِ:

النَّوْعُ الْأَوَّلُ: أَسْمَاءٌ تَعْمَلُ فِي الِاسْمِ

النَّوْعُ الْأَوَّلُ أَسْمَاءٌ تَعْمَلُ فِي الِاسْمِ، وَهِيَ قِسْمَانِ:

الْقِسْمُ الْأَوَّلُ: أَسْمَاءٌ تَعْمَلُ عَمَلَ الْفِعْلِ

الْقِسْمُ الْأَوَّلُ أَسْمَاءٌ تَعْمَلُ عَمَلَ الْفِعْلِ،

مَسْأَلَةٌ

تُسَمَّى الْأَسْمَاءُ الَّتِي تَعْمَلُ عَمَلَ الْفِعْلِ شِبْهَ الْفِعْلِ

وَهِيَ ثَلَاثَةُ أَضْرُبٍ:

الضَّرْبُ الْأَوَّلُ: الْمَصْدَرُ

الضَّرْبُ الْأَوَّلُ الْمَصْدَرُ، نَحْوُ: يَسُرُّ الْأَبَوَيْنِ حِفْظُ أَوْلَادِهِمِ الْقُرْآنَ[1]،

الضَّرْبُ الثَّانِي: الْمُشْتَقَّاتُ بِمَعْنَى الْفِعْلِ

الضَّرْبُ الثَّانِي الْمُشْتَقَّاتُ بِمَعْنَى الْفِعْلِ، وَهِيَ خَمْسَةٌ.

الْأَوَّلُ اِسْمُ الْفَاعِلِ، نَحْوُ: إِنَّ اللهَ جَامِعُ النَّاسِ يَوْمَ الْقِيَامَةِ[2]

---

[1] ... حِفْظُ فَاعِلٌ، مَرْفُوْعٌ بِالضَّمَةِ؛ أَوْلَادِ فَاعِلٌ لِحِفْظُ، مَرْفُوْعٌ مَحَلًّا، مُضَافٌ إِلَيْهِ، مَجْرُوْرٌ بِالْكَسْرَةِ لَفْظًا؛ هِمْ مُضَافٌ إِلَيْهِ، مَجْرُوْرٌ مَحَلًّا، مَبْنِيٌّ عَلَى السُّكُوْنِ؛ الْقُرْآنَ، مَفْعُوْلٌ بِهِ لِحِفْظُ، مَنْصُوْبٌ بِالْفَتْحَةِ.

[2] ... جَامِعُ خَبَرُ إِنَّ، مَرْفُوْعٌ بِالضَّمَّةِ؛ هُوَ ضَمِيْرٌ مُسْتَتِرٌ، فَاعِلٌ لِجَامِعِ، مَرْفُوْعٌ مَحَلًّا؛ النَّاسِ مَفْعُوْلٌ

الثَّانِي اِسْمُ المَفْعُوْلِ، نَحْوُ: كُلُّ تَائِبٍ مَقْبُوْلٌ تَوْبَتُهُ[1]

الثَّالِثُ الصِّفَةُ الْمُشَبَّهَةُ بِاسْمِ الْفَاعِلِ، نَحْوُ: العِبَادَةُ حَسَنٌ ثَوَابُهَا[2]،

الرَّابِعُ اِسْمُ الْمُبَالَغَةِ، نَحْوُ: اللهُ غَفَّارٌ لِلتَّوَّابِيْنَ[3]

الْخَامِسُ اِسْمُ التَّفْضِيْلِ، نَحْوُ: العِلْمُ أَفْضَلُ مِنَ الْمَالِ[4]

مَسْأَلَةٌ

قَدْ يَدُلُّ هَؤُلَاءِ عَلَى مَعْنًى غَيْرِ مَعْنَى الْفِعْلِ فَلَا تَعْمَلُ حِيْنَئِذٍ، نَحْوُ: التَّاجِرِ، وَالْمَقْتُوْلِ، وَالْمَرِيْضِ، وَالْعَلَّامَةِ، والدُّنْيَا

الضَّرْبُ الثَّالِثُ: أَسْمَاءٌ فِيْهَا مَعْنَى الْفِعْلِ

الضَّرْبُ الثَّالِثُ أَسْمَاءٌ فِيْهَا مَعْنَى الْفِعْلِ، مِنْهَا اسْمُ الفِعْلِ، نَحْوُ: هَيْهَاتَ الْمُذْنِبُ مِنَ

بِهِ لِلْجَامِعِ، مَنْصُوْبٌ مَحَلًّا، مُضَافٌ إِلَيْهِ، مَجْرُوْرٌ بِالْكَسْرَةِ لَفْظًا؛ يَوْمَ مَفْعُوْلٌ فِيْهِ لِلْجَامِعِ، مَنْصُوْبٌ بِالْفَتْحَةِ؛ الْقِيَامَةِ مُضَافٌ إِلَيْهِ، مَجْرُوْرٌ بِالْكَسْرَةِ.

[1] ... مَقْبُوْلٌ خَبَرٌ، مَرْفُوْعٌ بِالضَّمَّةِ؛ تَوْبَةُ نَائِبُ الْفَاعِلِ لِمَقْبُوْلٍ، مَرْفُوْعٌ بِالضَّمَّةِ ...

[2] ... حَسَنٌ خَبَرٌ، مَرْفُوْعٌ بِالضَّمَّةِ؛ ثَوَابُ فَاعِلٌ لِحَسَن، مَرْفُوْعٌ بِالضَّمَّةِ؛ ...

[3] ... غَفَّارٌ خَبَرٌ، مَرْفُوْعٌ بِالضَّمَّةِ؛ هُوَ ضَمِيْرٌ مُسْتَتِرٌ، فَاعِلٌ لِغَفَّار، مَرْفُوْعٌ مَحَلًّا؛ اللَّامُ حَرْفُ جَرٍّ، مَبْنِيٌّ عَلَى الْكَسْرِ؛ التَّوَّابِيْنَ مَجْرُوْرٌ بِالْيَاءِ؛ وَشِبْهُ الْجُمْلَةِ مَفْعُوْلٌ بِهِ غَيْرُ صَرِيْحٍ لِغَفَّار، مَنْصُوْبٌ مَحَلًّا.

[4] ... أَفْضَلُ خَبَرٌ، مَرْفُوْعٌ بِالضَّمَّةِ؛ هُوَ ضَمِيْرٌ مُسْتَتِرٌ، فَاعِلٌ لِأَفْضَل، مَرْفُوْعٌ مَحَلًّا؛ مِنْ حَرْفُ جَرٍّ، مَبْنِيٌّ عَلَى السُّكُوْنِ، فُتِحَتْ لِالْتِقَاءِ السَّاكِنَيْنِ؛ الْمَالِ مَجْرُوْرٌ بِالْكَسْرَةِ، وَشِبْهُ الْجُمْلَةِ مَفْعُوْلٌ بِهِ غَيْرُ صَرِيْحٍ لِأَفْضَل، مَنْصُوْبٌ مَحَلًّا.

رَحْمَةَ اللهِ[١]، وَعَلَيْكُمْ بِالسُّنَّةِ[٢]، وَتَرَاكِ ذُنُوْبًا[٣]،

الْقِسْمُ الثَّانِي: أَسْمَاءٌ لَا تَعْمَلُ عَمَلَ الْفِعْلِ

الْقِسْمُ الثَّانِي أَسْمَاءٌ لَا تَعْمَلُ عَمَلَ الْفِعْلِ، وَهِيَ ضَرْبَانِ:

الضَّرْبُ الْأَوَّلُ: الِاسْمُ الْمُضَافُ

الضَّرْبُ الْأَوَّلُ الِاسْمُ الْمُضَافُ، فَهُوَ يَجُرُّ الْمُضَافَ إِلَيْهِ، نَحْوُ: رَمَضَانُ شَهْرُ الْقُرْآنِ

إِضَافَةٌ مَعْنَوِيَّةٌ

إِذَا كَانَ الْمُضَافُ اسْمًا غَيْرَ شِبْهِ الْفِعْلِ يُسَمَّى إِضَافَةً مَعْنَوِيَّةً، نَحْوُ: شَهْرُ الْقُرْآنِ

إِضَافَةٌ لَفْظِيَّةٌ

إِذَا كَانَ الْمُضَافُ شِبْهَ الْفِعْلِ يُسَمَّى إِضَافَةً لَفْظِيَّةً، نَحْوُ: صَوْمُ الْمُسْلِمِيْنَ[٤]، وَصَوْمُ رَمَضَانَ[٥].

الضَّرْبُ الثَّانِي: الِاسْمُ الْمُبْهَمُ

الضَّرْبُ الثَّانِي الِاسْمُ الْمُبْهَمُ، فَهُوَ يَنْصِبُ تَمْيِيزَهُ، نَحْوُ: رَمَضَانُ ثَلَاثُوْنَ يَوْمًا[٦] وَنَحْوُ:

---

[١] هَيْهَاتَ اسْمُ فِعْلٍ مَاضٍ، مَبْنِيٌّ عَلَى الْفَتْحِ؛ الْمُذْنِبُ فَاعِلٌ، مَرْفُوْعٌ بِالضَّمَّةِ؛ ... وَشِبْهُ الْجُمْلَةِ مَفْعُوْلٌ فِيْهِ غَيْرُ صَرِيْحٍ، مَنْصُوْبٌ مَحَلًّا.

[٢] عَلَيْكُمْ اسْمُ فِعْلِ أَمْرٍ، مَبْنِيٌّ عَلَى السُّكُوْنِ؛ أَنْتُمْ ضَمِيْرٌ مُسْتَتِرٌ، فَاعِلٌ، مَرْفُوْعٌ مَحَلًّا؛ كُمْ لِلْخِطَابِ؛ الْبَاءُ حَرْفُ جَرٍّ، مَبْنِيٌّ عَلَى الْكَسْرِ؛ السُّنَّةِ مَجْرُوْرٌ بِالْكَسْرَةِ ، وَشِبْهُ الْجُمْلَةِ مَفْعُوْلٌ بِهِ، مَنْصُوْبٌ مَحَلًّا.

[٣] تَرَاكِ اسْمُ فِعْلِ أَمْرٍ، مَبْنِيٌّ عَلَى الْكَسْرِ؛ أَنْتَ ضَمِيْرٌ مُسْتَتِرٌ، فَاعِلٌ، مَرْفُوْعٌ مَحَلًّا؛ ذُنُوْبًا مَفْعُوْلٌ بِهِ، مَنْصُوْبٌ بِالْفَتْحَةِ.

[٤] ... الْمُسْلِمِيْنَ فَاعِلٌ، مَرْفُوْعٌ مَحَلًّا، مَجْرُوْرٌ بِالْيَاءِ لَفْظًا

[٥] ... رَمَضَانَ مَفْعُوْلٌ فِيْهِ، مَنْصُوْبٌ مَحَلًّا، مَجْرُوْرٌ بِالْفَتْحَةِ لَفْظًا

[٦] رَمَضَانُ مُبْتَدَأٌ، مَرْفُوْعٌ بِالضَّمَّةِ؛ ثَلَاثُوْنَ خَبَرٌ، مَرْفُوْعٌ بِالْوَاوِ؛ يَوْمًا تَمْيِيْزٌ، مَنْصُوْبٌ بِالْفَتْحَةِ.

كَمْ يَوْمًا صُمْتَ[1]

النَّوْعُ الثَّانِي: أَسْمَاءٌ تَعْمَلُ فِي الْفِعْلِ

النَّوْعُ الثَّانِيْ أَسْمَاءٌ تَعْمَلُ فِي الْفِعْلِ، وَهِيَ أَسْمَاءُ شَرْطٍ تَجْزِمُ فِعْلَيْنِ، وَيُسَمَّى الْأَوَّلُ شَرْطًا، وَالثَّانِيْ جَوَابَ الشَّرْطِ أَوْ جَزَاءً.

وَهِيَ أَحَدَ عَشَرَ:

الْأَوَّلُ: مَنْ، وَهِيَ لِلْعَاقِلِ، نَحْوُ: مَنْ يَعْمَلْ صَالِحًا يَدْخُلِ الْجَنَّةَ[2]

الثَّانِيْ: مَا، وَهِيَ لِغَيْرِ الْعَاقِلِ، نَحْوُ: مَا تَفْعَلُوْا يَعْلَمْهُ اللهُ[3]

الثَّالِثُ: مَهْمَا، وَهِيَ

لِغَيْرِ الْعَاقِلِ، نَحْوُ: مَهْمَا تَفْعَلْ تُسْأَلْ عَنْهُ[4]

أَوْ لِلزَّمَانِ: مَهْمَا تَدْخُلِ الْمَسْجِدَ الْحَرَامَ تَرَ النَّاسَ يَطُوْفُوْنَ بِالْبَيْتِ[5]

الرَّابِعُ: مَتَى، وَهِيَ لِلزَّمَانِ، نَحْوُ: مَتَى تَحْسُدْ تَهْلِكْ[6]

---

[1] كَمْ (اسْمُ اسْتِفْهَامٍ) مَفْعُوْلٌ فِيْهِ مُقَدَّمٌ، مَنْصُوْبٌ مَحَلًّا، مَبْنِيٌّ عَلَى السُّكُوْنِ؛ يَوْمًا تَمْيِيْزٌ، مَنْصُوْبٌ بِالْفَتْحَةِ؛ صُمْتَ فِعْلٌ مَاضٍ، ...

[2] مَنْ (اسْمُ شَرْطٍ) مُبْتَدَأٌ، مَرْفُوْعٌ مَحَلًّا، مَبْنِيٌّ عَلَى السُّكُوْنِ؛ يَعْمَلْ فِعْلٌ مُضَارِعٌ، مَجْزُوْمٌ بِالسُّكُوْنِ؛ ... وَجُمْلَةُ يَعْمَلْ صَالِحًا خَبَرُ الْمُبْتَدَإِ، مَرْفُوْعٌ مَحَلًّا؛ وَجُمْلَةُ مَنْ يَعْمَلْ صَالِحًا ابْتِدَائِيَّةٌ، لَا مَحَلَّ لَهَا مِنَ الإِعْرَابِ؛ يَدْخُلِ فِعْلٌ مُضَارِعٌ، مَجْزُوْمٌ بِالسُّكُوْنِ، كُسِرَتِ اللَّامُ لِالْتِقَاءِ السَّاكِنَيْنِ؛ ... الْجَنَّةَ مَفْعُوْلٌ بِهِ، مَنْصُوْبٌ بِالْفَتْحَةِ؛ وَجُمْلَةُ يَدْخُلِ الْجَنَّةَ جَوَابُ الشَّرْطِ، لَا مَحَلَّ لَهَا مِنَ الإِعْرَابِ.

[3] مَا (اسْمُ شَرْطٍ) مَفْعُوْلٌ بِهِ مُقَدَّمٌ، مَنْصُوْبٌ مَحَلًّا، مَبْنِيٌّ عَلَى السُّكُوْنِ ...

[4] مَهْمَا (اسْمُ شَرْطٍ) مَفْعُوْلٌ بِهِ مُقَدَّمٌ، مَنْصُوْبٌ مَحَلًّا، مَبْنِيٌّ عَلَى السُّكُوْنِ ...

[5] مَهْمَا (اسْمُ شَرْطٍ) مَفْعُوْلٌ فِيْهِ مُقَدَّمٌ، مَنْصُوْبٌ مَحَلًّا، مَبْنِيٌّ عَلَى السُّكُوْنِ ...

[6] مَتَى (اسْمُ شَرْطٍ) مَفْعُوْلٌ فِيْهِ مُقَدَّمٌ، مَنْصُوْبٌ مَحَلًّا، مَبْنِيٌّ عَلَى السُّكُوْنِ ...

الْخَامِسُ: إِذَامَا، وَهِيَ لِلزَّمَانِ، نَحْوُ: إِذَا مَا تعمَلْ بِعِلْمِكَ تكُنْ خَيرَ النَّاسِ[1]

السَّادِسُ: أَيَّانَ، وَهِيَ لِلزَّمَانِ، نَحْوُ: أَيَّانَ يَأْتِ الْمَوْتُ يُغْلَقْ بَابُ التَّوْبَةِ

السَّابِعُ: أَيْنَ، وَهِيَ لِلْمَكَانِ، نَحْوُ: أَيْنَ تُصَلِّ أُصَلِّ

الثَّامِنُ: أَيْنَمَا، وَهِيَ لِلْمَكَانِ، نَحْوُ: ﴿أَيْنَ مَا تَكُونُوا يُدْرِككُّمُ الْمَوْتُ﴾[2]

التَّاسِعُ: أَنَّى، وَهِيَ لِلْمَكَانِ، نَحْوُ: أَنَّى تُذْنِبْ يَعْلَمْهُ اللهُ

الْعَاشِرُ: حَيْثُمَا، وَهِيَ لِلْمَكَانِ وَالزَّمَانِ، نَحْوُ: حَيْثُمَا تَفْعَلْ يُكْتَبْ فِعْلُكَ

الْحَادِيْ عَشَرَ: أَيٌّ، نَحْوُ: أَيُّ عَالِمٍ يَتكَبَّرْ يُبْغِضْهُ اللهُ[3]

كَلِمَةُ إِذَا

إِذَا وَلَمَّا الظَّرْفِيَّةُ اسْمَانِ مُضَافَانِ يَتَضَمَّنَانِ مَعْنَى الشَّرْطِ غَيْرُ جَازِمَيْنِ، نَحْوُ: إِذَا أَحَبَّ اللهُ قَوْمًا ابْتَلَاهُمْ، فَلَمَّا ابْتَلَى اللهُ أَيُّوبَ عليه السلام صَبَرَ[4]

الْفَصْلُ الثَّانِي فِي الِاسْمِ غَيْرِ الْعَامِلِ

الْفَصْلُ الثَّانِيْ فِي الِاسْمِ غَيْرِ الْعَامِلِ، وَهُوَ كُلُّ اسْمٍ مَا عَدَا شِبْهَ الْفِعْلِ وَالِاسْمَ الْمُبْهَمَ وَالِاسْمَ الْمُضَافَ وَأَسْمَاءَ الشَّرْطِ.

---

[1] إِذَا مَا (اسْمُ شَرْطٍ) مَفْعُوْلٌ فِيهِ مُقدَّمٌ، مَنصُوبٌ مَحلًّا، مَبْنِيٌّ عَلَى السُّكُوْنِ ...

[2] أَيْنَمَا (اسْمُ شَرْطٍ) مَفْعُوْلٌ فِيْهِ مُقدَّمٌ، مَنصُوبٌ مَحلًّا، مَبْنِيٌّ عَلَى السُّكُوْنِ ...

[3] أَيُّ (اسْمُ شَرْطٍ) مُبْتَدَأٌ، مَرْفُوْعٌ بِالضَّمَةِ ... يَتكَبَّرْ، فِعْلٌ مُضَارِعٌ لِلشَّرْطِ، مَجْزُوْمٌ بِالسُّكُوْنِ، خَبَرٌ، وَجُمْلَةُ أَيُّ عَالِمٍ يَتكَبَّرْ شَرْطٌ ... وَجُمْلَةُ يُبْغِضْهُ اللهُ جَوَابُ الشَّرْطِ، لَا مَحَلَّ لَهَا مِنَ الْإِعْرَابِ

[4] إِذَا (ظَرْفُ الزَّمَانِ) مَفْعُوْلٌ فِيهِ لِابْتَلَى، مَنْصُوبٌ مَحلًّا، مَبْنِيٌّ عَلَى السُّكُوْنِ؛ ... وَجُمْلَةُ أَحَبَّ اللهُ قَوْمًا مُضَافٌ إِلَيْهِ، مَجْرُوْرٌ مَحلًّا؛ ابْتَلَى فِعْلٌ مَاضٍ ... لَمَّا (ظَرْفُ الزَّمَانِ) مَفْعُوْلٌ فِيهِ لِصَبَرَ، وَجُمْلَةُ ابْتَلَى اللهُ أَيُّوبَ مُضَافٌ إِلَيْهِ ...

الْبَابُ الرَّابِعُ فِي الْعَامِلِ الْمَعْنَوِيّ

الْبَابُ الرَّابِعُ فِي الْعَامِلِ الْمَعْنَوِيِّ، وَهُوَ اثْنَانِ:

الْأَوَّلُ الِابْتِدَاءُ، وَهُوَ يَرْفَعُ الْمُبْتَدَأَ وَالْخَبَرَ، نَحْوُ: مُحَمَّدٌ ﷺ حَبِيبُنَا

الثَّانِي خُلُوُّ الْمُضَارِعِ عَنْ نَاصِبٍ وَجَازِمٍ، وَهُوَ يَرْفَعُ الْفِعْلَ الْمُضَارِعَ، نَحْوُ: نُحِبُّ مُحَمَّدًا ﷺ.

الْخَاتِمَةُ

الْخَاتِمَةُ، وَفِيهَا فَصْلَانِ:

الْفَصْلُ الْأَوَّلُ فِي التَّنَازُعِ

الْفَصْلُ الْأَوَّلُ فِي التَّنَازُعِ، قَدْ يَتَنَازَعُ عَامِلَانِ أَوْ أَكْثَرُ فِي مَعْمُوْلٍ وَاحِدٍ، نَحْوُ: أَرْجُو وَأَخَافُ اللهَ[1]

الْفَصْلُ الثَّانِي فِي حَذْفِ الْعَامِلِ

يُحْذَفُ الْعَامِلُ فِي مَوَاضِعَ، مِنْهَا ...

الِاشْتِغَالُ، نَحْوُ: اللهَ أَعْبُدُهُ[2]

وَجَوَابُ الِاسْتِفْهَامِ، نَحْوُ: اللهَ[3] فِي جَوَابِ مَنْ قَالَ: مَنْ تَعْبُدُ؟

---

[1] ... لَفْظُ الْجَلَالَةِ مَفْعُوْلٌ بِهِ لِأَرْجُو أَوْ أَخَافُ، مَنْصُوبٌ بِالْفَتْحَةِ.

[2] لَفْظُ الْجَلَالَةِ مَفْعُوْلٌ بِهِ لِمَحْذُوْفٍ، تَقْدِيْرُهُ أَعْبُدُ، مَنْصُوبٌ بِالْفَتْحَةِ؛ ... وَجُمْلَةُ أَعْبُدُهُ لَا مَحَلَّ لَهَا مِنَ الْإِعْرَابِ

[3] لَفْظُ الْجَلَالَةِ مَفْعُوْلٌ بِهِ لِمَحْذُوْفٍ، تَقْدِيْرُهُ أَعْبُدُ، مَنْصُوبٌ بِالْفَتْحَةِ.

وَالنِّدَاءُ، نَحْوُ: يَا أَحْمَدُ[1] أَيْ أَدْعُوْ أَحْمَدَ

وَالتَّحْذِيْرُ، نَحْوُ: اللهَ اللهَ، وَنَحْوُ: إِيَّاكَ وَالْحَسَدَ[2]

وَعَامِلُ شِبْهِ الْجُمْلَةِإِذَا وَقَعَتْ ...

خَبَرًا، نَحْوُ: النَّجَاةُ فِي الصِّدْقِ[3]

أَوْ مَفْعُوْلًا بِهِ لِفِعْلِ قَسَمٍ، نَحْوُ: وَاللهِ إِنَّ مُحَمَّدًا لَرَسُوْلُ اللهِ[4]

أَوْ حَالًا، نَحْوُ: أَسْأَلُ اللهَ الْفِرْدَوْسَ فِي الْجَنَّةِ[5]

أَوْ نَعْتًا، نَحْوُ: أَسْأَلُ اللهَ بَيْتًا فِي الْجَنَّةِ[6]

أَوْ صِلَةً، نَحْوُ: أَسْأَلُ اللهَ مَا عِنْدَهُ[7]

---

[1] يَا حَرْفُ نِدَاءٍ، مَبْنِيٌّ عَلَى السُّكُوْنِ؛ أَحْمَدُ مُنَادًى، مَفْعُوْلٌ بِهِ لِمَحْذُوْفٍ، تَقْدِيْرُهُ أَدْعُوْ، مَنْصُوْبٌ مَحَلًّا، مَبْنِيٌّ عَلَى الضَّمِّ.

[2] لَفْظُ الْجَلَالَةِ مَفْعُوْلٌ بِهِ لِمَحْذُوْفٍ، تَقْدِيْرُهُ احْذَرْ، مَنْصُوْبٌ بِالْفَتْحَةِ؛ لَفْظُ الْجَلَالَةِ تَأْكِيْدٌ لَفْظِيٌّ، مَنْصُوْبٌ بِالْفَتْحَةِ؛ إِيَّاكَ مَفْعُوْلٌ بِهِ لِمَحْذُوْفٍ، تَقْدِيْرُهُ احْذَرْ، مَنْصُوْبٌ مَحَلًّا، مَبْنِيٌّ عَلَى الْفَتْحِ؛ الْوَاوُ حَرْفُ عَطْفٍ، مَبْنِيَّةٌ عَلَى الْفَتْحِ؛ الْحَسَدَ مَعْطُوْفٌ عَلَى إِيَّاكَ، مَنْصُوْبٌ بِالْفَتْحَةِ.

[3] ... وَشِبْهُ الْجُمْلَةِ مَفْعُوْلٌ فِيْهِ غَيْرُ صَرِيْحٍ لِمَحْذُوْفٍ، تَقْدِيْرُهُ اسْتَقَرَّتْ، مَنْصُوْبٌ مَحَلًّا؛ وَالْمَحْذُوْفُ مَعَ شِبْهِ الْجُمْلَةِ خَبَرٌ، مَرْفُوْعٌ مَحَلًّا.

[4] الْوَاوُ حَرْفُ جَرٍّ، مَبْنِيَّةٌ عَلَى الْفَتْحِ، لَفْظُ الْجَلَالَةِ مَجْرُوْرٌ بِالْكَسْرَةِ؛ وَشِبْهُ الْجُمْلَةِ مَفْعُوْلٌ بِهِ غَيْرُ صَرِيْحٍ لِمَحْذُوْفٍ، تَقْدِيْرُهُ أُقْسِمُ، مَنْصُوْبٌ مَحَلًّا ...

[5] ... الْفِرْدَوْسَ مَفْعُوْلٌ بِهِ ثَانٍ، مَنْصُوْبٌ بِالْفَتْحَةِ؛ ... وَشِبْهُ الْجُمْلَةِ مَفْعُوْلٌ فِيْهِ غَيْرُ صَرِيْحٍ لِمَحْذُوْفٍ، تَقْدِيْرُهُ اسْتَقَرَّتْ، مَنْصُوْبٌ مَحَلًّا؛ وَالْمَحْذُوْفُ مَعَ شِبْهِ الْجُمْلَةِ حَالٌ لِلْفِرْدَوْسِ، مَنْصُوْبٌ مَحَلًّا.

[6] ... وَالْمَحْذُوْفُ مَعَ شِبْهِ الْجُمْلَةِ نَعْتٌ لِبَيْتٍ، مَنْصُوْبٌ مَحَلًّا.

[7] ... وَالْمَحْذُوْفُ مَعَ شِبْهِ الْجُمْلَةِ صِلَةٌ.

الْمَقْصِدُ الثَّانِيْ فِي الْمَعْمُوْلِ وَغَيْرِ الْمَعْمُوْلِ

الْمَقْصِدُ الثَّانِيْ فِي الْمَعْمُوْلِ وَغيرِ الْمَعْمُوْلِ، وَفِيْهِ مُقَدِّمَةٌ وَأَرْبَعَةُ أَبْوَابٍ

الْمُقَدِّمَةُ

الْمُقَدِّمَةُ فِي الْمَعْمُوْلِ وَغَيْرِ الْمَعْمُوْلِ

الْمَعْمُوْلُ هُوَ ...

الْأَسْمَاءُ كُلُّهَا إِلَّا أَسْمَاءَ الْفِعْلِ

وَالْفِعْلُ الْمُضَارِعُ وَالْفِعْلُ الْمَاضِيْ الَّذِيْ دَخَلَهُ نَاصِبٌ أَوْ جَازِمٌ

وَبَعْضُ الْجُمَلِ

وَأَشْبَاهُ الْجُمْلَةِ كُلُّهَا

وَغَيْرُ الْمَعْمُوْلِ هُوَ ...

أَسْمَاءُ الْفِعْلِ

وَالْفِعْلُ الْمَاضِيْ الَّذِيْ لَمْ يَدْخُلْهُ نَاصِبٌ أَوْ جَازِمٌ، وَفِعْلُ الْأَمْرِ

وَالْحُرُوْفُ كُلُّهَا

وَبَعْضُ الْجُمَلِ

الْبَابُ الْأَوَّلُ فِي الِاسْمِ

الْبَابُ الْأَوَّلُ فِي الِاسْمِ، وَفِيْهِ مُقَدِّمَةٌ وَفَصْلَانِ:

الْمُقَدِّمَةُ

الْمُقَدِّمَةُ فِيْ أَقْسَامِ الِاسْمِ، وَهُوَ قِسْمَانِ

الْقِسْمُ الْأَوَّلُ: الِاسْمُ الصَّرِيْحُ

الْقِسْمُ الْأَوَّلُ الِاسْمُ الصَّرِيْحُ، وَهُوَ الِاسْمُ وَحْدَهُ، نَحْوُ: الصَّوْمُ

الْقِسْمُ الثَّانِيْ: الِاسْمُ الْمُؤَوَّلُ

الْقِسْمُ الثَّانِيْ الِاسْمُ الْمُؤَوَّلُ، وَهُوَ حَرْفُ مَصْدَرٍ مَعَ الْجُمْلَةِ بَعْدَهَا، نَحْوُ: أَنْ تَصُوْمُوْا

الْفَصْلُ الْأَوَّلُ فِي الِاسْمِ الْمَعْمُوْلِ

الْفَصْلُ الْأَوَّلُ فِي الِاسْمِ الْمَعْمُوْلِ، وَهُوَ نَوْعَانِ:

النَّوْعُ الْأَوَّلُ: الِاسْمُ الْمَعْمُوْلُ بِالْأَصَالَةِ

النَّوْعُ الْأَوَّلُ الْمَعْمُوْلُ بِالْأَصَالَةِ، وَهُوَ مَا يَعْمَلُ فِيْهِ الْعَامِلُ بِلَا وَاسِطَةٍ

وَهُوَ ثَلَاثَةُ أَقْسَامٍ:

الْقِسْمُ الْأَوَّلُ: الْمَرْفُوْعُ

الْقِسْمُ الْأَوَّلُ الْمَرْفُوْعُ، وَهُوَ ثَمَانِيَةٌ:

الْأَوَّلُ الْفَاعِلُ، وَهُوَ مَا نُسِبَ إِلَيْهِ ...

الْفِعْلُ التَّامُّ الْمَعْلُوْمُ فَاعِلُهُ، نَحْوُ: يُحْرِقُ الْحَسَدُ الْأَجْرَ،

أَوْ مَا بِمَعْنَاهُ، نَحْوُ: كُلُّ حَسُوْدٍ مُحْرِقٌ حَسَدُهُ أَجْرَهُ[1]

---

[1] ... مُحْرِقٌ خَبَرٌ، مَرْفُوْعٌ بِالضَّمَّةِ؛ حَسَدُ فَاعِلٌ لِمُحْرِق، مَرْفُوْعٌ بِالضَّمَّةِ؛ الْهَاءُ مُضَافٌ إِلَيْهِ، مَجْرُوْرٌ

التَّرْتِيْبُ بَيْنَ الْفَاعِلِ وَعَامِلِهِ وَغَيْرِهِ

الْأَصْلُ فِي الْفَاعِلِ أَن يَّلِيَ عَامِلَهُ، وَقَدْ يَتَأَخَّرُ عَنِ الْمَفْعُوْلِ بِهِ وَغَيْرِهِ، نَحْوُ: يُحْرِقُ الْأَجْرَ الْحَسَدُ

الثَّانِي نَائِبُ الْفَاعِلِ، وَهُوَ مَا نُسِبَ إِلَيْهِ ...

الْفِعْلُ التَّامُّ الْمَجْهُوْلُ فَاعِلُهُ، نَحْوُ: غُفِرَ ذَنْبُ التَّائِبِ،

أَوْ مَا بِمَعْنَاهُ، نَحْوُ: كُلُّ تَائِبٍ مَغْفُوْرٌ ذَنْبُهُ

الثَّالِثُ الْمُبْتَدَأُ، وَهُوَ مُخْبَرٌ عَنْهُ خَالٍ عَنْ عَامِلٍ لَفْظِيٍّ، نَحْوُ: اللهُ رَبُّنَا

تَعْرِيْفُ الْمُبْتَدإِ وَتَنْكِيْرُهُ

الْأَصْلُ فِي الْمُبْتَدَإِ أَن يَّكُوْنَ مَعْرِفَةً، وَيَجُوْزُ أَن يَّكُوْنَ نَكِرَةً فِي مَوَاضِعَ، مِنْهَا ...

إِذَا كَانَ خَبَرُهُ مُقَدَّمًا عَلَيْهِ، نَحْوُ: فِي الْعِلْمِ خَيْرٌ كَثِيْرٌ [1]

وَإِذَا كَانَ مَوْصُوْفًا، نَحْوُ: عِلْمٌ قَلِيْلٌ خَيْرٌ مِنْ مَالٍ كَثِيْرٍ [2]

وَإِذَا كَانَ مُضَافًا، نَحْوُ: تَعْلِيْمُ عِلْمٍ خَيْرٌ مِنْ جَمْعِ مَالٍ

وَإِذَا كَانَ بَعْدَ نَفْيٍ، نَحْوُ: مَا أَحَدٌ خَيْرًا مِنْ رَسُوْلِنَا ﷺ

وَإِذَا كَانَ بَعْدَ اسْتِفْهَامٍ، نَحْوُ: ﴿ءَإِلَٰهٌ مَّعَ اللّٰهِ﴾ [3]

مَحَلًّا، مَبْنِيٌّ عَلَى الضَّمِّ؛ أَجْرَ مَفْعُوْلٌ بِهِ لِمُحْرِق، مَنْصُوْبٌ بِالْفَتْحَةِ؛ الْهَاءُ مُضَافٌ إِلَيْهِ، مَجْرُوْرٌ مَحَلًّا، مَبْنِيٌّ عَلَى الضَّمِّ.

[1] فِيْ حَرْفُ جَرٍّ، ... وَشِبْهُ الْجُمْلَةِ مَفْعُوْلٌ فِيْهِ غَيْرُ صَرِيْحٍ لِمَحْذُوْفٍ، تَقْدِيْرُهُ اسْتَقَرَّ، مَنْصُوْبٌ مَحَلًّا؛ وَالْمَحْذُوْفُ مَعَ شِبْهِ الْجُمْلَةِ خَبَرٌ مُقَدَّمٌ؛ خَيْرٌ مُبْتَدَأٌ مُؤَخَّرٌ ...

[2] ... وَشِبْهُ الْجُمْلَةِ مِنْ مَالٍ كَثِيْرٍ مَفْعُوْلٌ بِهِ غَيْرُ صَرِيْحٍ لِخَيْرٍ

[3] الْهَمْزَةُ حَرْفُ اسْتِفْهَامٍ، مَبْنِيَّةٌ عَلَى الْفَتْحِ؛ إِلٰهٌ مُبْتَدَأٌ، مَرْفُوْعٌ بِالضَّمَّةِ؛ مَعَ مَفْعُوْلٌ مَعَهُ لِمَحْذُوْفٍ تَقْدِيْرُهُ اسْتَقَرَّ، مَنْصُوْبٌ بِالْفَتْحَةِ؛ لَفْظُ الْجَلَالَةِ مُضَافٌ إِلَيْهِ، مَجْرُوْرٌ بِالْكَسْرَةِ، وَالْمَحْذُوْفُ مَعَ شِبْهِ

وَإِذَا كَانَ دُعَاءً، نُحْوُ: ﴿سَلَٰمٌ عَلَيْكُمْ﴾

حَذْفُ الْمُبْتَدَإِ

يَجُوْزُ حَذْفُ الْمُبْتَدَإِ، نَحْوُ قَوْلِكَ: رَسُوْلُنَا، لِمَنْ سَأَلَكَ: مَن مُحَمَّدٌ ﷺ؟

الرَّابِعُ الْخَبَرُ، وَهُوَ مُخْبَرٌ بِهِ، نَحْوُ: مُحَمَّدٌ ﷺ رَسُوْلُنَا

تَعَدُّدُ الْخَبَرِ

قَدْ يَتَعَدَّدُ الْخَبَرُ، نَحْوُ: ﴿إِنَّهُ هُوَ الْغَفُوْرُ الرَّحِيْمُ ﴿١٦﴾﴾[1]

التَّرْتِيبُ بَيْنَ الْمُبْتَدَإِ وَالْخَبَرِ

الْأَصْلُ فِي الْخَبَرِ أَن يَّكُوْنَ بَعْدَ الْمُبْتَدَإِ، وَقَدْ يَتَقَدَّمُ، نَحْوُ: ﴿لَنَآ أَعْمَالُنَا﴾

حَذْفُ الْخَبَرِ

يَجُوْزُ حَذْفُ الْخَبَرِ، نَحْوُ قَوْلِكَ: اللهُ، لِمَنْ سَأَلَكَ: مَنْ رَبُّكَ

مُطَابَقَةُ الْخَبَرِ لِلْمُبْتَدَإِ

يُطَابِقُ الْخَبَرُ الْمُبْتَدَأَ إِذَا كَانَ فِي الْخَبَرِ ضَمِيرٌ مُسْتَتِرٌ، نَحْوُ: هُمْ صَالِحُوْنَ

وَيُطَابِقُ الْمُبْتَدَأُ الْخَبَرَ إِذَا كَانَ الْمُبْتَدَأُ اسْمَ إِشَارَةٍ، نَحْوُ: هٰؤُلَاءِ صَالِحَاتٌ

الْخَامِسُ اسْمُ الْأَفْعَالِ النَّاقِصَةِ، نَحْوُ: كَانَ مُحَمَّدٌ ﷺ صَادِقًا

السَّادِسُ اسْمُ الْحُرُوْفِ الْمُشَبَّهَةِ بِلَيْسَ، نَحْوُ: مَا الْمَالُ مَقْصُوْدَنَا، وَلَا شَيْءٌ مُشَابِهًا لِلّٰهِ

السَّابِعُ خَبَرُ الْحُرُوْفِ الْمُشَبَّهَةِ بِالْفِعْلِ، نَحْوُ: إِنَّ اللهَ رَحِيْمٌ

الثَّامِنُ خَبَرُ لَا لِنَفْيِ الْجِنْسِ، نَحْوُ: لَا فَاعِلَ شَرٍّ فَائِزٌ

مَسْأَلَةٌ

الْغَالِبُ فِيْ خَبَرِهَا أَنْ يَّكُوْنَ شِبْهَ جُمْلَةٍ، نَحْوُ: لَا قَبُوْلَ مَعَ الرِّيَاءِ

الْجُمْلَةَ خَبَرٌ، مَرْفُوْعٌ مَحَلًّا.

[1] ... الْوَدُوْدُ خَبَرٌ ثَانٍ، مَرْفُوْعٌ بِالضَّمَّةِ.

يَجُوْزُ حَذْفُ خَبَرِهَا، نَحْوُ: لَا بَأْسَ[١]

الْقِسْمُ الثَّانِي: الْمَنْصُوْبُ

الْقِسْمُ الثَّانِي الْمَنْصُوْبُ، وَهُوَ اثْنَا عَشَرَ:

الْأَوَّلُ الْمَفْعُوْلُ الْمُطْلَقُ، وَهُوَ مَصْدَرٌ بِمَعْنَى عَامِلٍ قَبْلَهُ، وَهُوَ ...

لِلتَّوْكِيْدِ، نَحْوُ: سَجَدْنَا سُجُوْدًا[٢]

أَوِ النَّوْعِ، نَحْوُ: نَسْجُدُ سَجْدَةَ عَبْدٍ

أَوِ الْعَدَدِ، نَحْوُ: سَجَدَتْ سَجْدَتَيْنِ

الثَّانِي الْمَفْعُوْلُ بِهِ، وَهُوَ مَا وَقَعَ عَلَيْهِ الْفِعْلُ، نَحْوُ: أَعْبُدُ اللهَ

تَقْدِيْمُ الْمَفْعُوْلِ بِهِ

الْأَصْلُ فِي الْمَفْعُوْلِ بِهِ أَن يَّكُوْنَ بَعْدَ الْفِعْلِ وَالْفَاعِلِ

وَقَدْ يَتَقَدَّمُ عَلَى

الْفِعْلِ وَالْفَاعِلِ، نَحْوُ: اللهَ نَعْبُدُ[٣]

أَوْ عَلَى الْفَاعِلِ وَحْدَهُ، نَحْوُ: يَعْبُدُ اللهَ الْمُسْلِمُوْنَ

الثَّالِثُ الْمَفْعُوْلُ فِيْهِ، وَهُوَ مَا وَقَعَ فِيْهِ الْفِعْلُ مِنَ الْمَكَانِ أَوِ الزَّمَانِ، نَحْوُ: أَحْسِنِيْ إِلَى أُمِّكِ أَبَدًا فَإِنَّ الْجَنَّةَ تَحْتَ قَدَمَيْهَا[٤]

---

[١] لَا نَافِيَةٌ لِلْجِنْسِ، مَبْنِيَّةٌ عَلَى السُّكُوْنِ؛ بَأْسَ اسْمُ لَا، مَنْصُوْبٌ بِالْفَتْحَةِ؛ خَبَرُ لَا مَحْذُوْفٌ تَقْدِيْرُهُ عَلَيْكَ.

[٢] ... سُجُوْدًا مَفْعُوْلٌ مُطْلَقٌ، مَنْصُوْبٌ بِالْفَتْحَةِ.

[٣] لَفْظُ الْجَلَالَةِ مَفْعُوْلٌ بِهِ مُقَدَّمٌ، مَنْصُوْبٌ بِالْفَتْحَةِ ...

[٤] ... أَبَدًا مَفْعُوْلٌ فِيْهِ، مَنْصُوْبٌ بِالْفَتْحَةِ ...، وَتَحْتَ مَفْعُوْلٌ فِيْهِ لِمَحْذُوْفٍ تَقْدِيْرُهُ اِسْتَقَرَّ، مَنْصُوْبٌ بِالْفَتْحَةِ

مَسْأَلَةٌ

يُسَمَّى الْمَفْعُوْلُ فِيْهِ ظَرْفًا

الرَّابِعُ الْمَفْعُوْلُ لَهُ، وَهُوَ مَا وَقَعَ لِأَجْلِهِ الْفِعْلُ، نَحْوُ: لَا أَرْفَعُ صَوْتِيْ فَوْقَ صَوْتِ أَبِيْ تَوْقِيْرًا لَهُ[1]

مَسْأَلَةٌ

يُسَمَّى الْمَفْعُوْلُ لَهُ مَفْعُوْلًا لِأَجْلِهِ

الْخَامِسُ الْمَفْعُوْلُ مَعَهُ، وَهُوَ مَا وَقَعَ مَعَهُ الْفِعْلُ، نَحْوُ: يَفْنَى الْمَالُ وَيَبْقَى ابْنُ آدَمَ وَعَمَلَهُ[2]

السَّادِسُ الْحَالُ، وَهُوَ مَا يُبَيِّنُ هَيْئَةَ الْفَاعِلِ أَوِ الْمَفْعُوْلِ بِهِ، نَحْوُ: أَعْبُدُ اللهَ خَائِفًا رَاجِيًا[3]

بَعْضُ أَحْكَامِ ذِي الْحَالِ وَالْحَالِ

لَا بُدَّ لِلْحَالِ مِنْ ذِي الْحَالِ، وَيُسَمَّى ذُو الْحَالِ صَاحِبَ الْحَالِ

الْغَالِبُ فِيْ ذِي الْحَالِ أَنْ تَكُوْنَ مَعْرِفَةً

الْأَصْلُ فِي الْحَالِ أَنْ تَكُوْنَ نَكِرَةً وَاسْمًا مُشْتَقًّا

السَّابِعُ التَّمْيِيْزُ، وَهُوَ مَا يَرْفَعُ الْإِبْهَامَ عَنِ ...

الْمُفْرَدِ الْمُبْهَمِ، نَحْوُ: رَمَضَانُ ثَلَاثُوْنَ يَوْمًا

أَوِ النِّسْبَةِ فِي الْجُمْلَةِ، نَحْوُ: ﴿زِدْنِي عِلْمًا﴾[4]

---

١ ... تَوْقِيْرًا، مَفْعُوْلٌ لَهُ، مَنْصُوْبٌ بِالْفَتْحَةِ ... وَشِبْهُ الْجُمْلَةِ (لَهُ) مَفْعُوْلٌ بِهِ لِتَوْقِيْرًا، مَنْصُوْبٌ مَحَلًّا

٢ ... يَبْقَى فِعْلٌ مُضَارِعٌ، مَرْفُوْعٌ بِالضَّمَّةِ الْمُقَدَّرَةِ، ... الْوَاوُ وَاوُ الْمَعِيَّةِ، مَبْنِيَّةٌ عَلَى الْفَتْحِ؛ عَمَلَ مَفْعُوْلٌ مَعَهُ، مَنْصُوْبٌ بِالْفَتْحَةِ، ...

٣ ... خَائِفًا حَالٌ مِنَ الْفَاعِلِ، مَنْصُوْبٌ بِالْفَتْحَةِ ...

٤ ... زِدْنِي فِعْلُ أَمْرٍ، مَبْنِيٌّ عَلَى السُّكُوْنِ؛ أَنْتَ ضَمِيْرٌ مُسْتَتِرٌ، فَاعِلٌ، مَرْفُوْعٌ مَحَلًّا؛ النُّوْنُ نُوْنُ الْوِقَايَةِ،

مَسْأَلَةٌ

الْأَصْلُ فِي التَّمْيِيْزِ أَنْ يَكُوْنَ نَكِرَةً

الثَّامِنُ الْمُسْتَثْنَى فِي الِاسْتِثْنَاءِ التَّامِّ، نَحْوُ: ﴿فَسَجَدُوٓا۟ إِلَّآ إِبْلِيسَ﴾[1]

الِاسْتِثْنَاءُ التَّامُّ وَغَيْرُ التَّامِّ

إِذَا ذُكِرَ الْمُسْتَثْنَى مِنْهُ يَكُوْنُ الِاسْتِثْنَاءُ تَامًّا.

وَإِذَا لَمْ يُذْكَرِ الْمُسْتَثْنَى مِنْهُ يَكُوْنُ الِاسْتِثْنَاءُ غَيْرَ تَامٍّ، وَحِيْنَئِذٍ لَا تَعْمَلُ كَلِمَةُ إِلَّا، نَحْوُ: مَا مُحَمَّدٌ إِلَّا رَسُوْلٌ[2]، وَنَحْوُ: لَا نَعْبُدُ إِلَّا اللهَ[3]

الِاسْتِثْنَاءُ الْمُنْقَطِعُ

قَدْ تَكُوْنُ إِلَّا بِمَعْنَى لَكِنْ لِلِاسْتِدْرَاكِ، نَحْوُ: صَامَ الرِّجَالُ إِلَّا الْأَطْفَالَ

وحِيْنَئِذٍ تُسَمَّى الِاسْتِثْنَاءُ مُنْقَطِعًا

التَّاسِعُ خَبَرُ الْأَفْعَالِ النَّاقِصَةِ، نَحْوُ: كَانَ رَسُوْلُ اللهِ ﷺ أُسْوَةً حَسَنَةً

مَسْأَلَةٌ

قَدْ يَتَقَدَّمُ خَبَرُ كَانَ وَأَخَوَاتِهَا عَلَى اسْمِهَا، نَحْوُ: لَيْسَ سَوَاءً عَالِمٌ وَجَهُوْلٌ[4]

مَبْنِيَّةٌ عَلَى الْكَسْرِ؛ الْيَاءُ مَفْعُوْلٌ بِهِ، مَنْصُوْبٌ مَحَلًّا، مَبْنِيٌّ عَلَى السُّكُوْنِ؛ عِلْمًا تَمْيِيْزٌ، مَنْصُوْبٌ بِالْفَتْحَةِ.

[1] ... إِلَّا حَرْفُ الِاسْتِثْنَاءِ، مَبْنِيٌّ عَلَى السُّكُوْنِ؛ إِبْلِيسَ مُسْتَثْنًى مِنَ الْفَاعِلِ، مَنْصُوْبٌ بِالْفَتْحَةِ.

[2] مَا حَرْفُ نَفْيٍ، مَبْنِيٌّ عَلَى السُّكُوْنِ؛ مُحَمَّدٌ مُبْتَدَأٌ، مَرْفُوْعٌ بِالضَّمَّةِ؛ إِلَّا أَدَاةُ حَصْرٍ، مَبْنِيٌّ عَلَى السُّكُوْنِ؛ رَسُوْلٌ خَبَرٌ مَرْفُوْعٌ بِالضَّمَّةِ

[3] لَا حَرْفُ نَفْيٍ، مَبْنِيَّةٌ عَلَى السُّكُوْنِ، نَعْبُدُ فِعْلٌ مُضَارِعٌ، مَرْفُوْعٌ بِالضَّمَّةِ؛ نَحْنُ ضَمِيْرٌ مُسْتَتِرٌ، فَاعِلٌ مَرْفُوْعٌ مَحَلًّا؛ إِلَّا حَرْفُ حَصْرٍ، مَبْنِيٌّ عَلَى السُّكُوْنِ؛ لَفْظُ الْجَلَالَةِ مَفْعُوْلٌ بِهِ، مَنْصُوْبٌ بِالْفَتْحَةِ.

[4] لَيْسَ فِعْلٌ مَاضٍ نَاقِصٌ، مَبْنِيٌّ عَلَى الْفَتْحِ؛ سَوَاءً خَبَرُ لَيْسَ الْمُقَدَّمُ، مَنْصُوْبٌ بِالْفَتْحَةِ؛ عَالِمٌ اسْمُ لَيْسَ الْمُؤَخَّرُ، مَرْفُوْعٌ بِالضَّمَّةِ؛ الْوَاوُ حَرْفُ عَطْفٍ ...

الْعَاشِرُ خَبَرُ الْحُرُوْفِ الْمُشَبَّهَةِ بِلَيْسَ، نَحْوُ: مَا الْمَالُ مَقْصُوْدَنَا، وَنَحْوُ: وَلَا شَيْءٌ مُشَابِهًا لِلّٰهِ، وَنَحْوُ: وَلَاتَ سَاعَةَ نَدَمٍ

الْحَادِيْ عَشَرَ اسْمُ الْحُرُوْفِ الْمُشَبَّهَةِ بِالْفِعْلِ، نَحْوُ: إِنَّ اللّٰهَ رَحِيْمٌ

الثَّانِيْ عَشَرَ اسْمُ لَا لِنَفْيِ الْجِنْسِ، نَحْوُ: لَا عَمَلَ مُرَاءٍ مَقْبُوْلٌ

حَذْفُ اسْمِ لَا لِنَفْيِ الْجِنْسِ

يَجُوْزُ حَذْفُ اسْمِهَا، نَحْوُ: لَا عَلَيْكَ[1]

بِنَاءُ اسْمِ لَا لِنَفْيِ الْجِنْسِ

إِنْ كَانَ اسْمُ لَا لِنَفْيِ الْجِنْسِ مُفْرَدًا غَيْرَ مُضَافٍ، يَكُوْنُ مَبْنِيًّا عَلَى الْفَتْحِ، نَحْوُ: لَا خَيْرَ فِي الْكَذِبِ[2]

الْقِسْمُ الثَّالِثُ: الْمَجْرُوْرُ

الْقِسْمُ الثَّالِثُ الْمَجْرُوْرُ، وَهُوَ اثْنَانِ:

الْأَوَّلُ الْمَجْرُوْرُ بِحَرْفِ الْجَرِّ، نَحْوُ: اِعْمَلْ بِإِخْلَاصٍ

الثَّانِي الْمَجْرُوْرُ بِالْإِضَافَةِ، نَحْوُ: ذَنْبُ الْعَبْدِ يُسَوِّدُ قَلْبَهُ

النَّوْعُ الثَّانِي: الْمَعْمُوْلُ بِالتَّبَعِيَّةِ

النَّوْعُ الثَّانِي الْمَعْمُوْلُ بِالتَّبَعِيَّةِ، وَهُوَ مَا يَعْمَلُ فِيْهِ الْعَامِلُ بِوَاسِطَةِ مَتْبُوْعِهِ

مَسْأَلَةٌ

يُسَمَّى الْمَعْمُوْلُ بِالتَّبَعِيَّةِ تَابِعًا

---

[1] لَا نَافِيَةٌ لِلْجِنْسِ، مَبْنِيٌّ عَلَى السُّكُوْنِ؛ اسْمُ لَا مَحْذُوْفٌ، تَقْدِيْرُهُ بَأْسَ؛ عَلَى حَرْفُ جَرٍّ، مَبْنِيٌّ عَلَى السُّكُوْنِ؛ الْكَافُ مَجْرُوْرٌ مَحَلًّا، مَبْنِيٌّ عَلَى السُّكُوْنِ؛ وَشِبْهُ الْجُمْلَةِ مَفْعُوْلٌ فِيْهِ غَيْرُ صَرِيْحٍ لِمَحْذُوْفٍ، تَقْدِيْرُهُ اسْتَقَرَّ، مَنْصُوْبٌ مَحَلًّا؛ وَالْمَحْذُوْفُ مَعَ شِبْهِ الْجُمْلَةِ خَبَرُ لَا، مَرْفُوْعٌ مَحَلًّا.

[2] لَا نَافِيَةٌ لِلْجِنْسِ، مَبْنِيٌّ عَلَى السُّكُوْنِ؛ خَيْرَ اسْمُ لَا، مَنْصُوْبٌ مَحَلًّا، مَبْنِيٌّ عَلَى الْفَتْحِ ...

وَهُوَ خَمْسَةُ أَقْسَامٍ:

الْقِسْمُ الْأَوَّلُ: النَّعْتُ

الْقِسْمُ الْأَوَّلُ النَّعْتُ،

مَسْأَلَةٌ

يُسَمَّى النَّعْتُ صِفَةً، وَيُسَمَّى مَتْبُوْعُهُ مَنْعُوْتًا وَمَوْصُوْفًا

الْغَالِبُ فِي النَّعْتِ أَن يَكُوْنَ مُشْتَقًّا بِمَعْنَى الْفِعْلِ

وَهُوَ اثْنَانِ:

الْأَوَّلُ نَعْتٌ حَقِيْقِيٌّ، وَهُوَ مَا يَدُلُّ عَلَى مَعْنًى فِيْ مَتْبُوْعِهِ، وَفَاعِلُهُ ضَمِيْرٌ مُسْتَتِرٌ، نَحْوُ: جَاءَ رَجُلٌ صَالِحٌ[1]

الثَّانِي نَعْتٌ سَبَبِيٌّ، وَهُوَ مَا يَدُلُّ عَلَى مَعْنًى فِيْ مُتَعَلِّقِ مَتْبُوْعِهِ، وَفَاعِلُهُ اسْمٌ ظَاهِرٌ بَعْدَهُ، نَحْوُ: جَاءَ رَجُلٌ صَالِحٌ أَبُوْهُ[2]

مَسْأَلَةٌ

النَّعْتُ الْحَقِيْقِيُّ يَتْبَعُ مَتْبُوْعَهُ فِيْ إِعْرَابِهِ، وَتَعْرِيْفِهِ أَوْ تَنْكِيْرِهِ، وَتَذْكِيْرِهِ أَوْ تَأْنِيْثِهِ، وَتَوْحِيْدِهِ أَوْ تَثْنِيَتِهِ أَوْ جَمْعِهِ

وَالنَّعْتُ السَّبَبِيُّ يَتْبَعُ مَتْبُوْعَهُ فِيْ إِعْرَابِهِ وَتَعْرِيْفِهِ أَوْ تَنْكِيْرِهِ، نَحْوُ: جَاءَ رِجَالٌ صَالِحَةٌ أُمُّهُمْ

الْقِسْمُ الثَّانِي: الْبَدَلُ

الْقِسْمُ الثَّانِي الْبَدَلُ،

---

[1] ... صَالِحٌ نَعْتٌ لِرَجُلٍ، مَرْفُوْعٌ بِالضَّمَّةِ، هُوَ ضَمِيْرٌ مُسْتَتِرٌ، فَاعِلٌ لِصَالِحٍ، مَرْفُوْعٌ مَحَلًّا.

[2] ... صَالِحٌ نَعْتٌ سَبَبِيٌّ لِرِجَالٍ، مَرْفُوْعٌ بِالضَّمَّةِ، أَبُوْ فَاعِلٌ لِصَالِحٍ، مَرْفُوْعٌ بِالْوَاوِ؛ ـهُ مُضَافٌ إِلَيْهِ، مَجْرُوْرٌ مَحَلًّا، مَبْنِيٌّ عَلَى السُّكُوْنِ.

مَسْأَلَةٌ

يُسَمَّى مَتْبُوْعُهُ مُبْدَلًا مِنْهُ

وَهُوَ ثَلَاثَةٌ:

الْأَوَّلُ بَدَلُ الْكُلِّ، وَهُوَ مَا كَانَ مَدْلُوْلُهُ مَدْلُوْلَ مَتْبُوْعِهِ، نَحْوُ: اُعْبُدْ رَبَّكَ إِلٰهَ الْعَالَمِيْنَ[1]

الثَّانِي بَدَلُ الْبَعْضِ، وَهُوَ مَا كَانَ مَدْلُوْلُهُ بَعْضَ مَدْلُوْلِ مَتْبُوْعِهِ، نَحْوُ: تَلَوْتُ الْقُرْآنَ سُوْرَةَ الرَّحْمٰنِ[2]

الثَّالِثُ بَدَلُ الاشْتِمَالِ، وَهُوَ مَا كَانَ مَدْلُوْلُهُ مُتَعَلِّقَ مَدْلُوْلِ مَتْبُوْعِهِ، نَحْوُ: نَفَعَنِي الْعُلَمَاءُ عِلْمُهُمْ[3]

الْقِسْمُ الثَّالِثُ: عَطْفُ الْبَيَانِ

الْقِسْمُ الثَّالِثُ عَطْفُ الْبَيَانِ، وَهُوَ مَا يُوْضِحُ مَتْبُوْعَهُ، نَحْوُ: أُحِبُّ الرَّسُوْلَ مُحَمَّدًا ﷺ[4]

مَسْأَلَةٌ

يُسَمَّى مَتْبُوْعُهُ مَعْطُوْفًا عَلَيْهِ

أَكْثَرُ مَا جَازَ أَنْ يَكُوْنَ عَطْفَ بَيَانٍ جَازَ أَنْ يَكُوْنَ بَدَلًا

---

[1] ... رَبَّ مَفْعُوْلٌ بِهِ، مَنْصُوْبٌ بِالْفَتْحَةِ؛ الْكَافُ مُضَافٌ إِلَيْهِ، مَجْرُوْرٌ مَحَلًّا، مَبْنِيٌّ عَلَى الْفَتْحِ؛ إِلٰهَ بَدَلُ كُلٍّ مِنْ رَبّ، مَنْصُوْبٌ بِالْفَتْحَةِ؛ الْعَالَمِيْنَ مُضَافٌ إِلَيْهِ، مَجْرُوْرٌ بِالْيَاءِ.

[2] ... الْقُرْآنَ مَفْعُوْلٌ بِهِ، مَنْصُوْبٌ بِالْفَتْحَةِ؛ سُوْرَةَ بَدَلُ بَعْضٍ مِنَ الْقُرْآنِ، مَنْصُوْبٌ بِالْفَتْحَةِ؛ الرَّحْمٰنِ مُضَافٌ إِلَيْهِ، مَجْرُوْرٌ بِالْكَسْرَةِ.

[3] ... الْعُلَمَاءُ فَاعِلٌ، مَرْفُوْعٌ بِالضَّمَّةِ؛ عِلْمُ بَدَلُ الْاشْتِمَالِ مِنَ الْعُلَمَاءِ؛ هُمْ مُضَافٌ إِلَيْهِ، مَجْرُوْرٌ مَحَلًّا، مَبْنِيٌّ عَلَى السُّكُوْنِ.

[4] ... الرَّسُوْلَ مَفْعُوْلٌ بِهِ، مَنْصُوْبٌ بِالْفَتْحَةِ؛ مُحَمَّدًا ﷺ عَطْفُ الْبَيَانِ، مَنْصُوْبٌ بِالْفَتْحَةِ.

الْقِسْمُ الرَّابِعُ: الْمَعْطُوفُ بِحَرْفِ الْعَطْفِ

الْقِسْمُ الرَّابِعُ الْمَعْطُوفُ بِحَرْفِ الْعَطْفِ، نَحْوُ: أُطِيْعُ اللهَ وَرَسُوْلَهُ ﷺ

مَسْأَلَةٌ

يُسَمَّى مَتْبُوْعُهُ مَعْطُوْفًا عَلَيْهِ

النَّوْعُ الْخَامِسُ: التَّأْكِيْدُ

النَّوْعُ الْخَامِسُ التَّأْكِيْدُ، وَهُوَ مَا يُثَبِّتُ مَتْبُوْعَهُ

مَسْأَلَةٌ

يُسَمَّى التَّأْكِيْدُ تَوْكِيْدًا، وَيُسَمَّى مَتْبُوْعُهُ مُؤَكَّدًا

وَهُوَ اثْنَانِ:

الْأَوَّلُ التَّأْكِيْدُ اللَّفْظِيُّ، وَهُوَ التَّأْكِيْدُ بِإِعَادَةِ لَفْظِ الْمُؤَكَّدِ، نَحْوُ: اُطْلُبْ أَنْتَ الْإِخْلَاصَ الْإِخْلَاصَ[1]

الثَّانِي التَّأْكِيْدُ الْمَعْنَوِيُّ، وَهُوَ التَّأْكِيْدُ بِأَلْفَاظٍ مَخْصُوْصَةٍ، نَحْوُ: اتْرُكِ الذُّنُوْبَ كُلَّهَا[2]

الْخَاتِمَةُ فِيْ بَعْضِ أَحْكَامِ التَّابِعِ

الْخَاتِمَةُ فِيْ بَعْضِ أَحْكَامِ التَّابِعِ،

إِذَا كَانَ لِلْمَتْبُوْعِ إِعْرَابٌ لَفْظِيٌّ وَإِعْرَابٌ مَحَلِّيٌّ جَازَ لِلتَّابِعِ أن يَتْبَعَهُ ...

[1] اُطْلُب فِعْلُ أَمْرٍ، مَبْنِيٌّ عَلَى السُّكُوْنِ الْمُقَدَّرِ، كُسِرَتْ لِالْتِقَاءِ السَّاكِنَيْنِ؛ أَنْتَ ضَمِيرٌ مُسْتَتِرٌ، فَاعِلٌ، مَرْفُوْعٌ مَحَلًّا؛ أَنْتَ ضَمِيرٌ، تَأْكِيدٌ لَفْظِيٌّ لِأَنْتَ الضَّمِيرِ الْمُسْتَتِرِ، مَرْفُوْعٌ مَحَلًّا، الْإِخْلَاصَ مَفْعُوْلٌ بِهِ، مَنْصُوْبٌ بِالْفَتْحَةِ؛ الْإِخْلَاصَ تَأْكِيدٌ لَفْظِيٌّ لِلْإِخْلَاص، مَنْصُوْبٌ بِالْفَتْحَةِ.

[2] ... الذُّنُوْبَ مَفْعُوْلٌ بِهِ، مَنْصُوْبٌ بِالْفَتْحَةِ؛ كُلَّ تَأْكِيدٌ مَعْنَوِيٌّ لِلذُّنُوْبِ، مَنْصُوْبٌ بِالْفَتْحَةِ؛ هَا مُضَافٌ إِلَيْهِ، مَجْرُوْرٌ مَحَلًّا، مَبْنِيٌّ عَلَى السُّكُوْنِ.

فِي اللَّفْظِ، نَحْوُ: مَا أَنَا بِكَاذِبٍ وَلَا خَادِعٍ[1]

أَوْ فِي الْمَحَلِّ، نَحْوُ: مَا أَنَا بِكَاذِبٍ وَلَا خَادِعًا[2]

الْفَصْلُ الثَّانِيْ فِيْ الِاسْمِ غَيْرِ الْمَعْمُوْلِ

الْفَصْلُ الثَّانِيْ فِيْ الِاسْمِ غَيْرِ الْمَعْمُوْلِ، وَهُوَ اسْمُ الْفِعْلِ، نَحْوُ: ﴿هَلُمَّ شُهَدَآءَكُمُ﴾[3]

---

[1] مَا حَرْفٌ مُشَبَّهٌ بِلَيْسَ، مَبْنِيٌّ عَلَى السُّكُوْنِ؛ أَنَا اسْمُ مَا، مَرْفُوْعٌ مَحَلًّا، مَبْنِيٌّ عَلَى السُّكُوْنِ؛ الْبَاءُ حَرْفُ صِلَةٍ، مَبْنِيٌّ عَلَى الْكَسْرِ؛ كَاذِبٍ خَبَرُ مَا، مَنْصُوْبٌ مَحَلًّا، مَجْرُوْرٌ بِالْكَسْرَةِ لَفْظًا؛ الْوَاوُ حَرْفُ عَطْفٍ، مَبْنِيَّةٌ عَلَى الْفَتْحِ؛ لَا حَرْفٌ زَائِدٌ، مَبْنِيٌّ عَلَى السُّكُوْنِ؛ خَادِعٍ مَعْطُوْفٌ عَلَى كَاذِبٍ، مَنْصُوْبٌ مَحَلًّا، مَجْرُوْرٌ بِالْكَسْرَةِ لَفْظًا.

[2] ... خَادِعًا مَعْطُوْفٌ عَلَى شِبْهِ الْجُمْلَةِ، مَنْصُوْبٌ بِالْفَتْحَةِ؛ وَيُقَالُ مَعْطُوْفٌ عَلَى مَحَلِّ كَاذِبٍ

[3] هَلُمَّ اسْمُ فِعْلِ أَمْرٍ، مَبْنِيٌّ عَلَى الْفَتْحِ؛ أَنْتُمْ ضَمِيرٌ مُسْتَتِرٌ، فَاعِلٌ، مَرْفُوْعٌ مَحَلًّا ...

الْبَابُ الثَّانِيْ فِي الْفِعْلِ

الْبَابُ الثَّانِيْ فِي الْفِعْلِ، وَفِيْهِ فَصْلَانِ:

الْفَصْلُ الْأَوَّلُ فِي الْفِعْلِ الْمَعْمُوْلِ

الْفَصْلُ الْأَوَّلُ فِي الْمَعْمُوْلِ مِنَ الْفِعْلِ

مَسْأَلَةٌ

لَا يَكُوْنُ الْفِعْلُ مَعْمُوْلًا إِلَّا بِالْأَصَالَةِ

وَهُوَ ثَلَاثَةُ أَقْسَامٍ:

الْقِسْمُ الْأَوَّلُ: الْمَرْفُوْعُ

الْقِسْمُ الْأَوَّلُ الْمَرْفُوْعُ، وَهُوَ الْمُضَارِعُ الْخَالِيْ عَنْ نَاصِبٍ أَوْ جَازِمٍ، نَحْوُ: يُحِبُّ اللّٰهُ التَّوْبَةَ

الْقِسْمُ الثَّانِي: الْمَنْصُوْبُ

الْقِسْمُ الثَّانِي الْمَنْصُوْبُ، وَهُوَ الْفِعْلُ الَّذِيْ دَخَلَهُ نَاصِبٌ، نَحْوُ: أُحِبُّ أَنْ يَغْفِرَ اللّٰهُ ذُنُوْبِيْ[١]

الْقِسْمُ الثَّالِثُ: الْمَجْزُوْمُ

الْقِسْمُ الثَّالِثُ الْمَجْزُوْمُ، وَهُوَ الْفِعْلُ الَّذِيْ دَخَلَهُ جَازِمٌ، نَحْوُ: إِنْ تَتُبْ تُقْبَلْ تَوْبَتُكَ[٢]

---

[١] ... أَنْ حَرْفُ مَصْدَرٍ، مَبْنِيٌّ عَلَى السُّكُوْنِ؛ يَغْفِرَ فِعْلٌ مُضَارِعٌ، مَنْصُوْبٌ بِالْفَتْحَةِ... وَأَنْ وَمَا بَعْدَهَا اسْمٌ مُؤَوَّلٌ، مَفْعُوْلٌ بِهِ، مَنْصُوْبٌ مَحَلًّا.

[٢] إِنْ حَرْفُ شَرْطٍ، مَبْنِيٌّ عَلَى السُّكُوْنِ؛ تَتُبْ فِعْلٌ مُضَارِعٌ، مَجْزُوْمٌ بِالسُّكُوْنِ؛ أَنْتَ ضَمِيْرٌ مُسْتَتِرٌ فَاعِلٌ، مَرْفُوْعٌ مَحَلًّا؛ وَجُمْلَةُ تَتُبْ ابْتِدَائِيَّةٌ، لَا مَحَلَّ لَهَا مِنَ الْإِعْرَابِ؛ تُقْبَلْ فِعْلٌ مُضَارِعٌ مَجْهُوْلٌ فَاعِلُهُ، مَجْزُوْمٌ بِالسُّكُوْنِ؛ تَوْبَةُ نَائِبُ الْفَاعِلِ، مَرْفُوْعٌ بِالضَّمَّةِ؛ الْكَافُ مُضَافٌ إِلَيْهِ، مَجْرُوْرٌ مَحَلًّا، مَبْنِيٌّ عَلَى الْفَتْحِ؛ وَجُمْلَةُ تُقْبَلْ تَوْبَتُكَ جَوَابُ الشَّرْطِ، لَا مَحَلَّ لَهَا مِنَ الْإِعْرَابِ.

وَنَحْوُ: إِنْ أَحْسَنْتَ أَحْسَنَ اللهُ إِلَيْكَ[1]

الْفَصْلُ الثَّانِي فِيْ الْفِعْلِ غَيْرِ الْمَعْمُوْلِ

الْفَصْلُ الثَّانِي فِيْ الْفِعْلِ غَيْرِ الْمَعْمُوْلِ، وَهُوَ اثْنَانِ:

الْأَوَّلُ الْفِعْلُ الْمَاضِي الْخَالِيْ عَنْ نَاصِبٍ أَوْ جَازِمٍ، نَحْوُ: آمَنْتُ بِاللهِ

الثَّانِي الْأَمْرُ بِالصِّيْغَةِ، نَحْوُ: اِتَّقُوْا اللهَ[2]

مَسْأَلَةٌ

الْأَمْرُ بِاللَّامِ وَالنَّهْيُ مَجْزُوْمَانِ، نَحْوُ: لِيَذْهَبْ لِصَلَاةِ الْفَجْرِ وَلَا يَكْسَلْ[3]

---

[1] إِنْ حَرْفُ شَرْطٍ، مَبْنِيٌّ عَلَى السُّكُوْنِ؛ أَحْسَنْتَ فِعْلٌ مَاضٍ، مَبْنِيٌّ عَلَى السُّكُوْنِ، مَجْزُوْمٌ مَحَلًّا؛ تَ فَاعِلٌ، مَرْفُوْعٌ مَحَلًّا، مَبْنِيٌّ عَلَى الْفَتْحِ؛ وَجُمْلَةُ أَحْسَنْتَ ابْتِدَائِيَّةٌ لَا مَحَلَّ لَهَا مِنَ الإِعْرَابِ؛ أَحْسَنَ فِعْلٌ مَاضٍ، مَجْزُوْمٌ مَحَلًّا، مَبْنِيٌّ عَلَى الْفَتْحِ؛ لَفْظُ الْجَلَالَةِ فَاعِلٌ، مَرْفُوْعٌ بِالضَّمَّةِ؛ إِلَى حَرْفُ جَرٍّ، مَبْنِيٌّ عَلَى السُّكُوْنِ؛ الْكَافُ مَجْرُوْرٌ مَحَلًّا، مَبْنِيٌّ عَلَى الْفَتْحِ، وَشِبْهُ الْجُمْلَةِ مَفْعُوْلٌ بِهِ غَيْرُ صَرِيْحٍ، مَنْصُوْبٌ مَحَلًّا؛ وَجُمْلَةُ أَحْسَنَ اللهُ إِلَيْكَ جَوَابُ الشَّرْطِ، لَا مَحَلَّ لَهَا مِنَ الإِعْرَابِ.

[2] اِتَّقُوْا فِعْلُ أَمْرٍ، مَبْنِيٌّ عَلَى حَذْفِ النُّوْنِ، وَالْوَاوُ فَاعِلٌ، مَرْفُوْعَةٌ مَحَلًّا، مَبْنِيَّةٌ عَلَى السُّكُوْنِ؛ لَفْظُ الْجَلَالَةِ مَفْعُوْلٌ بِهِ، مَنْصُوْبٌ بِالْفَتْحَةِ.

[3] ... لَا حَرْفُ نَهْيٍ، مَبْنِيٌّ عَلَى السُّكُوْنِ؛ يَكْسَلْ فِعْلٌ مُضَارِعٌ، مَجْزُوْمٌ بِالسُّكُوْنِ؛ هُوَ ضَمِيْرٌ مُسْتَتِرٌ، فَاعِلٌ، مَرْفُوْعٌ مَحَلًّا.

الْبَابُ الثَّالِثُ فِي الْجُمْلَةِ

الْبَابُ الثَّالِثُ فِي الْجُمْلَةِ، وَفِيْهِ فَصْلَانِ:

الْفَصْلُ الْأَوَّلُ فِي الْجُمْلَةِ الْمَعْمُوْلَةِ

الْفَصْلُ الْأَوَّلُ فِي الْمَعْمُوْلِ مِنَ الْجُمْلَةِ،

مَسْأَلَةٌ

يُسَمَّى الْجُمْلَةُ الْمَعْمُوْلَةُ جُمْلَةً لَهَا مَحَلٌّ مِنَ الإِعْرَابِ

وَهُوَ نَوْعَانِ:

النَّوْعُ الْأَوَّلُ: الْمَعْمُوْلُ بِالْأَصَالَةِ

النَّوْعُ الْأَوَّلُ الْمَعْمُوْلُ بِالْأَصَالَةِ، وَهُوَ أَرْبَعَةُ أَقْسَامٍ:

الْقِسْمُ الْأَوَّلُ: الْمَرْفُوْعُ

الْقِسْمُ الْأَوَّلُ الْمَرْفُوْعُ، وَهُوَ اثْنَانِ:

الْأَوَّلُ خَبَرُ الْمُبْتَدَإِ، نَحْوُ: رَسُوْلُ اللهِ ﷺ أُنْزِلَ عَلَيْهِ الْقُرْآنُ[١]

الثَّانِي خَبَرُ إِنَّ، نَحْوُ: إِنَّ رَسُوْلَ اللهِ ﷺ بَلَّغَ الْقُرْآنَ[٢]

الْقِسْمُ الثَّانِي: الْمَنْصُوْبُ

الْقِسْمُ الثَّانِي الْمَنْصُوْبُ، وَهُوَ أَرْبَعَةٌ:

الْأَوَّلُ الْمَفْعُوْلُ بِهِ، نَحْوُ: قَالَ رَسُوْلُ اللهِ ﷺ: الصَّلَاةُ نُوْرٌ[٣]

مَقُوْلُ الْقَوْلِ

يُسَمَّى مَفْعُوْلُ قَالَ مَقُوْلًا وَمَقُوْلَ الْقَوْلِ

---

[١] ... جُمْلَةُ أُنْزِلَ عَلَيْهِ الْقُرْآنُ خَبَرٌ، مَرْفُوْعٌ مَحَلًّا.

[٢] ... جُمْلَةُ بَلَّغَ الْقُرْآنَ خَبَرُ إِنَّ، مَرْفُوْعٌ مَحَلًّا.

[٣] ... جُمْلَةُ الصَّلَاةُ نُوْرٌ مَفْعُوْلٌ بِهِ، مَنْصُوْبٌ مَحَلًّا.

الثَّانِي الْمَفْعُوْلُ لَهُ، نَحْوُ: ﴿وَاتَّقُوا اللهَ لَعَلَّكُمْ تُفْلِحُوْنَ﴾[1]

الثَّالِثُ الْحَالُ، نَحْوُ: طَافَ رَسُوْلُ اللهِ ﷺ بِالْبَيْتِ وَهُوَ يَذْكُرُ اللهَ[2]

الرَّابِعُ خَبَرُ الْفِعْلِ النَّاقِصِ، نَحْوُ: كَانَ رَسُوْلُ اللهِ ﷺ يُصَلِّي بِاللَّيْلِ

الْقِسْمُ الثَّالِثُ: الْمَجْرُوْرُ

الْقِسْمُ الثَّالِثُ الْمَجْرُوْرُ، وَهُوَ وَاحِدٌ

وَهُوَ الْمُضَافُ إِلَيْهَا، نَحْوُ: فَرِحَ أَهْلُ الْمَدِيْنَةِ يَوْمَ قَدِمَ النَّبِيُّ ﷺ[3]

الْقِسْمُ الرَّابِعُ: الْمَجْزُوْمُ

الْقِسْمُ الرَّابِعُ الْمَجْزُوْمُ، وَهُوَ وَاحِدٌ

وَهُوَ جَوَابُ الشَّرْطِ الْجَازِمِ الْمَقْرُوْنُ بِرَابِطَةٍ، نَحْوُ: مَنْ يَتَّبِعِ الرَّسُوْلَ فَقَدْ فَازَ[4]

النَّوْعُ الثَّانِي: الْمَعْمُوْلُ بِالتَّبَعِيَّةِ

النَّوْعُ الثَّانِي الْمَعْمُوْلُ بِالتَّبَعِيَّةِ، وَهُوَ ثَلَاثَةٌ:

---

[1] ... جُمْلَةُ لَعَلَّكُمْ تُفْلِحُوْنَ مَفْعُوْلٌ لَهُ، مَنْصُوْبٌ مَحَلًّا

فَائِدَةٌ: إِذَا كَانَتِ الْجُمْلَةُ مَفْعُوْلًا لَهُ، يُقَالُ لَهَا جُمْلَةٌ تَعْلِيْلِيَّةٌ

فَائِدَةٌ: وَفِيْ إِعْرَابِهِ وَجْهٌ آخَرُ

[2] ... الْوَاوُ حَالِيَّةٌ، مَبْنِيَّةٌ عَلَى الْفَتْحِ ... وَجُمْلَةُ هُوَ يَذْكُرُ اللهَ حَالٌ مِنَ الْفَاعِلِ، مَنْصُوْبٌ مَحَلًّا.

[3] ... يَوْمَ مَفْعُوْلٌ فِيْهِ، مَنْصُوْبٌ بِالْفَتْحَةِ؛ ... وَجُمْلَةُ قَدِمَ النَّبِيُّ ﷺ مُضَافٌ إِلَيْهِ، مَجْرُوْرٌ مَحَلًّا.

[4] مَنْ (اسْمُ شَرْطٍ) مُبْتَدَأٌ، مَرْفُوْعٌ مَحَلًّا، مَبْنِيٌّ عَلَى السُّكُوْنِ؛ يَتَّبِعِ فِعْلٌ مُضَارِعٌ، مَجْزُوْمٌ بِالسُّكُوْنِ الْمُقَدَّرِ، كُسِرَتْ لِلِالْتِقَاءِ السَّاكِنَيْنِ؛ هُوَ ضَمِيْرٌ مُسْتَتِرٌ، فَاعِلٌ، مَرْفُوْعٌ مَحَلًّا؛ الرَّسُوْلَ مَفْعُوْلٌ بِهِ، مَنْصُوْبٌ بِالْفَتْحَةِ؛ وَجُمْلَةُ يَتَّبِعِ الرَّسُوْلَ خَبَرُ الْمُبْتَدَأِ، مَرْفُوْعٌ مَحَلًّا؛ وَجُمْلَةُ مَنْ يَتَّبِعِ الرَّسُوْلَ ابْتِدَائِيَّةٌ، الْفَاءُ رَابِطَةٌ لِجَوَابِ الشَّرْطِ، مَبْنِيَّةٌ عَلَى الْفَتْحِ؛ قَدْ حَرْفُ تَحْقِيْقٍ، مَبْنِيٌّ عَلَى السُّكُوْنِ؛ فَازَ فِعْلٌ مَاضٍ، مَبْنِيٌّ عَلَى الْفَتْحِ؛ هُوَ ضَمِيْرٌ مُسْتَتِرٌ، فَاعِلٌ، مَرْفُوْعٌ مَحَلًّا؛ وَجُمْلَةُ فَازَ جَوَابُ الشَّرْطِ، مَجْزُوْمٌ مَحَلًّا.

الْأَوَّلُ النَّعْتُ، نَحْوُ: بَعَثَ اللهُ رَسُوْلًا يَهْدِي النَّاسَ[1]

الثَّانِي الْبَدَلُ، نَحْوُ: أَمَا رَأَيْتَ فَاطِمَةَ كَيْفَ تَخْدِمُ وَالِدَيْهَا[2]

الثَّالِثُ الْمَعْطُوْفَةُ عَلَى جُمْلَةٍ لَهَا مَحَلٌّ مِنَ الْإِعْرَابِ، نَحْوُ: قَالَ رَسُوْلُ اللهِ ﷺ: الصَّلَاةُ نُوْرٌ وَالصَّدَقَةُ بُرْهَانٌ[3]

الْفَصْلُ الثَّانِيْ فِيْ الْجُمْلَةِ غَيْرِ الْمَعْمُوْلَةِ

الْفَصْلُ الثَّانِيْ فِيْ الْجُمْلَةِ غَيْرِ الْمَعْمُوْلَةِ

مَسْأَلَةٌ

يُسَمَّى الْجُمْلَةُ غَيْرُ الْمَعْمُوْلَةِ جُمْلَةً لَا مَحَلَّ لَهَا مِنَ الْإِعْرَابِ

وَهُوَ سَبْعَةٌ:

الْأُوْلَى الِابْتِدَائِيَّةُ، وَهِيَ الْوَاقِعَةُ فِي ابْتِدَاءِ الْكَلَامِ، نَحْوُ: اُعْبُدُوا اللهَ[4]

الثَّانِيَةُ الْمُسْتَأْنَفَةُ، وَهِيَ الْوَاقِعَةُ فِي أَثْنَاءِ الْكَلَامِ الْمُنْقَطِعَةُ عَنْ إِعْرَابِ مَا قَبْلَهَا، وَتَكُوْنُ ...

مَعْطُوْفَةً عَلَى جُمْلَةٍ لَا مَحَلَّ لَهَا مِنَ الْإِعْرَابِ، نَحْوُ: اُعْبُدُوا اللهَ وَأَطِيْعُوْا

---

[1] ... رَسُوْلًا مَفْعُوْلٌ بِهِ، مَنْصُوْبٌ بِالْفَتْحَةِ؛ وَجُمْلَةُ يَهْدِي النَّاسَ نَعْتٌ لِرَسُوْل، مَنْصُوْبٌ مَحَلًّا.

[2] ... فَاطِمَةَ مَفْعُوْلٌ بِهِ، مَنْصُوْبٌ بِالْفَتْحَةِ؛ وَجُمْلَةُ كَيْفَ تَخْدِمُ وَالِدَيْهَا بَدَلُ اشْتِمَالٍ لِفَاطِمَة، مَنْصُوْبٌ مَحَلًّا.

[3] ... جُمْلَةُ الصَّلَاةُ نُوْرٌ مَفْعُوْلٌ بِهِ، مَنْصُوْبٌ مَحَلًّا؛ الْوَاوُ حَرْفُ عَطْفٍ، مَبْنِيَّةٌ عَلَى الْفَتْحِ؛ الصَّدَقَةُ مُبْتَدَأٌ، مَرْفُوْعٌ بِالضَّمَّةِ؛ بُرْهَانٌ خَبَرٌ، مَرْفُوْعٌ بِالضَّمَّةِ؛ وَجُمْلَةُ الصَّدَقَةُ بُرْهَانٌ مَعْطُوْفَةٌ عَلَى جُمْلَةِ الصَّلَاةُ نُوْرٌ، مَنْصُوْبٌ مَحَلًّا.

[4] ... جُمْلَةُ اعْبُدُوا اللهَ ابْتِدَائِيَّةٌ، لَا مَحَلَّ لَهَا مِنَ الْإِعْرَابِ.

رَسُوْلَهُ[1]

وَغَيرَ مَعْطُوْفَةٍ، نَحْوُ: تَشَبَّهُوْا بِالْكِرَامِ، إِنَّ التَّشَبُّهَ بِالْكِرَامِ فَلَاحٌ

جَوَابُ النِّدَاءِ

مِنَ الْمُسْتَأْنَفَةِ ...

جَوَابُ النِّدَاءِ، نَحْوُ: ﴿يَٰٓأَيُّهَا النَّاسُ اعْبُدُوْا رَبَّكُمُ﴾[2]

وَجَوَابُ الْقَسَمِ، نَحْوُ: وَاللهِ لَا أَتْرُكَنَّ الصَّلَاةَ[3]

الثَّالِثَةُ: الصِّلَةُ، نَحْوُ: ﴿اعْبُدُوْا رَبَّكُمُ الَّذِىْ خَلَقَكُمْ﴾[4]

الرَّابِعَةُ: الْمُعْتَرِضَةُ، نَحْوُ: أُعْبُدُوا اللهَ تَعَالَى وَأَطِيْعُوْا رَسُوْلَ اللهِ صَلَّى اللهُ عَلَيْهِ وَسَلَّمَ وَاتَّبِعُوْا الصَّحَابَةَ رَضِيَ اللهُ عَنْهُمْ[5]

---

[1] ... جُمْلَةُ أُعْبُدُوا اللهَ ابْتِدَائِيَّةٌ، لَا مَحَلَّ لَهَا مِنَ الْإِعْرَابِ؛ الْوَاوُ حَرْفُ عَطْفٍ، مَبْنِيَّةٌ عَلَى الْفَتْحِ؛ جُمْلَةُ أَطِيْعُوْا رَسُوْلَهُ مَعْطُوْفَةٌ عَلَى جُمْلَةِ اجْتَهَدَ زَيْدٌ، لَا مَحَلَّ لَهَا مِنَ الْإِعْرَابِ.

[2] ... جُمْلَةُ اعْبُدُوا رَبَّكُمْ ... مُسْتَأْنَفَةٌ، لَا مَحَلَّ لَهَا مِنَ الْإِعْرَابِ

[3] ... الْوَاوُ حَرْفُ جَرٍّ، مَبْنِيَّةٌ عَلَى الْفَتْحِ، لَفْظُ الْجَلَالَةِ مَجْرُوْرٌ بِالْكَسْرَةِ، وَ شِبْهُ الْجُمْلَةِ مَفْعُوْلٌ بِهِ غَيْرُ صَرِيْحٍ لِمَحْذُوْفٍ، تَقْدِيْرُهُ أُقْسِمُ، مَنْصُوْبٌ مَحَلًّا، ... جُمْلَةُ لَا أَتْرُكَنَّ الصَّلَاةَ جَوَابُ الْقَسَمِ، لَا مَحَلَّ لَهَا مِنَ الْإِعْرَابِ.

[4] ... الَّذِي نَعْتٌ لِرَبّ، مَنْصُوْبٌ مَحَلًّا، مَبْنِيٌّ عَلَى السُّكُوْنِ؛ ... وَجُمْلَةُ خَلَقَكُمْ صِلَةٌ، لَا مَحَلَّ لَهَا مِنَ الْإِعْرَابِ.

فَائِدَةٌ: ذَهَبَ بَعْضُهُمْ إِلَى أَنَّ صِلَةَ الْمَوْصُوْلِ تَابِعَةٌ لِلِاسْمِ الْمَوْصُوْلِ، فَيَكُوْنُ لَهَا مَحَلٌّ مِنَ الْإِعْرَابِ

[5] ... جُمْلَةُ تَعَالَى مُعْتَرِضَةٌ، لَا مَحَلَّ لَهَا مِنَ الْإِعْرَابِ، وَ كَذَالِكَ جُمْلَتَا صَلَّى اللهُ عَلَيْهِ وَسَلَّمَ وَ رَضِيَ اللهُ عَنْهُمْ

الْخَامِسَةُ: التَّفْسِيرِيَّةُ، نَحْوُ: نَادَانِيْ أَبِيْ أَنِ اسْتَيْقِظْ لِلصَّلَاةِ[١]

السَّادِسَةُ: جَوَابُ الشَّرْطِ ...

غَيْرِ الْجَازِمِ، نَحْوُ: لَوِ اجْتَهَدتَّ لَنَجَحْتَ[٢]

أَوِ الْجَازِمِ غَيْرُ الْمَقْرُوْنِ بِرَابِطَةٍ، نَحْوُ: إِنْ تَجْتَهِدْ تَنْجَحْ[٣]

الْبَابُ الرَّابِعُ فِيْ شِبْهِ الْجُمْلَةِ

الْبَابُ الرَّابِعُ فِيْ شِبْهِ الْجُمْلَةِ، وَتَكُوْنُ مَعْمُوْلَةً أَبَدًا.

وَهِيَ نَوْعَانِ:

النَّوْعُ الْأَوَّلُ: الْمَعْمُوْلُ بِالْأَصَالَةِ

النَّوْعُ الْأَوَّلُ الْمَعْمُوْلُ بِالْأَصَالَةِ، وَهُوَ ثَلَاثَةُ أَقْسَامٍ:

الْقِسْمُ الْأَوَّلُ: الْمَرْفُوْعُ

الْقِسْمُ الْأَوَّلُ الْمَرْفُوْعُ، وَهُوَ اثْنَانِ:

الْأَوَّلُ أَنْ تَكُوْنَ فِيْ مَوْضِعِ الْخَبَرِ، نَحْوُ: الْقَبُوْلُ فِيْ الْإِخْلَاصِ

---

[١] ... أَنِ حَرْفُ تَفْسِيرٍ، مَبْنِيٌّ عَلَى السُّكُوْنِ الْمُقَدَّرِ، كُسِرَتْ لِلِالْتِقَاءِ السَّاكِنَيْنِ؛ ... جُمْلَةُ اسْتَيْقِظْ لِلصَّلَاةِ تَفْسِيرِيَّةٌ؛ لَا مَحَلَّ لَهَا مِنَ الْإِعْرَابِ؛ أَو جُمْلَةُ اسْتَيْقِظْ لِلصَّلَاةِ مَفْعُوْلٌ بِهِ، مَنْصُوْبٌ مَحَلًّا.

[٢] لَو حَرْفُ شَرْطٍ، مَبْنِيٌّ عَلَى السُّكُوْنِ،كُسِرَتْ لِالْتِقَاءِ السَّاكِنَيْنِ؛ اجْتَهَدتَّ فِعْلٌ مَاضٍ، مَبْنِيٌّ عَلَى السُّكُوْنِ، تَ فَاعِلٌ، مَرْفُوْعٌ مَحَلًّا، مَبْنِيٌّ عَلَى الْفَتْحِ؛ وَجُمْلَةُ لَوِ اجْتَهَدتَّ ابْتِدَائِيَّةٌ، لَا مَحَلَّ لَهَا مِنَ الْإِعْرَابِ؛ اللَّامُ لَامُ الْجَوَابِ، مَبْنِيٌّ عَلَى الْفَتْحِ؛ نَجَحْتَ فِعْلٌ مَاضٍ، مَبْنِيٌّ عَلَى السُّكُوْنِ، تَ فَاعِلٌ، مَرْفُوْعٌ مَحَلًّا، مَبْنِيٌّ عَلَى الْفَتْحِ؛ جُمْلَةُ نَجَحْتَ جَوَابُ الشَّرْطِ، لَا مَحَلَّ لَهَا مِنَ الْإِعْرَابِ.

[٣] ... جُمْلَةُ تَنْجَحْ جَوَابُ الشَّرْطِ، لَا مَحَلَّ لَهَا مِنَ الْإِعْرَابِ.

الثَّانِي أَنْ تَكُوْنَ فِيْ مَوْضِعِ نَائِبِ الْفَاعِلِ، نَحْوُ: يُتَقَبَّلُ مِنَ الْمُخْلِصِيْنَ[1]

الْقِسْمُ الثَّانِي: الْمَنْصُوْبُ

الْقِسْمُ الثَّانِي الْمَنْصُوْبُ، وَهُوَ ثَمَانِيَةٌ:

الْأَوَّلُ أَنْ تَكُوْنَ فِيْ مَوْضِعِ الْمَفْعُوْلِ الْمُطْلَقِ، نَحْوُ: نَحُجُّ كَمَا حَجَّ النَّبِيُّ ﷺ[2]

الثَّانِي أَنْ تَكُوْنَ فِيْ مَوْضِعِ الْمَفْعُوْلِ بِهِ، نَحْوُ: نَطُوْفُ بِالْبَيْتِ

الثَّالِثُ أَنْ تَكُوْنَ فِيْ مَوْضِعِ الْمَفْعُوْلِ فِيْهِ، نَحْوُ: يَقِفُ الْحُجَّاجُ بِعَرَفَةَ

الرَّابِعُ أَنْ تَكُوْنَ فِيْ مَوْضِعِ الْمَفْعُوْلِ لَهُ، نَحْوُ: نَصُوْمُ للهِ

الْخَامِسُ أَنْ تَكُوْنَ فِيْ مَوْضِعِ الْمَفْعُوْلِ مَعَهُ، نَحْوُ: ﴿إِنَّ اللَّهَ مَعَنَا﴾[3]

السَّادِسُ أَنْ تَكُوْنَ فِيْ مَوْضِعِ الْحَالِ، نَحْوُ: سَنَدْخُلُ الْجَنَّةَ بِسَلَامٍ

السَّابِعُ أَنْ تَكُوْنَ فِيْ مَوْضِعِ التَّمْيِيْزِ، نَحْوُ: مَلأَ الْقَائِمُوْنَ بِاللَّيْلِ مِيْزَانَهُمْ بِالْحَسَنَاتِ[4]

الثَّامِنُ أَنْ تَكُوْنَ فِيْ مَوْضِعِ خَبَرٍ لِلْفِعْلِ النَّاقِصِ، نَحْوُ: كَانَ فِيْ أَيَّامِ رَمَضَانَ بَرَكَةٌ[5]

---

[1] ... مِنَ حَرْفُ جَرٍّ، مَبْنِيٌّ عَلَى السُّكُوْنِ الْمُقَدَّرِ، فُتِحَتْ لِالْتِقَاءِ السَّاكِنَيْنِ؛ الْمُخْلِصِيْنَ مَجْرُوْرٌ بِالْيَاءِ؛ وَشِبْهُ الْجُمْلَةِ نَائِبُ الْفَاعِلِ غَيْرُ صَرِيْحٍ، مَرْفُوْعٌ مَحَلًّا.

[2] الْكَافُ حَرْفُ جَرٍّ، مَبْنِيٌّ عَلَى الْفَتْحِ؛ مَا حَرْفُ مَصْدَرٍ، مَبْنِيٌّ عَلَى السُّكُوْنِ ... وَمَا الْمَصْدَرِيَّةُ وَمَا بَعْدَهَا اسْمٌ مُؤَوَّلٌ، مَجْرُوْرٌ مَحَلًّا؛ وَشِبْهُ الْجُمْلَةِ مَفْعُوْلٌ مُطْلَقٌ غَيْرُ صَرِيْحٍ، مَنْصُوْبٌ مَحَلًّا.

[3] ... مَعَ مَفْعُوْلٌ مَعَهُ لِمَحْذُوْفٍ، تَقْدِيْرُهُ اسْتَقَرَّ ... وَالْمَحْذُوْفُ مَعَ شِبْهِ الْجُمْلَةِ خَبَرٌ غَيْرُ صَرِيْحٍ، مَرْفُوْعٌ مَحَلًّا.

[4] ... الْبَاءُ حَرْفُ جَرٍّ، مَبْنِيٌّ عَلَى الْكَسْرِ؛ الْحَسَنَاتِ مَجْرُوْرٌ بِالْكَسْرَةِ؛ وَشِبْهُ الْجُمْلَةِ تَمْيِيْزٌ غَيْرُ صَرِيْحٍ، مَنْصُوْبٌ مَحَلًّا.

[5] ... فِيْ حَرْفُ جَرٍّ، مَبْنِيٌّ عَلَى السُّكُوْنِ؛ أَيَّامِ مَجْرُوْرٌ بِالْكَسْرَةِ؛ رَمَضَانَ مُضَافٌ إِلَيْهِ، مَجْرُوْرٌ

الْقِسْمُ الثَّالِثُ: الْمَجْرُوْرُ

الْقِسْمُ الثَّالِثُ الْمَجْرُوْرُ، وَهُو أَنْ تَكُوْنَ فِيْ مَوْضِعِ الْمُضَافِ إِلَيْهِ، نَحْوُ: قَرَأْتُ صَفْحَةً مِنَ الْكِتَابِ

النَّوْعُ الثَّانِي الْمَعْمُوْلُ بِالتَّبَعِيَّةِ

النَّوْعُ الثَّانِي الْمَعْمُوْلُ بِالتَّبَعِيَّةِ، وَهُوَ اثْنَانِ

الْأَوَّلُ أَنْ تَكُوْنَ فِيْ مَوْضِعِ نَعْتٍ، نَحْوُ: فِي الْقُرْآنِ آيَاتٌ لِلنَّاسِ[1]

الثَّانِي أَنْ تَكُوْنَ فِيْ مَوْضِعِ بَدَلٍ، نَحْوُ: يَعْلَمُ اللهُ مَا تَفْعَلُوْنَ مِنْ خَيْرٍ وَشَرٍّ

الْخَاتِمَةُ فِيْ بَعْضِ أَحْكَامِ شِبْهِ الْجُمْلَةِ

الْخَاتِمَةُ فِيْ بَعْضِ أَحْكَامِ شِبْهِ الْجُمْلَةِ

شِبْهُ الْجُمْلَةِ بَعْدَ الْمَعْرِفَةِ

إِذَا وَقَعَتْ شِبْهُ الْجُمْلَةِ بَعْدَ مَعْرِفَةٍ يُعْرَبُ حَالًا، نَحْوُ: أَسْأَلُ اللهَ الْفِرْدَوْسَ فِي الْجَنَّةِ

شِبْهُ الْجُمْلَةِ بَعْدَ النَّكِرَةِ

إِذَا وَقَعَتْ شِبْهُ الْجُمْلَةِ بَعْدَ نَكِرَةٍ يُعْرَبُ نَعْتًا، نَحْوُ: أَسْأَلُ اللهَ بَيْتًا فِي الْجَنَّةِ

بِالْفَتْحَةِ؛ وَشِبْهُ الْجُمْلَةِ مَفْعُوْلٌ فِيهِ لِخَبَرٍ مُقَدَّمٍ مَحْذُوْفٍ، تَقْدِيْرُهُ اسْتَقَرَّتْ، مَنْصُوْبٌ مَحَلًّا؛ وَالْمَحْذُوْفُ مَعَ شِبْهِ الْجُمْلَةِ خَبَرٌ مُقَدَّمٌ، مَنْصُوْبٌ مَحَلًّا.

[1] ... اللَّامُ حَرْفُ جَرٍّ، مَبْنِيٌّ عَلَى الْكَسْرِ؛ النَّاسِ مَجْرُوْرٌ بِالْكَسْرَةِ؛ وَشِبْهُ الْجُمْلَةِ مَفْعُوْلٌ لَهُ غَيْرُ صَرِيْحٍ لِمَحْذُوْفٍ تَقْدِيْرُهُ اسْتَقَرَّتْ، مَنْصُوْبٌ مَحَلًّا؛ وَالْمَحْذُوْفُ مَعَ شِبْهِ الْجُمْلَةِ نَعْتٌ لِآيَاتٍ، مَرْفُوْعٌ مَحَلًّا.

الْمَقْصِدُ الثَّالِثُ فِي الْإِعْرَابِ

الْمَقْصِدُ الثَّالِثُ فِي الْإِعْرَابِ، وَفِيْهِ مُقَدِّمَةٌ وَثَلَاثَةُ أَبْوَابٍ

الْمُقَدِّمَةُ

الْمُقَدِّمَةُ فِيْ أَقْسَامِ الْإِعْرَابِ، وَهِيَ ثَلَاثَةٌ:

الْأَوَّلُ الْإِعْرَابُ اللَّفْظِيُّ، وَهُوَ مَا يَظْهَرُ فِي اللَّفْظِ، كَالضَّمَّةِ وَالْكَسْرَةِ فِي قَوْلِنَا: يَجْتَهِدُ الْمُؤْمِنُ فِي الْخَيْرِ

الثَّانِي الْإِعْرَابُ التَّقْدِيْرِيُّ، وَهُوَ مَا لَا يَظْهَرُ فِي اللَّفْظِ لِمَانِعٍ، كَالضَّمَّةِ والْكَسْرَةِ الْمُقَدَّرَتَيْنِ فِي قَوْلِنَا: يَسْعَى الْفَتَى إِلَى الْهُدَى

الثَّالِثُ الْإِعْرَابُ الْمَحَلِّيُّ، وَهُوَ مَا لَا يَظْهَرُ فِي اللَّفْظِ لِعَدَمِ تَحَمُّلِهِ عَلَامَةَ الْإِعْرَابِ، نَحْوُ: تَسْعَيْنَ أَنْتُنَّ إِلَيْهِ

الْمَعْمُوْلُ وَغَيْرُ الْمَعْمُوْلِ

يَكُوْنُ لِلْمَعْمُوْلِ إِعْرَابٌ، وَلَا يَكُوْنُ لِغَيْرِ الْمَعْمُوْلِ إِعْرَابٌ.

الْبَابُ الْأَوَّلُ فِيْ إِعْرَابِ الِاسْمِ وَبِنَائِهِ

الْبَابُ الْأَوَّلُ فِيْ إِعْرَابِ الِاسْمِ، وَفِيْهِ مُقَدِّمَةٌ وَثَلَاثَةُ فُصُوْلٍ وَخَاتِمَةٌ

الْمُقَدِّمَةُ فِيْ عَلَامَاتِ إِعْرَابِ الِاسْمِ وَعَلَامَاتِ بِنَاءِ الاسْمِ

الْمُقَدِّمَةُ فِيْ عَلَامَاتِ إِعْرَابِ الِاسْمِ وَعَلَامَاتِ بِنَاءِ الاسْمِ،

عَلَامَاتُ إِعْرَابِ الِاسْمِ

عَلَامَاتُ إِعْرَابِ الِاسْمِ اثْنَانِ:

الْأَوَّلُ الْحَرَكَةُ، وَهِيَ ضَمَّةٌ وَفَتْحَةٌ وَكَسْرَةٌ،

الثَّانِي الْحَرْفُ، وَهُوَ وَاوٌ وَأَلِفٌ وَيَاءٌ.

عَلَامَاتُ بِنَاءِ الاسْمِ

عَلَامَاتُ بِنَاءِ الاسْمِ اثْنَانِ:

الْأَوَّلُ الْحَرَكَةُ، وَهِيَ ضَمٌّ وَفَتْحٌ وَكَسْرٌ،

الثَّانِي الْحَذْفُ، وَهَوَ حَذْفُ الْحَرَكَةِ، وَهِيَ سُكُوْنٌ

الْفَصْلُ الْأَوَّلُ فِيْ إِعْرَابِ الِاسْمِ اللَّفْظِيِّ

الْفَصْلُ الْأَوَّلُ فِيْ إِعْرَابِ الِاسْمِ اللَّفْظِيِّ، وَهُوَ نَوْعَانِ:

النَّوْعُ الْأَوَّلُ: إِعْرَابٌ بِالْحَرَكَةِ

النَّوْعُ الْأَوَّلُ إِعْرَابٌ بِالْحَرَكَةِ، وَهُوَ ثَلَاثَةُ أَقْسَامٍ

الْقِسْمُ الْأَوَّلُ: الْمُوَحَّدُ الْمُنْصَرِفُ وَالْمَجْمُوْعُ الْمكَسَّرُ الْمُنْصَرِفُ

الْقِسْمُ الْأَوَّلُ الْمُوَحَّدُ الْمُنْصَرِفُ وَالْمَجْمُوْعُ الْمكَسَّرُ الْمُنْصَرِفُ،

فَرَفْعُهُ بِالضَّمَّةِ، نَحْوُ: جَاءَنَا الرَّسُوْلُ ﷺ وَالْكُتُبُ

وَنَصْبُهُ بِالْفَتْحَةِ، نَحْوُ: صَدَّقْنَا الرَّسُوْلَ ﷺ وَالْكُتُبَ

وَجَرُّهُ بِالْكَسْرَةِ، نَحْوُ: آمَنَّا بِالرَّسُوْلِ ﷺ وَبِالْكُتُبِ

الْقِسْمُ الثَّانِي: الْمُوَحَّدُ غَيْرُ الْمُنْصَرِفِ وَالْمَجْمُوْعُ الْمُكَسَّرُ غَيْرُ الْمُنْصَرِفِ

الْقِسْمُ الثَّانِي الْمُوَحَّدُ غَيْرُ الْمُنْصَرِفِ وَالْمَجْمُوْعُ الْمُكَسَّرُ غَيْرُ الْمُنْصَرِفِ،

فَرَفْعُهُ بِالضَّمَّةِ، نَحْوُ: جَاءَنَا أَحْمَدُ ﷺ وَأَنْبِيَاءُ،

وَنَصْبُهُ وَجَرُّهُ بِالْفَتْحَةِ، نَحْوُ: صَدَّقْنَا أَحْمَدَ ﷺ وَأَنْبِيَاءَ، وَآمَنَّا بِأَحْمَدَ ﷺ وَبِأَنْبِيَاءَ.

الْقِسْمُ الثَّالِثُ: مَجْمُوْعُ الْمُؤَنَّثِ السَّالِمُ

الْقِسْمُ الثَّالِثُ مَجْمُوْعُ الْمُؤَنَّثِ السَّالِمُ،

فَرَفْعُهُ بِالضَّمَّةِ، نَحْوُ: جَاءَنَا آيَاتٌ،

وَنَصْبُهُ وَجَرُّهُ بِالْكَسْرَةِ، نَحْوُ: صَدَّقْنَا آيَاتٍ، وَآمَنَّا بِآيَاتٍ

مَا يُلْحَقُ بِمَجْمُوْعِ الْمُؤَنَّثِ السَّالِمِ

يُلْحَقُ بِمَجْمُوْعِ الْمُؤَنَّثِ السَّالِمِ ...

أُولَاتُ، وَهُوَ مَجْمُوْعُ ذَاتِ، نَحْوُ: هُنَّ أُولَاتُ عِلْمٍ، فَكُنَّ أُوْلَاتِ عِلْمٍ مِثْلَهُنَّ وَلَا تَزْدَرِيْنَ بِأُولَاتِ عِلْمٍ

وَالْعَلَمُ عَلَى وَزْنِ مَجْمُوْعِ الْمُؤَنَّثِ السَّالِمِ، نَحْوُ: هٰذِهِ عَرَفَاتٌ، وَالْحُجَّاجُ خَرَجُوْا قَاصِدِيْنَ عَرَفَاتٍ، وَسَيَقِفُوْنَ بِعَرَفَاتٍ

النَّوْعُ الثَّانِي: إِعْرَابٌ بِالْحَرْفِ

النَّوْعُ الثَّانِيْ إِعْرَابٌ بِالْحَرْفِ، وَهُوَ ثَلَاثَةُ أَقْسَامٍ:

الْقِسْمُ الْأَوَّلُ: الْأَسْمَاءُ الْخَمْسَةُ

الْقِسْمُ الْأَوَّلُ الْأَسْمَاءُ الْخَمْسَةُ الْمُوَحَّدَةُ الْمُضَافَةُ إِلَى غَيْرِ يَاءِ الْمُتَكَلِّمِ،

الْأَسْمَاءُ الْخَمْسَةُ

الْأَسْمَاءُ الْخَمْسَةُ أَبُوْهُ وَأَخُوْهُ، وَحَمُوْهَا، وَفُوْهُ، وَذُوْ عِلْمٍ

فَرَفْعُهُ بِالْوَاوِ، نَحْوُ: جَاءَنَا أَبُو الْقَاسِمِ ﷺ

وَنَصْبُهُ بِالْأَلِفِ، نَحْوُ: صَدَّقْنَا أَبَا الْقَاسِمِ ﷺ

وَجَرُّهُ بِالْيَاءِ، نَحْوُ: آمَنَّا بِأَبِي الْقَاسِمِ ﷺ

الْقِسْمُ الثَّانِي: الْمُثَنَّى وَاثْنَانِ وَاثْنَتَانِ وَكِلَا وَكِلْتَا

الْقِسْمُ الثَّانِي الْمُثَنَّى، وَاثْنَانِ وَاثْنَتَانِ، وَكِلَا وَكِلْتَا إِذَا كَانَتَا مُضَافَتَيْنِ إِلَى ضَمِيْرٍ

فَرَفْعُهُ بِالْأَلِفِ، نَحْوُ: أَحْسَنَ الْوَالِدَانِ كِلَاهُمَا إِلَيْنَا فِي الصِّغَرِ

وَنَصْبُهُ وَجَرُّهُ بِالْيَاءِ، نَحْوُ: فَنُطِيْعُ الْوَالِدَيْنِ كِلَيْهِمَا وَنُحْسِنُ إِلَى الْوَالِدَيْنِ كِلَيْهِمَا عِنْدَ الْكِبَرِ

مَسْأَلَةٌ

إِذَا كَانَتْ كِلَا وَكِلْتَا مُضَافَتَيْنِ إِلَى اسْمٍ ظَاهِرٍ يَكُوْنُ إِعْرَابُهُمَا تَقْدِيْرِيًّا، نَحْوُ: أَحْسَنَ كِلَا الْوَالِدَيْنِ إِلَيْنَا فِي الصِّغَرِ فَنُطِيْعُ كِلَا الْوَالِدَيْنِ وَنُحْسِنُ إِلَى كِلَا الْوَالِدَيْنِ عِنْدَ الْكِبَرِ[1]

الْقِسْمُ الثَّالِثُ: مَجْمُوْعُ الْمُذَكَّرِ السَّالِمُ

الْقِسْمُ الثَّالِثُ مَجْمُوْعُ الْمُذَكَّرِ السَّالِمُ،

فَرَفْعُهُ بِالْوَاوِ، نَحْوُ: جَاءَنَا الْمُرْسَلُوْنَ،

وَنَصْبُهُ وَجَرُّهُ بِالْيَاءِ، نَحْوُ: وَصَدَّقْنَا الْمُرْسَلِيْنَ، وَآمَنَّا بِالْمُرْسَلِيْنَ عليهم السلام

---

[1] أَحْسَنَ فِعْلٌ مَاضٍ، مَبْنِيٌّ عَلَى الْفَتْحِ؛ كِلَا فَاعِلٌ، مَرْفُوْعٌ بِالضَّمَّةِ الْمُقَدَّرَةِ؛ الْوَالِدَيْنِ مُضَافٌ إِلَيْهِ، مَجْرُوْرٌ بِالْيَاءِ ...

مَا يُلْحَقُ بِجَمْعِ الْمُذَكَّرِ السَّالِمِ

يُلْحَقُ بِمَجْمُوْعِ الْمُذَكَّرِ السَّالِمِ أُولُوْ، وَعِشْرُوْنَ وَأَخَوَاتُهُ، وَسِنُوْنَ مَجْمُوْعُ سَنَةٍ، وَعِضُوْنَ مَجْمُوْعُ عِضَةٍ، وَثُبُوْنَ مَجْمُوْعُ ثُبَةٍ.

الْفَصْلُ الثَّانِي فِيْ إِعْرَابِ الِاسْمِ التَّقْدِيْرِيِّ

الْفَصْلُ الثَّانِيْ فِيْ إِعْرَابِ الِاسْمِ التَّقْدِيْرِيِّ، وَهُوَ أَرْبَعَةُ أَقْسَامٍ:

الْقِسْمُ الْأَوَّلُ: الِاسْمُ الْمَقْصُوْرُ الْمُنْصَرِفُ

الْقِسْمُ الْأَوَّلُ الِاسْمُ الْمَقْصُوْرُ الْمُنْصَرِفُ، وَهُوَ مَا فِيْ آخِرِهِ أَلِفٌ مَقْصُوْرَةٌ

فَرَفْعُهُ بِالضَّمَّةِ الْمُقَدَّرَةِ، نَحْوُ: جَاءَنَا الْهُدٰى[١]

وَنَصْبُهُ بِالْفَتْحَةِ الْمُقَدَّرَةِ، نَحْوُ: اتَّبَعْنَا الْهُدٰى

وَجَرُّهُ بِالْكَسْرَةِ الْمُقَدَّرَةِ، نَحْوُ: آمَنَّا بِالْهُدٰى

الْقِسْمُ الثَّانِي: الِاسْمُ الْمَقْصُوْرُ غَيْرُ الْمُنْصَرِفِ

الْقِسْمُ الثَّانِي الِاسْمُ الْمَقْصُوْرُ غَيْرُ الْمُنْصَرِفِ،

فَرَفْعُهُ بِالضَّمَّةِ الْمُقَدَّرَةِ، نَحْوُ: جَاءَ عِيْسٰى عَلَيْهِ السَّلَامُ بِالْبَيِّنَاتِ

وَنَصْبُهُ وَجَرُّهُ بِالْفَتْحَةِ الْمُقَدَّرَةِ، نَحْوُ: رَفَعَ اللهُ عِيْسٰى، وَنُؤْمِنُ بِعِيْسٰى عَلَيْهِ السَّلَامُ.

الْقِسْمُ الثَّالِثُ: الِاسْمُ الْمَنْقُوْصُ

الْقِسْمُ الثَّالِثُ الِاسْمُ الْمَنْقُوْصُ، وَهُوَ مَا فِيْ آخِرِهِ يَاءٌ قَبْلَهَا كَسْرَةٌ

فَرَفْعُهُ بِالضَّمَّةِ الْمُقَدَّرَةِ، نَحْوُ: هُوَ عَاصٍ وَالْعَاصِيْ نَادِمٌ

وَنَصْبُهُ بِالْفَتْحَةِ الظَّاهِرَةِ، نَحْوُ: كَانَ الرَّجُلُ عَاصِيًا وَإِنَّ الْعَاصِيَ تَابَ

وَجَرُّهُ بِالْكَسْرَةِ الْمُقَدَّرَةِ، نَحْوُ: يَتُوْبُ اللهُ عَلَى الْعَاصِيْ فَلَا تَزْدَرِ بِعَاصٍ

[١] ... الْهُدٰى فَاعِلٌ، مَرْفُوْعٌ بِالضَّمَّةِ الْمُقَدَّرَةِ.

الْقِسْمُ الرَّابِعُ: الِاسْمُ الْمُضَافُ إِلَى يَاءِ الْمُتَكَلِّمِ

الْقِسْمُ الرَّابِعُ الِاسْمُ الْمُضَافُ إِلَى يَاءِ الْمُتَكَلِّمِ،

فَرَفْعُهُ بِالضَّمَّةِ الْمُقَدَّرَةِ، نَحْوُ: خَلَقَنِي رَبِّيْ[1]

وَنَصْبُهُ بِالْفَتْحَةِ الْمُقَدَّرَةِ، نَحْوُ: فَأَعْبُدُ رَبِّيْ[2]

وَجَرُّهُ بِالْكَسْرَةِ الظَّاهِرَةِ، نَحْوُ: وَأَتُوبُ إِلَى رَبِّيْ[3].

---

[1] ... رَبِّ فَاعِلٌ، مَرْفُوْعٌ بِالضَّمَّةِ الْمُقَدَّرَةِ، كُسِرَ آخِرُهُ لِمُنَاسَبَةِ الْيَاءِ؛ الْيَاءُ مُضَافٌ إِلَيْهِ، مَجْرُوْرٌ مَحَلًّا، مَبْنِيٌّ عَلَى السُّكُوْنِ.

[2] ... رَبِّ مَفْعُوْلٌ بِهِ، مَنْصُوْبٌ بِالْفَتْحَةِ الْمُقَدَّرَةِ، كُسِرَ آخِرُهُ لِمُنَاسَبَةِ الْيَاءِ؛ الْيَاءُ مُضَافٌ إِلَيْهِ، مَجْرُوْرٌ مَحَلًّا، مَبْنِيٌّ عَلَى السُّكُوْنِ.

[3] ... رَبِّ مَجْرُوْرٌ بِالْكَسْرَةِ؛ الْيَاءُ مُضَافٌ إِلَيْهِ، مَجْرُوْرٌ مَحَلًّا، مَبْنِيٌّ عَلَى السُّكُوْنِ ...

الْفَصْلُ الثَّالِثُ فِيْ إِعْرَابِ الِاسْمِ الْمَحَلِّيِّ

الْفَصْلُ الثَّالِثُ فِيْ إِعْرَابِ الِاسْمِ الْمَحَلِّيِّ، وَهُوَ ثَلَاثَةُ أَنْوَاعٍ:

النَّوْعُ الْأَوَّلُ: الِاسْمُ الْمُؤَوَّلُ

النَّوْعُ الْأَوَّلُ الِاسْمُ الْمُؤَوَّلُ، وَهُوَ حَرْفُ مَصْدَرٍ مَعَ الْجُمْلَةِ بَعْدَهَا، نَحْوُ: أُرِيْدُ أَنْ أُسَافِرَ إِلَى مَكَّةَ كَيْ أَحُجَّ[1]

النَّوْعُ الثَّانِي: الِاسْمُ الْمُعْرَبُ الْمُشْتَغِلُ آخِرُهُ بِإِعْرَابٍ لَفْظِيٍّ

النَّوْعُ الثَّانِي الِاسْمُ الْمُعْرَبُ الْمُشْتَغِلُ آخِرُهُ بِإِعْرَابٍ لَفْظِيٍّ،

مَوَاضِعُ الِاسْمِ الْمُعْرَبِ الْمُشْتَغِلِ آخِرُهُ بِإِعْرَابٍ لَفْظِيٍّ

يَشْتَغِلُ آخِرُ الِاسْمِ الْمُعْرَبِ بِإِعْرَابٍ لَفْظِيٍّ...

فِي الْإِضَافَةِ اللَّفْظِيَّةِ، نَحْوُ: نُؤْمِنُ بِبَعْثِ اللهِ عِبَادَهُ يَوْمَ الْقِيَامَةِ

وَفِي الْمَجْرُوْرِ بِحَرْفِ جَرٍّ زَائِدٍ، نَحْوُ: مَا رَبُّنَا بِظَالِمٍ

الْإِعْرَابُ الْمَحَلِّيُّ الْقَرِيْبُ وَالْبَعِيْدُ

لِلِاسْمِ الْمُشْتَغِلِ آخِرُهُ إِعْرَابَانِ ...

فَإِذَا كَانَ مُعْرَبًا يَكُوْنُ الْإِعْرَابُ الْأَوَّلُ لَفْظِيًّا وَالْإِعْرَابُ الثَّانِي مَحَلِّيًّا، نَحْوُ: نُؤْمِنُ

---

[1] ... أَنْ حَرْفُ مَصْدَرٍ، مَبْنِيٌّ عَلَى السُّكُوْنِ؛ أُسَافِرَ فِعْلٌ مُضَارِعٌ، مَنْصُوْبٌ بِالْفَتْحَةِ؛ أَنَا ضَمِيرٌ مُسْتَتِرٌ، فَاعِلٌ، مَرْفُوْعٌ مَحَلًّا؛ إِلَى حَرْفُ جَرٍّ، مَبْنِيٌّ عَلَى السُّكُوْنِ؛ مَكَّةَ مَجْرُوْرٌ بِالْفَتْحَةِ؛ وَشِبْهُ الْجُمْلَةِ مَفْعُوْلٌ فِيهِ غَيْرُ صَرِيْحٍ، مَنْصُوْبٌ مَحَلًّا؛ كَيْ حَرْفُ مَصْدَرٍ، مَبْنِيٌّ عَلَى السُّكُوْنِ؛ أَحُجَّ فِعْلٌ مُضَارِعٌ، مَنْصُوْبٌ بِالْفَتْحَةِ؛ أَنَا ضَمِيرٌ مُسْتَتِرٌ، فَاعِلٌ، مَرْفُوْعٌ مَحَلًّا؛ وَكَيْ وَمَا بَعْدَهَا اسْمٌ مُؤَوَّلٌ، مَفْعُوْلٌ لَهُ لِأُسَافِرَ، مَنْصُوْبٌ مَحَلًّا؛ وَأَنْ وَمَا بَعْدَهَا اسْمٌ مُؤَوَّلٌ، مَفْعُوْلٌ بِهِ لِأُرِيْدُ، مَنْصُوْبٌ مَحَلًّا.

بِبَعْثِ اللهِ عِبادَهُ[1]

وَإِذَا كَانَ مَبْنِيًّا يَكُوْنُ الْإِعْرَابُ الْأَوَّلُ مَحَلِّيًّا قَرِيْبًا وَالْإِعْرَابُ الثَّانِي مَحَلِّيًّا بَعِيْدًا، نَحْوُ: نُؤْمِنُ بِبَعْثِهِ عِبادَهُ وَسُؤَالِهِمْ[2]

النَّوْعُ الثَّالِثُ: الِاسْمُ الْمَبْنِيُّ

النَّوْعُ الثَّالِثُ الِاسْمُ الْمَبْنِيُّ، وَهِيَ ثَمَانِيَةُ أَقْسَامٍ:

الْقِسْمُ الْأَوَّلُ: الضَّمَائِرُ

الْقِسْمُ الْأَوَّلُ الضَّمَائِرُ، نَحْوُ: ﴿هُوَ اللهُ﴾

الْقِسْمُ الثَّانِي: أَسْمَاءُ الْإِشَارَةِ

الْقِسْمُ الثَّانِي أَسْمَاءُ الْإِشَارَةِ، نَحْوُ: ﴿ذٰلِكَ الْكِتٰبُ﴾

الْقِسْمُ الثَّالِثُ: الْأَسْمَاءُ الْمَوْصُوْلَةُ

الْقِسْمُ الثَّالِثُ الْأَسْمَاءُ الْمَوْصُوْلَةُ، نَحْوُ: ﴿اَللهُ الَّذِىْ خَلَقَ السَّمٰوٰتِ وَالْاَرْضَ﴾

الْقِسْمُ الرَّابِعُ: بَعْضُ الظُّرُوْفِ

الْقِسْمُ الرَّابِعُ بَعْضُ الظُّرُوْفِ، مِنْهَا...

حَيْثُ، نَحْوُ: جَلَسْتُ حَيْثُ جَلَسْتَ[3]

---

[1] ... الْبَاءُ حَرْفُ جَرٍّ، مَبْنِيٌّ عَلَى الْكَسْرِ؛ بَعْثِ مَجْرُوْرٌ بِالْكَسْرَةِ؛ لَفْظُ الْجَلَالَةِ مُضَافٌ إِلَيْهِ، مَجْرُوْرٌ بِالْكَسْرَةِ لَفْظًا، فَاعِلٌ لِبَعْثِ، مَرْفُوْعٌ مَحَلًّا؛ عِبَادَ مَفْعُوْلٌ بِهِ لِبَعْثِ، مَنْصُوْبٌ بِالْفَتْحَةِ ...؛ وَشِبْهُ الْجُمْلَةِ بِبَعْثِ اللهِ عِبادَهُ مَفْعُوْلٌ بِهِ غَيْرُ صَرِيحٍ، مَنْصُوْبٌ مَحَلًّا

[2] ... سُؤَالِ مَعْطُوْفٌ عَلَى بَعْث، مَجْرُوْرٌ بِالْكَسْرَةِ؛ هِمْ ضَمِيْرٌ، مَبْنِيٌّ عَلَى السُّكُوْنِ، مُضَافٌ إِلَيْهِ، مَجْرُوْرٌ مَحَلًّا قَرِيْبًا، مَفْعُوْلٌ بِهِ لِسُؤَال، مَنْصُوْبٌ مَحَلًّا بَعِيْدًا.

[3] ...حَيْثُ مَفْعُوْلٌ فِيْهِ، مَنْصُوْبٌ مَحَلًّا، مَبْنِيٌّ عَلَى الضَّمِّ ... وَجُمْلَةُ جَلَسْتَ مُضَافٌ إِلَيْهِ، مَجْرُوْرٌ

وَقطُّ، نَحْوُ: مَا كَذَبَ النَّبِيُّ ﷺ قَطُّ[١]

وَعَوْضُ، نَحْوُ: لَا أَخُوْنُ عَوْضُ[٢]

وَالظُّرُوْفُ الَّتِي حُذِفَ مِنْهَا الْمُضَافُ إِلَيْهِ، مِثْلُ قَبْلُ وَبَعْدُ، نَحْوُ: ﴿لِلَّهِ الْأَمْرُ مِنْ قَبْلُ وَمِنْ بَعْدُ﴾[٣]

مَسْأَلَةٌ

بَقِيَّةُ الظُّرُوْفِ مُعْرَبَةٌ، مِثْلُ فَوْق، وَتَحْت وَغَيْرِهَا

الْقِسْمُ الْخَامِسُ: أَسْمَاءُ الِاسْتِفْهَامِ

الْقِسْمُ الْخَامِسُ أَسْمَاءُ الِاسْتِفْهَامِ، مِثْلُ مَنْ، نَحْوُ: مَنْ رَبُّكَ

مَسْأَلَةٌ

كَلِمَةُ أَيٍّ مُعْرَبَةٌ، نَحْوُ: أَيُّ الْمَسْجِدَيْنِ أَكْبَرُ، أَيَّ صَلَاةٍ صَلَّيْتَ، إِلَى أَيِّ مَسْجِدٍ تَذْهَبُ

الْقِسْمُ السَّادِسُ: أَسْمَاءُ الشَّرْطِ

الْقِسْمُ السَّادِسُ أَسْمَاءُ الشَّرْطِ مِثْلُ مَنْ، نَحْوُ: مَنْ يَعْمَلْ صَالِحًا يَدْخُلِ الْجَنَّةَ

الْقِسْمُ السَّابِعُ: بَعْضُ الْكِنَايَاتِ

الْقِسْمُ السَّابِعُ بَعْضُ الْكِنَايَاتِ، مِنْهَا

مَحَلًّا.

[١] ...قَطُّ مَفْعُوْلٌ فِيْهِ، مَنْصُوْبٌ مَحَلًّا، مَبْنِيٌّ عَلَى الضَّمِّ.

[٢] **فَائِدَةٌ**: قَطُّ لِلْمَاضِي وَعَوْضُ لِلْمُسْتَقْبلِ

[٣] ...قَبْلُ مَجْرُوْرٌ مَحَلًّا، مَبْنِيٌّ عَلَى الضَّمِّ ...

كَذَا، نَحْوُ: سَمِعْتُ كَذَا وَكَذَا حَدِيْثًا[1]

وَكَيْتَ، نَحْوُ: قَالَ كَيْتَ وَكَيْتَ

وَذَيْتَ، نَحْوُ: قَالَ أَوْ فَعَلَ ذَيْتَ وَذَيْتَ

وَكَمْ الْخَبَرِيَّةُ، نَحْوُ: كَمْ رَجُلٍ صَالِحٍ لَقِيْتُهُ[2]

مَسْأَلَةٌ

لَا تَأْتِي كَذَا وَكَيْتَ وَذَيْتَ إِلَّا مُكَرَّرَةً بِالْوَاوِ

بِضْعٌ وَفُلَانٌ وَفُلَانَةُ[3] كِنَايَاتٌ مُعْرَبَةٌ

الْقِسْمُ الثَّامِنُ: الْمُرَكَّبُ تَرْكِيْبَ الْمَزْجِ غَيْرُ الْعَلَمِ

الْقِسْمُ الثَّامِنُ الْمُرَكَّبُ تَرْكِيْبَ الْمَزْجِ غَيْرُ الْعَلَمِ، وَهُوَ كُلُّ اسْمٍ مُرَكَّبٍ مِنَ اسْمَيْنِ صَارَا كَلِمَةً وَاحِدَةً بِوَاوٍ مُقَدَّرَةٍ

أَقْسَامُ الْمُرَكَّبِ الْمَزْجِيِّ غَيْرِ الْعَلَمِ

يَكُوْنُ الْمُرَكَّبُ الْمَزْجِيُّ غَيْرُ الْعَلَمِ ...

عَدَدًا، نَحْوُ: أَقَامَ رَسُوْلُ اللهِ ﷺ بِمَكَّةَ ثَلَاثَةَ عَشَرَ[4] سَنَةً بَعْدَ النُّبُوَّةِ

وَظَرْفًا، نَحْوُ: يَحْضُرُ الطَّالِبُ الدُّرُوْسَ صَبَاحَ مَسَاءَ[5]

---

[1] ... كَذَا (اسْمُ كِنَايَةٍ) مَفْعُوْلٌ بِهِ، مَنْصُوْبٌ مَحَلًّا، مَبْنِيٌّ عَلَى السُّكُوْنِ؛ الْوَاوُ حَرْفُ عَطْفٍ، مَبْنِيَّةٌ عَلَى الْفَتْحِ؛ كَذَا مَعْطُوْفٌ عَلَى كَذَا، مَنْصُوْبٌ مَحَلًّا، مَبْنِيٌّ عَلَى السُّكُوْنِ.

[2] كَمْ مُبْتَدَأٌ، مَرْفُوْعٌ مَحَلًّا، مَبْنِيٌّ عَلَى السُّكُوْنِ؛ رَجُلٍ تَمْيِيْزٌ، مَجْرُوْرٌ بِالْكَسْرَةِ؛ صَالِحٍ نَعْتٌ لِرَجُلٍ، مَجْرُوْرٌ بِالْكَسْرَةِ؛ ... جُمْلَةُ لَقِيْتُهُ خَبَرٌ، مَرْفُوْعٌ مَحَلًّا.

[3] **فَائِدَةٌ:** فُلَانَةُ غَيْرُ مُنْصَرِفٍ

[4] ... ثَلَاثَةَ عَشَرَ مَفْعُوْلٌ فِيْهِ، مَنْصُوْبٌ مَحَلًّا، وَالْجُزْءَانِ مَبْنِيَّانِ عَلَى الْفَتْحِ.

[5] ... صَبَاحَ مَسَاءَ، مَفْعُوْلٌ فِيْهِ، مَنْصُوْبٌ مَحَلًّا، وَالْجُزْءَانِ مَبْنِيَّانِ عَلَى الْفَتْحِ

وَحَالًا، نَحْوُ: أَحْمَدُ جَارِي بَيْتَ بَيْتَ

وَكِنَايَةً، نَحْوُ: قَالَ كَيْتَ كَيْتَ

بِنَاءُ الْمُرَكَّبِ الْمَزْجِيِّ

جُزْءَا الْمُرَكَّبِ الْمَزْجِيِّ مَبْنِيَّانِ عَلَى الْفَتْحِ

الْقِسْمُ التَّاسِعُ: الْمَحْكِيُّ

الْقِسْمُ التَّاسِعُ الْمَحْكِيُّ، وَهُوَ مَا نُقِلَ كَمَا سُمِعَ، نَحْوُ: سَأَقْرَأُ رِيَاضُ الصَّالِحِيْنَ[1]

الْخَاتِمَةُ فِي غَيْرِ الْمُنْصَرِفِ

الْخَاتِمَةُ فِيْ غَيْرِ الْمُنْصَرِفِ، وَفِيْهَا مُقَدِّمَةٌ وَأَرْبَعَةُ أَنْوَاعٍ وَخَاتِمَةٌ

الْمُقَدِّمَةُ

غَيْرُ الْمُنْصَرِفِ مَا لَا يَدْخُلُهُ تَنْوِيْنٌ وَلَا كَسْرَةٌ

مَسْأَلَةٌ

يُسَمَّى التَّنْوِيْنُ صَرْفًا

النَّوْعُ الْأَوَّلُ: مُؤَنَّثٌ فِيْهِ أَلِفُ تَأْنِيْثٍ زَائِدَةٌ

النَّوْعُ الْأَوَّلُ مُؤَنَّثٌ فِيْهِ أَلِفُ تَأْنِيْثٍ زَائِدَةٌ،

مَسْأَلَةٌ

لَا تَقَعُ أَلِفُ التَّأْنِيْثِ الزَّائِدَةُ فِي الْكَلِمَةِ إِلَّا رَابِعَةً فَصَاعِدَةً،[2]

وَهِيَ قِسْمَانِ:

الْقِسْمُ الْأَوَّلُ: الْأَلِفُ الْمَقْصُوْرَةُ

الْقِسْمُ الْأَوَّلُ الْأَلِفُ الْمَقْصُوْرَةُ، نَحْوُ: ذِكْرَى

---

[1] ... رِيَاضُ الصَّالِحِيْنَ مَفْعُوْلٌ بِهِ، مَنْصُوْبٌ مَحَلًّا ...

[2] **فَائِدَةٌ**: الْأَلِفُ فِي مِثْلِ هُدًى لَيْسَتْ أَلِفَ التَّأْنِيْثِ لِأَنَّهَا وَقَعَتْ ثَالِثَةً

الْقِسْمُ الثَّانِي: الْأَلِفُ الْمَمْدُوْدَةُ

الْقِسْمُ الثَّانِي الْأَلِفُ الْمَمْدُوْدَةُ، نَحْوُ: حَمْرَاءُ

النَّوْعُ الثَّانِي: مَجْمُوْعُ مُنْتَهَى الْجُمُوْعِ

النَّوْعُ الثَّانِيْ مَجْمُوْعُ مُنْتَهَى الْجُمُوْعِ، وَهُوَ قِسْمَانِ:

الْقِسْمُ الْأَوَّلُ: الْمَجْمُوْعُ الَّذِيْ بَعْدَ أَلِفِهِ حَرْفَانِ

الْقِسْمُ الْأَوَّلُ الْمَجْمُوْعُ الَّذِيْ بَعْدَ أَلِفِهِ حَرْفَانِ

وَيَكُوْنُ الْحَرْفَانِ ...

مُتَحَرِّكَيْنِ، نَحْوُ: مَسَاجِدُ

وَمُدْغَمَيْنِ، نَحْوُ: دَوَابُّ

الْقِسْمُ الثَّانِي: الْمَجْمُوْعُ الَّذِيْ بَعْدَ أَلِفِهِ ثَلَاثَةُ أَحْرُفٍ أَوْسَطُهَا سَاكِنٌ

الْقِسْمُ الثَّانِي الْمَجْمُوْعُ الَّذِيْ بَعْدَ أَلِفِهِ ثَلَاثَةُ أَحْرُفٍ أَوْسَطُهَا سَاكِنٌ، نَحْوُ: مَصَابِيْحُ

النَّوْعُ الثَّالِثُ: الصِّفَةُ

النَّوْعُ الثَّالِثُ الصِّفَةُ، وَهِيَ ثَلَاثَةُ أَقْسَامٍ:

الْقِسْمُ الْأَوَّلُ: مَا جَاءَ عَلَى وَزْنِ أَفْعَلَ

الْقِسْمُ الْأَوَّلُ مَا جَاءَ عَلَى وَزْنِ أَفْعَلَ، نَحْوُ: أَحْمَرُ

الْقِسْمُ الثَّانِي: مَا جَاءَ عَلَى وَزْنِ فَعْلَانَ

الْقِسْمُ الثَّانِي مَا جَاءَ عَلَى وَزْنِ فَعْلَانَ، نَحْوُ: غَضْبَانُ

الْقِسْمُ الثَّالِثُ: الْمَعْدُوْلُ

الْقِسْمُ الثَّالِثُ الْمَعْدُوْلُ، وَهُوَ مَا عُدِلَ مِنْ صِيغَتِهِ الْأَصْلِيَّةِ، نَحْوُ: ﴿مَثْنَىٰ وَثُلَٰثَ وَرُبَٰعَ﴾، أَصْلُهُنَّ ثِنْتَيْنِ ثِنْتَيْنِ، وَثَلَاثًا ثَلَاثًا، وَأَرْبَعًا أَرْبَعًا

النَّوْعُ الرَّابِعُ: الْعَلَمُ

النَّوْعُ الرَّابِعُ الْعَلَمُ، وَهُوَ سِتَّةُ أَقْسَامٍ:

الْقِسْمُ الْأَوَّلُ: الْعَلَمُ الْعَجَمِيُّ

الْقِسْمُ الْأَوَّلُ الْعَلَمُ الْعَجَمِيُّ، وَهُوَ اثْنَانِ:

الْأَوَّلُ الثُّلَاثِيُّ أَوْسَطُهُ مُتَحَرِّكٌ، نَحْوُ: ﴿سَقَرَ﴾

الثَّانِي الزَّائِدُ عَلَى ثَلَاثَةِ أَحْرُفٍ، نَحْوُ: إِبْرَاهِيْمُ

الْقِسْمُ الثَّانِي: الْعَلَمُ الْمُؤَنَّثُ

الْقِسْمُ الثَّانِي الْعَلَمُ الْمُؤَنَّثُ، وَهُوَ اثْنَانِ:

الْأَوَّلُ الْمُؤَنَّثُ بِالتَّاءِ، نَحْوُ: فَاطِمَةُ وَطَلْحَةُ

الثَّانِي الْمُؤَنَّثُ بِالْمَعْنَى، نَحْوُ: مَرْيَمُ

الْقِسْمُ الثَّالِثُ: الْعَلَمُ عَلَى وَزْنٍ مُخْتَصٍّ بِالْفِعْلِ

الْقِسْمُ الثَّالِثُ الْعَلَمُ عَلَى وَزْنٍ مُخْتَصٍّ بِالْفِعْلِ، نَحْوُ: يَزِيْدُ

الْقِسْمُ الرَّابِعُ: الْعَلَمُ الْمَعْدُوْلُ

الْقِسْمُ الرَّابِعُ الْعَلَمُ الْمَعْدُوْلُ، نَحْوُ: عُمَرُ، أَصْلُهُ عَامِرٌ

الْقِسْمُ الْخَامِسُ: الْعَلَمُ فِيْ آخِرِهِ أَلِفٌ وَنُوْنٌ زَائِدَتَانِ

الْقِسْمُ الْخَامِسُ الْعَلَمُ فِيْ آخِرِهِ أَلِفٌ وَنُوْنٌ زَائِدَتَانِ، نَحْوُ: عُثْمَانُ

الْقِسْمُ السَّادِسُ: الْعَلَمُ الْمُرَكَّبُ تَرْكِيْبَ الْمَزْجِ

الْقِسْمُ السَّادِسُ الْعَلَمُ الْمُرَكَّبُ تَرْكِيْبَ الْمَزْجِ، نَحْوُ: بَعْلَبَكَّ[1]

[1] بَعْلَبَكَّ، بَعْلَ مَبْنِيٌّ عَلَى الْفَتْحِ، وَبَكَّ غَيْرُ مُنْصَرِفٍ

الْخَاتِمَةُ فِيْ بَعْضِ أَحْكَامِ غَيْرِ الْمُنْصَرِفِ

مَسْأَلَةٌ

يَنْصَرِفُ غَيْرُ الْمُنْصَرِفِ ...

إِذَا كَانَ عَلَمًا مُنَكَّرًا، نَحْوُ: لِكُلِّ فِرْعَوْنٍ مُوسًى.

إِذَا دَخَلَتْ عَلَيْهِ لَامُ التَّعْرِيْفِ، نَحْوُ: آمَنَّا بِالْأَنْبِيَاءِ

إِذَا كَانَ مُضَافًا، نَحْوُ: آمَنَّا بِأَنْبِيَاءِ اللهِ

سُقُوطُ التَّنْوِيْنِ مِنَ الْمُنْصَرِفِ

يَسْقُطُ التَّنْوِيْنُ مِنَ الْعَلَمِ الْمُبْدَلِ بِابْنٍ، نَحْوُ: آمَنَّا بِمُحَمَّدِ بْنِ عَبْدِ اللهِ ﷺ

الْبَابُ الثَّانِيْ فِي إِعْرَابِ الْفِعْلِ وَبِنَائِهِ

الْبَابُ الثَّانِيْ فِي إِعْرَابِ الْفِعْلِ، وَفِيْهِ مُقَدِّمَةٌ وَ ثَلَاثَةُ فُصُوْلٍ وَخَاتِمَةٌ

الْمُقَدِّمَةُ

الْمُقَدِّمَةُ، وَفِيْهَا مَبْحَثَانِ:

الْمَبْحَثُ الْأَوَّلُ: عَلَامَاتُ إِعْرَابِ الْفِعْلِ وَعَلَامَاتُ بِنَاءِ الْفِعْلِ

الْمَبْحَثُ الْأَوَّلُ عَلَامَاتُ إِعْرَابِ الْفِعْلِ وَعَلَامَاتُ بِنَاءِ الْفِعْلِ

عَلَامَاتُ إِعْرَابِ الْفِعْلِ

عَلَامَاتُ إِعْرَابِ الْفِعْلِ ثَلَاثٌ:

الْأَوَّلُ الْحَرَكَةُ، وَهِيَ ضَمَّةٌ وَفَتْحَةٌ

مَسْأَلَةٌ

لَا تَدْخُلُ الْكَسْرَةُ الْفِعْلَ

الثَّانِي الْحَرْفُ، وَهُوَ نُوْنٌ، وَتُسَمَّى نُوْنَ الْإِعْرَابِ

الثَّالِثُ الْحَذْفُ، وَهُوَ حَذْفُ الْحَرَكَةِ، أَوْ حَذْفُ حَرْفِ الْعِلَّةِ، أَوْ حَذْفُ نُوْنِ الْإِعْرَابِ

عَلَامَاتُ بِنَاءِ الْفِعْلِ

عَلَامَاتُ بِنَاءِ الْفِعْلِ اثْنَانِ:

الْأَوَّلُ الْحَرَكَةُ، وَهِيَ ضَمٌّ وَفَتْحٌ

الثَّانِي الْحَذْفُ، وَهُوَ حَذْفُ الْحَرَكَةِ، وَحَذْفُ حَرْفِ الْعِلَّةِ، وَحَذْفُ نُوْنِ الْإِعْرَابِ

الْمَبْحَثُ الثَّانِي: صِيَغُ الْمُضَارِعِ وَالْمَاضِيْ وَالْأَمْرِ

الْمَبْحَثُ الثَّانِي صِيَغُ الْمُضَارِعِ وَالْمَاضِيْ وَالْأَمْرِ

صِيَغُ الْمُضَارِعِ

صِيَغُ الْمُضَارِعِ ثَلَاثٌ:

الْأَوَّلُ الْمُضَارِعُ مَعَ ضَمِيرٍ مُسْتَتِرٍ، وَهُوَ يَفْعَلُ وَتَفْعَلُ وَأَفْعَلُ وَنَفْعَلُ

الثَّانِي الْمُضَارِعُ مَعَ نُوْنِ الْإِعْرَابِ، وَهُوَ يَفْعَلَانِ وَيَفْعَلُوْنَ وَتَفْعَلَانِ وَتَفْعَلُوْنَ وَتَفْعَلِيْنَ

الْأَفْعَالُ الْخَمْسَةُ

تُسَمَّى صِيَغُ الْمُضَارِعِ مَعَ نُوْنِ الْإِعْرَابِ الْأَفْعَالَ الْخَمْسَةَ.

الثَّالِثُ الْمُضَارِعُ مَعَ نُوْنِ النِّسْوَةِ، وَهُوَ يَفْعَلْنَ وَتَفْعَلْنَ

صِيَغُ الْمَاضِيْ

صِيَغُ الْمَاضِيْ ثَلَاثٌ:

الْأُوْلَى صِيْغَتَا الْمَاضِيْ مَعَ ضَمِيرٍ مُسْتَتِرٍ، وَهُمَا عَلِمَ وَعَلِمَتْ

الثَّانِيَةُ صِيَغُ الْمَاضِيْ مَعَ ضَمِيْرٍ سَاكِنٍ، وَهِيَ عَلِمَا وَعَلِمُوْا وَعَلِمَتَا

مَسْأَلَةٌ

التَّاءُ فِي عَلِمَتْ وَعَلِمَتَا عَلَامَةُ التَّأْنِيْثِ لَا ضَمِيْرٌ

الثَّالِثَةُ صِيَغُ الْمَاضِيْ مَعَ ضَمِيْرٍ مُتَحَرِّكٍ، وَهِيَ عَلِمْنَ، وَعَلِمْتَ وَعَلِمْتُمَا وَعَلِمْتُمْ، وَعَلِمْتِ وَعَلِمْتُمَا وَعَلِمْتُنَّ، وَعَلِمْتُ وَعَلِمْنَا

صِيَغُ الْأَمْرِ

صِيَغُ الْأَمْرِ ثَلَاثٌ:

الْأُوْلَى صِيْغَةُ الْأَمْرِ مَعَ ضَمِيرٍ مُسْتَتِرٍ، وَهِيَ اعْمَلْ

الثَّانِيَةُ صِيَغُ الْأَمْرِ مَعَ ضَمِيْرٍ بَارِزٍ سِوَى نُوْنِ النِّسْوَةِ، وَهِيَ اِعْمَلَا، وَاعْمَلُوْا وَاعْمَلِيْ

الثَّالِثَةُ صِيْغَةُ الْأَمْرِ مَعَ نُوْنِ النِّسْوَةِ، نَحْوُ اِعْمَلْنَ

الْفَصْلُ الْأَوَّلُ فِي إِعْرَابِ الْفِعْلِ اللَّفْظِيِّ

الْفَصْلُ الْأَوَّلُ فِيْ إِعْرَابِ الْفِعْلِ اللَّفْظِيِّ، وَهُوَ قِسْمَانِ:

الْقِسْمُ الْأَوَّلُ: الْفِعْلُ الْمُضَارِعُ مَعَ ضَمِيرٍ مُسْتَتِرٍ وَآخِرُهُ حَرْفٌ صَحِيحٌ

الْقِسْمُ الْأَوَّلُ الْفِعْلُ الْمُضَارِعُ مَعَ ضَمِيْرٍ مُسْتَتِرٍ وَآخِرُهُ حَرْفٌ صَحِيْحٌ،

فَرَفْعُهُ بِالضَّمَّةِ،

وَنَصْبُهُ بِالْفَتْحَةِ،

وَجَزْمُهُ بِحَذْفِ الْحَرَكَةِ،

نَحْوُ: نَطْمَعُ أَنْ يَغْفِرَ اللهُ لَنَا وَلَمْ نَقْنَطْ مِنْ رَحْمَتِهِ.

الْقِسْمُ الثَّانِي: الْأَفْعَالُ الْخَمْسَةُ

الْقِسْمُ الثَّانِي الْأَفْعَالُ الْخَمْسَةُ،

فَرَفْعُهُ بِثُبُوْتِ نُوْنِ الْإِعْرَابِ،

وَنَصْبُهُ وَجَزْمُهُ بِحَذْفِ نُوْنِ الْإِعْرَابِ،

نَحْوُ: الْغَافِلُوْنَ يَتَمَنَّوْنَ أَنْ يَّدْخُلُوا الْجَنَّةَ وَلَمْ يَعْمَلُوْا عَمَلَ أَهْلِهَا.[١]

[١] ... يَتَمَنَّوْنَ فِعْلٌ مُضَارِعٌ مَرْفُوْعٌ بِثُبُوْتِ النُّوْنِ؛ وَالْوَاوُ فَاعِلٌ، مَرْفُوْعَةٌ مَحَلًّا، مَبْنِيَّةٌ عَلَى السُّكُوْنِ؛ يَّدْخُلُوا فِعْلٌ مُضَارِعٌ، مَنْصُوبٌ بِحَذْفِ النُّوْنِ؛ لَمْ حَرْفُ نَفْيٍ، مَبْنِيٌّ عَلَى السُّكُوْنِ، يَعْمَلُوْا فِعْلٌ مُضَارِعٌ، مَجْزُوْمٌ بِحَذْفِ النُّوْنِ.

الْفَصْلُ الثَّانِيْ فِيْ إِعْرَابِ الْفِعْلِ التَّقْدِيْرِيِّ

الْفَصْلُ الثَّانِيْ فِيْ إِعْرَابِ الْفِعْلِ التَّقْدِيْرِيِّ، وَهُوَ قِسْمَانِ:

الْقِسْمُ الْأَوَّلُ: الْفِعْلُ الْمُضَارِعُ مَعَ ضَمِيْرٍ مُسْتَتِرٍ وَآخِرُهُ وَاوٌ أَوْ يَاءٌ

الْقِسْمُ الْأَوَّلُ الْفِعْلُ الْمُضَارِعُ مَعَ ضَمِيْرٍ مُسْتَتِرٍ وَآخِرُهُ وَاوٌ أَوْ يَاءٌ،

فَرَفْعُهُ بِالضَّمَّةِ الْمُقَدَّرَةِ،

وَنَصْبُهُ بِالْفَتْحَةِ الظَّاهِرَةِ،

وَجَزْمُهُ بِحَذْفِ حَرْفِ الْعِلَّةِ،

نَحْوُ: لَمْ تُلْهِنَا الدُّنْيَا وَنَدْعُو اللهَ أَن يَّهْدِيَنَا[1]

الْقِسْمُ الثَّانِي: الْفِعْلُ الْمُضَارِعُ مَعَ ضَمِيْرٍ مُسْتَتِرٍ وَآخِرُهُ أَلِفٌ

الْقِسْمُ الثَّانِي الْفِعْلُ الْمُضَارِعُ مَعَ ضَمِيْرٍ مُسْتَتِرٍ وَآخِرُهُ أَلِفٌ،

فَرَفْعُهُ بِالضَّمَّةِ الْمُقَدَّرَةِ،

وَنَصْبُهُ بِالْفَتْحَةِ الْمُقَدَّرَةِ،

وَجَزْمُهُ بِحَذْفِ حَرْفِ الْعِلَّةِ،

نَحْوُ: نَسْعَى أَنْ يَرْضَى اللهُ عَنَّا وَلَمْ نَنْسَ اللهَ

[1] ... تُلْهِ فِعْلٌ مُضَارِعٌ، مَجْزُوْمٌ بِحَذْفِ حَرْفِ الْعِلَّةِ.

الْفَصْلُ الثَّالِثُ فِيْ إِعْرَابِ الْفِعْلِ الْمَحَلِّيِّ

الْفَصْلُ الثَّالِثُ فِيْ إِعْرَابِ الْفِعْلِ الْمَحَلِّيِّ، وَهُوَ ثَلَاثَةُ أَقْسَامٍ:

الْقِسْمُ الْأَوَّلُ: الْفِعْلُ الْمُضَارِعُ مَعَ نُوْنِ النِّسْوَةِ

الْقِسْمُ الْأَوَّلُ الْفِعْلُ الْمُضَارِعُ مَعَ نُوْنِ النِّسْوَةِ، نَحْوُ: تَسْأَلْنَ أُمَّهَاتِكُنَّ أَنْ يَّدْعُوْنَ لَكُنَّ وَلَمْ تَعْصِيْنَهُنَّ.[1]

الْقِسْمُ الثَّانِي: الْفِعْلُ الْمُضَارِعُ مَعَ ضَمِيْرٍ مُسْتَتِرٍ الْمُتَّصِلُ بِنُوْنِ التَّأْكِيْدِ

الْقِسْمُ الثَّانِي الْفِعْلُ الْمُضَارِعُ مَعَ ضَمِيْرٍ مُسْتَتِرٍ الْمُتَّصِلُ بِنُوْنِ التَّأْكِيْدِ، نَحْوُ: لَأَسْأَلَنَّ أَبِيْ أَنْ يَدْعُوَنَّ لِيْ وَلَا يَنْسَيَنَّنِيْ فِيْ دُعَائِهِ.[2]

مَسْأَلَةٌ

الْمُضَارِعُ مَعَ نُوْنِ الْإِعْرَابِ الْمُتَّصِلُ بِنُوْنِ التَّأْكِيْدِ مُعْرَبٌ، نَحْوُ: إِنَّ أَبِيْ وَأُمِّيْ لَيَدْعُوَانِّ لِيْ[3]

---

[1] تَسْأَلْنَ فِعْلٌ مُضَارِعٌ، مَرْفُوْعٌ مَحَلًّا، مَبْنِيٌّ عَلَى السُّكُوْنِ؛ النُّوْنُ فَاعِلٌ، مَرْفُوْعٌ مَحَلًّا، مَبْنِيٌّ عَلَى الْفَتْحِ.

[2] اللَّامُ لَامُ الْإِبْتِدَاءِ، مَبْنِيٌّ عَلَى الْفَتْحِ؛ أَسْأَلَنَّ فِعْلٌ مُضَارِعٌ، مَرْفُوْعٌ مَحَلًّا، مَبْنِيٌّ عَلَى الْفَتْحِ؛ أَنَا ضَمِيْرٌ مُسْتَتِرٌ، فَاعِلٌ، مَرْفُوْعٌ مَحَلًّا؛ النُّوْنُ لِلتَّوْكِيْدِ، مَبْنِيٌّ عَلَى الْفَتْحِ.

[3] لَيَدْعُوَانِّ: فِعْلٌ مُضَارِعٌ، مَرْفُوْعٌ بِنُوْنٍ مُقَدَّرَةٍ

فَائِدَةٌ: تُحْذَفُ نُوْنُ الْإِعْرَابِ لِاجْتِمَاعِ النُّوْنَاتِ، نَحْوُ لَيُطِيْعَانِّ أَصْلُهُ لَيُطِيْعَانِنِّ، وَلَيُطِيْعُنَّ أَصْلُهُ لَيُطِيْعُوْنَنَّ؛ وَتُحْذَفُ وَاوُ الضَّمِيْرِ بَعْدَ حَذْفِ نُوْنِ الْإِعْرَابِ، نَحْوُ: لَيُطِيْعُنَّ أَصْلُهُ لَيُطِيْعُوْنَنَّ ثُمَّ لَيُطِيْعُوْنَّ

الْقِسْمُ الثَّالِثُ: الْفِعْلُ الْمَاضِي الَّذِي قَبْلَهُ نَاصِبٌ أَوْ جَازِمٌ

الْقِسْمُ الثَّالِثُ الْفِعْلُ الْمَاضِي الَّذِي قَبْلَهُ نَاصِبٌ أَوْ جَازِمٌ، نَحْوُ: إِنْ غَفَرَ اللهُ لِي دَخَلْتُ الْجَنَّةَ، وَأَرْجُو أَنْ قَدْ غَفَرَ لِي.[1]

[1] إِنْ حَرْفُ شَرْطٍ، مَبْنِيٌّ عَلَى السُّكُوْنِ؛ غَفَرَ فِعْلٌ مَاضٍ، مَجْزُوْمٌ مَحَلًّا، مَبْنِيٌّ عَلَى الْفَتْحِ.
أَنْ حَرْفُ مَصْدَرٍ، مَبْنِيٌّ عَلَى السُّكُوْنِ؛ قَدْ حَرْفُ تَحْقِيْقٍ، مَبْنِيٌّ عَلَى السُّكُوْنِ؛ غَفَرَ فِعْلٌ مَاضٍ، مَنْصُوْبٌ مَحَلًّا، مَبْنِيٌّ عَلَى الْفَتْحِ.

الْخَاتِمَةُ فِي الْفِعْلِ الْمَبْنِيِّ

الْخَاتِمَةُ فِي الْفِعْلِ الْمَبْنِيِّ، وَهُو ثَلَاثَةُ أَقْسَامٍ:

الْقِسْمُ الْأَوَّلُ: عَلَامَةُ بِنَاءِ الْفِعْلِ الْمَاضِيْ

الْقِسْمُ الْأَوَّلُ عَلَامَةُ بِنَاءِ الْفِعْلِ الْمَاضِيْ

فَصِيغَتَا الْمَاضِيْ مَعَ ضَمِيرٍ مُسْتَتِرٍ مَبْنِيَّانِ عَلَى الْفَتْحِ، نَحْوُ: عَلَّمَهَا الْقُرآنَ وَعَلِمَتْهُ وَدَعَتْ إِلَيْهِ[1]

وَصِيغُ الْمَاضِيْ مَعَ ضَمِيْرٍ سَاكِنٍ مَبْنِيَّةٌ عَلَى الْفَتْحِ، نَحْوُ: تَلَوَا الْقُرآنَ وَسَمِعَتَاهُ

إِلَّا مَعَ وَاوِ الْجَمَاعَةِ فَحِيْنَئِذٍ يَكُوْنُ مَبْنِيًّا عَلَى الضَّمِّ، نَحْوُ: وَسَمِعُوْهُ وَدَعَوْا إِلَيْهِ وَرَضُوْا بِهِ[2]

وَصِيغُ الْمَاضِيْ مَعَ ضَمِيْرٍ مُتَحَرِّكٍ مَبْنِيَّةٌ عَلَى السُّكُوْنِ، نَحْوُ: رَضِيْتُ لِسَعْيِهِمْ.

الْقِسْمُ الثَّانِيْ: عَلَامَةُ بِنَاءِ فِعْلِ الْأَمْرِ

الْقِسْمُ الثَّانِيْ عَلَامَةُ بِنَاءِ فِعْلِ الْأَمْرِ،

فَصِيغَةُ الْأَمْرِ مَعَ ضَمِيْرٍ مُسْتَتِرٍ مَبْنِيَّةٌ ...

عَلَى السُّكُوْنِ إِذَا كَانَ صَحِيْحَ الآخِرِ، نَحْوُ: اِعْمَلْ صَالِحًا

---

[1] سَمِعَتْ فِعْلٌ مَاضٍ، مَبْنِيٌّ عَلَى الْفَتْحِ؛ والتَّاءُ عَلَامَةُ التَّأْنِيْثِ، مَبْنِيٌّ عَلَى الْفَتْحِ، كُسِرَتْ لِالْتِقَاءِ السَّاكِنَيْنِ؛ دَعَتْ فِعْلٌ مَاضٍ، مَبْنِيٌّ عَلَى الْفَتْحِ الْمُقَدَّرِ عَلَى الْأَلِفِ الْمَحْذُوْفَةِ لِالْتِقَاءِ السَّاكِنَيْنِ، أَصْلُهُ دَعَوَتْ ثُمَّ دَعَاتْ

[2] سَمِعُوْا فِعْلٌ مَاضٍ مَبْنِيٌّ عَلَى الضَّمِّ، والْوَاوُ فَاعِلٌ، مَرْفُوْعَةٌ مَحَلًّا، مَبْنِيَّةٌ عَلَى السُّكُوْنِ؛ دَعَوْا فِعْلٌ مَاضٍ، مَبْنِيٌّ عَلَى الضَّمِّ الْمُقَدَّرِ عَلَى الْأَلِفِ الْمَحْذُوْفَةِ لِالْتِقَاءِ السَّاكِنَيْنِ، أَصْلُهُ دَعَوُوْا؛ رَضُوْا فِعْلٌ مَاضٍ، مَبْنِيٌّ عَلَى الضَّمِّ الْمُقَدَّرِ عَلَى الْيَاءِ الْمَحْذُوْفَةِ لِالْتِقَاءِ السَّاكِنَيْنِ، أَصْلُهُ رَضِيُوْا

وَعَلَى حَذْفِ الْآخِرِ إِذَا كَانَ مُعْتَلَّ الْآخِرِ، نَحْوُ: آتِ الزَّكَاةَ[1]

وَ عَلَى الْفَتْحِ إِذَا اتَّصَلَ بِهِ نُوْنُ التَّأْكِيْدِ، نَحْوُ: صُوْمَنَّ شَهْرَ رَمَضَانَ وَحُجَّنْ بَيْتَ اللهِ[2]

وَصِيَغُ الْأَمْرِ مَعَ ضَمِيْرٍ بَارِزٍ سِوَى نُوْنِ النِّسْوَةِ مَبْنِيَّةٌ عَلَى حَذْفِ النُّوْنِ، نَحْوُ: أَطِيْعَا أَبَوَيْكُمَا[3]

صِيْغَةُ الْأَمْرِ مَعَ نُوْنِ النِّسْوَةِ مَبْنِيَّةٌ عَلَى السُّكُوْنِ، نَحْوُ: أَقِمْنَ الصَّلَاةَ[4]

الْقِسْمُ الثَّالِثُ: عَلَامَةُ بِنَاءِ الْفِعْلِ الْمُضَارِعِ مَعَ نُوْنِ النِّسْوَةِ

الْقِسْمُ الثَّالِثُ الْفِعْلُ الْمُضَارِعُ مَعَ نُوْنِ النِّسْوَةِ، وَهُوَ مَبْنِيٌّ عَلَى السُّكُوْنِ، نَحْوُ: يَصْدُقْنَ

مَسْأَلَةٌ

الْأَمْرُ وَالْفِعْلُ الْمَاضِيْ الَّذِيْ لَيْسَ قَبْلَهُ نَاصِبٌ أَوْ جَازِمٌ لَا يَكُوْنُ لَهُمَا إِعْرَابٌ أَصْلًا.

الْفِعْلُ الْمُضَارِعُ مَعَ نُوْنِ النِّسْوَةِ وَالْفِعْلُ الْمَاضِيْ الَّذِيْ قَبْلَهُ نَاصِبٌ أَوْ جَازِمٌ يَكُوْنُ لَهُ إِعْرَابٌ مَحَلِّيٌّ.

---

[1] آتِ فِعْلُ أَمْرٍ، مَبْنِيٌّ عَلَى حَذْفِ حَرْفِ الْعِلَّةِ، أَنْتَ ضَمِيْرٌ مُسْتَتِرٌ، فَاعِلٌ، مَرْفُوْعٌ مَحَلًّا.

[2] صُوْمَنَّ فِعْلُ أَمْرٍ، مَبْنِيٌّ عَلَى الْفَتْحِ، أَنْتَ ضَمِيْرٌ مُسْتَتِرٌ ...؛ النُّوْنُ لِلتَّوْكِيْدِ، مَبْنِيٌّ عَلَى الْفَتْحِ حُجَّنْ فِعْلُ أَمْرٍ، مَبْنِيٌّ عَلَى الْفَتْحِ، أَنْتَ ... ؛ النُّوْنُ لِلتَّوْكِيْدِ، مَبْنِيٌّ عَلَى السُّكُوْنِ.

[3] أَطِيْعَا فِعْلُ أَمْرٍ، مَبْنِيٌّ عَلَى حَذْفِ النُّوْنِ، الْأَلِفُ فَاعِلٌ، مَرْفُوْعٌ مَحَلًّا، مَبْنِيٌّ عَلَى السُّكُوْنِ.

[4] أَقِمْنَ فِعْلُ أَمْرٍ، مَبْنِيٌّ عَلَى السُّكُوْنِ، النُّوْنُ فَاعِلٌ، مَرْفُوْعٌ مَحَلًّا، مَبْنِيٌّ عَلَى الْفَتْحِ...

الْبَابُ الثَّالِثُ فِي إِعْرَابِ الْجُمْلَةِ وَشِبْهِ الْجُمْلَةِ

أَمَّا الْجُمْلَةُ وَشِبْهُهَا فَلَا يَكُوْنُ إِعْرَابُهُ إِلَّا مَحَلِّيًّا.

التَّعْلِيْقُ

إِذَا سَدَّتِ الْجُمْلَةُ مَسَدَّ مَفْعُوْلَيْ فِعْلِ الْقَلْبِ ...

لَا يَعْمَلُ فِعْلُ الْقَلْبِ لَفْظًا بَلْ مَحَلًّا،

وَيُسَمَّى ذٰلِكَ تَعْلِيْقًا، وَيُسَمَّى الْجُمْلَةُ السَّادَّةُ مَسَدَّ مَفْعُوْلَيْ فِعْلِ الْقَلْبِ جُمْلَةً مُعَلَّقًا عَنْهَا الْعَمَلُ، نَحْوُ: عَلِمْتَ مَا أَنَا كَاذِبًا

مَوَاضِعُ التَّعْلِيْقِ

تُعَلَّقُ الْجُمْلَةُ عَنِ الْعَمَلِ اللَّفْظِيِّ إِذَا كَانَ بَعْدَ فِعْلِ الْقَلْبِ مَا لَهُ صَدْرُ الْكَلَامِ، مِثْلُ...

لَامِ الِابْتِدَاءِ، نَحْوُ: عَلِمْتُمْ لَلْآخِرَةُ بَاقِيَةٌ[1]

وَحَرْفِ النَّفْيِ، نَحْوُ: عَلِمْتُ مَا الدُّنْيَا بَاقِيَةً

وَالِاسْتِفْهَامِ، نَحْوُ: لَا أَدْرِيْ أَقَرِيْبٌ مَوْتِيْ أَمْ بَعِيْدٌ

مَسْأَلَةٌ

اللَّامُ الْمُزَحْلَقَةُ مِثْلُ لَامِ الِابْتِدَاءِ فِي التَّعْلِيْقِ، نَحْوُ: عَلِمْتُمْ إِنَّ الدُّنْيَا لَفَانِيَةٌ[2]

---

[1] عَلِمْتُمْ فِعْلٌ مَاضٍ، مَبْنِيٌّ عَلَى السُّكُوْنِ؛ تُمْ فَاعِلٌ، مَرْفُوْعٌ مَحَلًّا، مَبْنِيٌّ عَلَى السُّكُوْنِ؛ اللَّامُ لَامُ الِابْتِدَاءِ، مَبْنِيٌّ عَلَى الْفَتْحِ؛ الْآخِرَةُ مُبْتَدَأٌ، مَرْفُوْعٌ بِالضَّمَّةِ؛ بَاقِيَةٌ خَبَرٌ، مَرْفُوْعٌ بِالضَّمَّةِ؛ وَجُمْلَةُ لَلْآخِرَةُ خَيْرٌ سَادَّةٌ مَسَدَّ الْمَفْعُوْلَيْنِ، مُعَلَّقٌ عَنْهَا الْعَمَلُ، مَنْصُوْبٌ مَحَلًّا.

فَائِدَةٌ: لَوْلَا لَامُ الِابْتِدَاءِ لَقُلْنَا: عَلِمْتُمُ الْآخِرَةَ خَيْرًا

[2] **فَائِدَةٌ**: لَوْلَا اللَّامُ الْمُزَحْلَقَةُ لَقُلْنَا: عَلِمْتُمْ أَنَّ الدُّنْيَا فَانِيَةٌ

الْخَاتِمَةُ

الْخَاتِمَةُ فِيْ أَحْكَامٍ لَا تَتَعَلَّقُ بِالْعَمَلِ وَالْإِعْرَابِ، وَفِيْهِ بَابَانِ وَخَاتِمَةٌ

الْبَابُ الْأَوَّلُ فِيْ أَحْكَامِ الِاسْمِ

الْبَابُ الْأَوَّلُ فِيْ أَحْكَامِ الِاسْمِ، وَفِيْهِ مُقَدِّمَةٌ وَخَمْسَةُ فُصُوْلٍ وَخَاتِمَةٌ

الْمُقَدِّمَةُ فِيْ أَقْسَامِ الِاسْمِ

الْمُقَدِّمَةُ فِيْ أَقْسَامِ الِاسْمِ، وَهِيَ ثَلَاثَةٌ:

الْقِسْمُ الْأَوَّلُ: الْمَصْدَرُ

الْقِسْمُ الْأَوَّلُ الْمَصْدَرُ، وَهُوَ مَا يُشْتَقُّ مِنْهُ الْمُشْتَقَّاتُ، نَحْوُ: الْعِلْمُ

الْقِسْمُ الثَّانِي: الْمُشْتَقُّ

الْقِسْمُ الثَّانِي الْمُشْتَقُّ، وَهُوَ مَا يُشْتَقُّ مِنَ الْمَصْدَرِ

وَهُوَ ضَرْبَانِ:

الضَّرْبُ الْأَوَّلُ: الْمُشْتَقُّ بِمَعْنَى الْفِعْلِ

الضَّرْبُ الْأَوَّلُ الْمُشْتَقُّ بِمَعْنَى الْفِعْلِ، وَهُوَ خَمْسَةٌ:

الْأَوَّلُ اِسْمُ الْفَاعِلِ، نَحْوُ: إِنَّ اللهَ جَامِعُ النَّاسِ يَوْمَ الْقِيَامَةِ

الثَّانِي اِسْمُ الْمَفْعُوْلِ، نَحْوُ: كُلُّ تَائِبٍ مَقْبُوْلٌ تَوْبَتُهُ

الثَّالِثُ الصِّفَةُ الْمُشَبَّهَةُ، ، نَحْوُ: الْعِبَادَةُ حَسَنٌ ثَوَابُهَا، وَنَحْوُ: الْمَعْصِيَةُ قَبِيْحٌ عَذَابُهَا

الرَّابِعُ اِسْمُ الْمُبَالَغَةِ، نَحْوُ: اللهُ غَفَّارٌ لِلتَّوَّابِيْنَ

الْخَامِسُ اِسْمُ التَّفْضِيْلِ، نَحْوُ: الْعِلْمُ أَفْضَلُ مِنَ الْمَالِ

الضَّرْبُ الثَّانِي: الْمُشْتَقُّ بِغَيْرِ مَعْنَى الْفِعْلِ

الضَّرْبُ الثَّانِي الْمُشْتَقُّ بِغَيْرِ مَعْنَى الْفِعْلِ، وَهُوَ مَا لَا يَدُلُّ عَلَى مَعْنَى الْفِعْلِ، وَهُوَ اثْنَانِ

الْأَوَّلُ اِسْمُ الظَّرْفِ، نَحْوُ: الْمَسْجِدُ

الثَّانِي اسْمُ الْآلَةِ، نَحْوُ: الْمِفْتَاحُ

الْقِسْمُ الثَّالِثُ: الْجَامِدُ

الْقِسْمُ الثَّالِثُ الْجَامِدُ، وَهُوَ مَا لَا يُشْتَقُّ مِنَ الْمَصْدَرِ وَلَا يُشْتَقُّ مِنْهُ الْمُشْتَقَّاتُ، نَحْوُ: الْقَلَمُ

الْفَصْلُ الْأَوَّلُ فِي الْمَعْرِفَةِ وَالنَّكِرَةِ

الْفَصْلُ الْأَوَّلُ فِي الْمَعْرِفَةِ وَالنَّكِرَةِ،

النَّوْعُ الْأَوَّلُ: الْمَعْرِفَةُ

النَّوْعُ الْأَوَّلُ الْمَعْرِفَةُ، وَهِيَ سِتَّةُ أَقْسَامٍ:

الْقِسْمُ الْأَوَّلُ: الضَّمِيْرُ

الْقِسْمُ الْأَوَّلُ الضَّمِيْرُ، وَهُوَ ثَلَاثَةُ أَضْرُبٍ:

الضَّرْبُ الْأَوَّلُ: الْمَرْفُوْعُ

الضَّرْبُ الْأَوَّلُ الْمَرْفُوْعُ، وَهُوَ اثْنَانِ:

الْأَوَّلُ مُنْفَصِلٌ، نَحْوُ: هُوَ وَأَنْتَ وَأَنَا،

الثَّانِي مُتَّصِلٌ، وَهُوَ اثْنَانِ:

مُسْتَتِرٌ، وَهُوَ مَا لَيْسَ لَهُ صُوْرَةٌ، نَحْوُ: أَنْتَ فِي قَوْلِكَ: اشْكُرْ

وَبَارِزٌ، وَهُوَ مَا لَهُ صُوْرَةٌ، نَحْوُ: التَّاءُ فِي قَوْلِكَ: شَكَرْتُ

مَسْأَلَةٌ

يُسَمَّى الضَّمِيْرُ الْمُسْتَتِرُ ضَمِيْرًا مُسْتَكِنًّا

مَوَاضِعُ الضَّمِيرِ الْمُتَّصِلِ

يَكُوْنُ الضَّمِيْرُ مُسْتَتِرًا ...

فِي الْمَاضِيْ فِي الْغَائِبِ وَالْغَائِبَةِ، نَحْوُ: شَكَرَ وَشَكَرَتْ

وَفِي الْمُضَارِعِ فِي ...

الْغَائِبِ وَالْغَائِبَةِ، نَحْوُ: يَشْكُرُ وَتَشْكُرُ

وَالْمُخَاطَبِ، نَحْوُ: تَشْكُرُ

وَالْمُتَكَلِّمِ، نَحْوُ: أَشْكُرُ وَنَشْكُرُ

وَفِي الْأَمْرِ فِي الْمُخَاطَبِ، نَحْوُ: اشْكُرْ

وَفِي الْمُشْتَقِّ بِمَعْنَى الْفِعْلِ، نَحْوُ: شَاكِرٌ، وَمَشْكُوْرٌ، وَشَكُوْرٌ، وَأَشْكَرُ

مَسْأَلَةٌ

يَكُوْنُ الضَّمِيْرُ بَارِزًا فِيْمَا سِوَى ذَلِكَ

الضَّرْبُ الثَّانِي: الْمَنْصُوْبُ

الضَّرْبُ الثَّانِي الْمَنْصُوْبُ، وَهُوَ اثْنَانِ:

الْأَوَّلُ مُنْفَصِلٌ، نَحْوُ: ﴿إِيَّاهُ تَعْبُدُونَ﴾

الثَّانِي مُتَّصِلٌ، نَحْوُ: ﴿فَاعْبُدُوهُ﴾

الضَّرْبُ الثَّالِثُ: الْمَجْرُوْرُ

الضَّرْبُ الثَّالِثُ الْمَجْرُوْرُ، وَهُوَ مُتَّصِلٌ لَا غَيْرُ، نَحْوُ: ﴿هُوَ رَبُّكُمْ وَإِلَيْهِ تُرْجَعُونَ﴾

مَوَاضِعُ الضَّمِيْرِ الْمُنْفَصِلِ

لَا يَأْتِي الضَّمِيْرُ الْمُنْفَصِلُ إِلَّا إِذَا تَعَذَّرَ الْمُتَّصِلُ، فَتَقُوْلُ: أَعْبُدُهُ، وَلَا تَقُوْلُ: أَعْبُدُ إِيَّاهُ

وَيَتَعَذَّرُ الضَّمِيْرُ الْمُتَّصِلُ فِيْ مَوَاضِعَ، مِنْهَا:

إِذَا كَانَ مُبْتَدَأً أَوْ خَبَرًا، نَحْوُ: أَنْتَ رَبِّي وَالْمَعْبُوْدُ أَنْتَ

وَإِذَا كَانَ مَفْعُوْلًا مُقَدَّمًا، نَحْوُ ﴿إِيَّاكَ نَعْبُدُ﴾

وَإِذَا كَانَ بَعْدَ إِلَّا، نَحْوُ: لَا نَعْبُدُ إِلَّا إِيَّاكَ

وَإِذَا كَانَ مَعْطُوْفًا، نَحْوُ: اللهُ يَرْزُقُنِي وَإِيَّاكَ

مَوَاضِعُ يَجُوزُ فِيهَا الضَّمِيرُ الْمُتَّصِلُ وَالْمُنْفَصِلُ

يَجُوْزُ الْمُتَّصِلُ وَالْمُنْفَصِلُ إِذَا كَانَ الضَّمِيْرُ ...

خَبَرَ كَانَ وَأَخَوَاتِهَا، نَحْوُ: كُنْتَهُ وَكُنْتَ إِيَّاهُ

أَوْ مَفْعُوْلًا ثَانِيًا وَالْمُفْعُوْلُ الْأَوَّلُ ضَمِيْرٌ، نَحْوُ: سَأَلْتُكَهُ وَسَأَلْتُكَ إِيَّاهُ

تَأْكِيدُ الضَّمِيرِ

يُؤَكَّدُ الضَّمِيْرُ ...

الْمَرْفُوْعُ الْمُتَّصِلُ بِالْمَرْفُوْعِ الْمُنْفَصِلِ، نَحْوُ: وَتَقْبَلُ أَنْتَ تَوْبَتَنَا[1]

وَالْمَرْفُوْعُ الْمُنْفَصِلُ بِالْمَرْفُوْعِ الْمُنْفَصِلِ، نَحْوُ: اَللّٰهُمَّ أَنْتَ أَنْتَ رَبُّنَا

وَالْمَنْصُوْبُ الْمُتَّصِلُ بِالْمَرْفُوْعِ الْمُنْفَصِلِ، نَحْوُ: فَنَرْجُوْكَ أَنْتَ

وَالْمَنْصُوْبُ الْمُنْفَصِلُ بِالْمَنْصُوْبِ الْمُنْفَصِلِ، نَحْوُ: وَإِيَّاكَ إِيَّاكَ نَأْمُلُ

وَالْمَجْرُوْرُ الْمُتَّصِلُ ...

بِالْمَرْفُوْعِ الْمُنْفَصِلِ، نَحْوُ: وَنَحْنُ عَبِيْدُكَ أَنْتَ، فَإِلَيْكَ أَنْتَ نَرْغَبُ

وَبِإِعَادَةِ الْجَارِّ، نَحْوُ: فَإِلَيْكَ إِلَيْكَ نَرْغَبُ

الْقِسْمُ الثَّانِي: الْعَلَمُ

الْقِسْمُ الثَّانِي الْعَلَمُ، نَحْوُ: عُثْمَانُ

مَسْأَلَةٌ

الْكُنْيَةُ عَلَمٌ مُصَدَّرٌ بِأَبٍ وَأُمٍّ وَابْنٍ وَأَمْثَالِهَا، نَحْوُ: أَبُوْ بَكْرٍ وَأُمُّ رُمَّانٍ رَضِيَ اللهُ عَنْهُمْ

[1] تَقْبَلُ فِعْلٌ مُضَارِعٌ، مَرْفُوْعٌ بِالضَّمَّةِ؛ أَنْتَ ضَمِيْرٌ مُسْتَتِرٌ، فَاعِلٌ، مَرْفُوْعٌ مَحَلًّا؛ أَنْتَ تَأْكِيْدٌ لَفْظِيٌّ لِأَنْتَ/ تَأْكِيْدٌ لِفَاعِلِ تَقْبَلُ؛ تَوْبَةَ مَفْعُوْلٌ بِهِ، مَنْصُوْبٌ بِالْفَتْحَةِ ...

اللَّقَبُ عَلَمٌ يُشْعِرُ بِمَدْحٍ أَوْ ذَمٍّ، نَحْوُ: الْفَارُوْق

الْقِسْمُ الثَّالِثُ: مَا فِيْ أَوَّلِهِ الْأَلِفُ وَاللَّامُ

الْقِسْمُ الثَّالِثُ مَا فِيْ أَوَّلِهِ الْأَلِفُ وَاللَّامُ، نَحْوُ: الرَّسُوْلُ

مَسْأَلَةٌ

يُسَمَّى الِاسْمُ الَّذِيْ فِي أَوَّلِهِ الْأَلِفُ وَاللَّامُ مُعَرَّفًا بِاللَّامِ وَمُحَلًّى بِاللَّامِ

الْقِسْمُ الرَّابِعُ: أَسْمَاءُ الْإِشَارَةِ

الْقِسْمُ الرَّابِعُ أَسْمَاءُ الْإِشَارَةِ

فَذَا لِلْمُذَكَّرِ، وَذِهِ وَتِه لِلْمُؤَنَّثِ

وَذَانِ وَتَانِ لِلْمُثَنَّى

وأُوْلاءِ لِمَجْمُوْعِ الْمُذَكَّرِ وَالْمُؤَنَّثِ

مَا يَدُلُّ عَلَى الْقُرْبِ وَالْبُعْدِ

يَتَّصِلُ بِأَسْمَاءِ الْإِشَارَةِ هَاءُ التَّنْبِيْهِ لِلدَّلَالَةِ عَلَى الْقُرْبِ، نَحْوُ: هَذَا، وَهَذِهِ

يَتَّصِلُ بِهَا كَافُ الْخِطَابِ واللَّامُ لِلدَّلَالَةِ عَلَى الْبُعْدِ، نَحْوُ: ذاك ذَلِكَ وَتِلْكَ

مَسْأَلَةٌ

أَصْلُ كَلِمَةِ تِلْكَ تِه، حُذِفَ مِنْهُ الْهَاءُ، وَزِيْدَتْ فِيْهِ اللَّامُ وَكَافُ الْخِطَابِ

الْقِسْمُ الْخَامِسُ: الْأَسْمَاءُ الْمَوْصُوْلَةُ

الْقِسْمُ الْخَامِسُ الْأَسْمَاءُ الْمَوْصُوْلَةُ، وَهِيَ ...

الَّذِيْ وَاللَّذَانِ وَالَّذِيْنَ لِلْمُذَكَّرِ،

وَالَّتِيْ وَاللَّتَانِ وَاللَّائِيْ وَاللَّاتِيْ لِلْمُؤَنَّثِ،

وَمَنْ وَمَا وَأَيٌّ،

وَذَا بَعْدَ مَا أَوْ مَنْ الِاسْتِفْهَامِيَّتَيْنِ، نَحْوُ: مَنْ ذَا جَاءَ، وَنَحْوُ: مَاذَا فَعَلَ[1]

وَأَلْ الدَّاخِلَةُ عَلَى الِاسْمِ الْمُشْتَقِّ بِمَعْنَى الْفِعْلِ، نَحْوُ: يُحِبُّ اللهُ الْمُتَصَدِّقَ بِمَالِهِ[2]

مَسْأَلَةٌ

لَا بُدَّ لِلِاسْمِ الْمَوْصُوْلِ مِنْ صِلَةٍ،

وَالصِّلَةُ تَكُوْنُ ...

جُمْلَةً، نَحْوُ: أُحِبُّ الَّذِيْ قَبْرُهُ فِي الْمَدِيْنَةِ ﷺ

أَوْ شِبْهَ جُمْلَةٍ، نَحْوُ: وَأُحِبُّ الَّذِيْنَ بِجَنْبِهِ ﷺ[3]

عَائِدُ الصِّلَةِ

لَا بُدَّ لِلصِّلَةِ مِنْ ضَمِيْرٍ عَائِدٍ إِلَى الْمَوْصُوْلِ،

وَقَدْ يُحْذَفُ، نَحْوُ: وَأُحِبُّ الَّذِيْنَ تُحِبُّوْنَ أَيْ تُحِبُّوْنَهُمْ

الْقِسْمُ السَّادِسُ: الْمُضَافُ إِلَى وَاحِدٍ مِنْ هَذِهِ الْمَعَارِفِ الْخَمْسَةِ

الْقِسْمُ السَّادِسُ الْمُضَافُ إِلَى وَاحِدٍ مِنْ هَذِهِ الْمَعَارِفِ الْخَمْسَةِ، نَحْوُ: ﴿كِتَٰبَ اللهِ﴾

مَسْأَلَةٌ

لَا يَكْسِبُ الْمُضَافُ التَّعْرِيْفَ مِنَ الْمُضَافِ إِلَيْهِ ...

إِذَا كَانَ الْمُضَافُ اسْمًا مُتَوَغِّلًا فِي الْإِبْهَامِ، مِثْلُ غَيْرٍ وَسِوَى وَمِثْلٍ وَذُوْ، نَحْوُ: لَا

---

[1] مَا (اسْمُ اسْتِفْهَامٍ) مُبْتَدَأٌ، مَرْفُوْعٌ مَحَلًّا، مَبْنِيٌّ عَلَي السُّكُوْنِ؛ ذَا (اسْمٌ مَوْصُوْلٌ) خَبَرٌ، مَرْفُوْعٌ مَحَلًّا، مَبْنِيٌّ عَلَي السُّكُوْنِ؛ ... وَجُمْلَةُ فَعَلَ صِلَةٌ، لَا مَحَلَّ لَهَا مِنَ الْإِعْرَابِ.

[2] ... الْ (اسْمٌ مَوْصُوْلٌ)، مَبْنِيٌّ عَلَى السُّكُوْنِ؛ مُتَصَدِّقَ اسْمُ الْفَاعِلِ مَفْعُوْلٌ بِهِ، مَنْصُوْبٌ بِالْفَتْحَةِ؛ هُوَ ضَمِيْرٌ مُسْتَتِرٌ، فَاعِلٌ لِلْمُتَصَدِّقِ، مَرْفُوْعٌ مَحَلًّا؛ مُتَصَدِّقَ صِلَةٌ

فَائِدَةٌ: وَفِي إِعْرَابِهِ وَجْهٌ آخَرُ

[3] ... الَّذِيْنِ(اسْمٌ مَوْصُوْلٌ) مَفْعُوْلٌ بِهِ، مَنْصُوْبٌ بِالْيَاءِ؛ ... وَشِبْهُ الْجُمْلَةِ مَفْعُوْلٌ فِيْهِ لِمَحْذُوْفٍ، تَقْدِيْرُهُ اسْتَقَرَّا، مَنْصُوْبٌ مَحَلًّا؛ وَالْمَحْذُوْفُ مَعَ شِبْهِ الْجُمْلَةِ صِلَةٌ، لَا مَحَلَّ لَهَا مِنَ الْإِعْرَابِ.

نَطُوفُ بِبَيْتٍ غَيْرِ بَيْتِ اللهِ[١] وَنَحْوُ: مَا خَلَقَ اللهُ أَحَدًا مِثْلَ مُحَمَّدٍ ﷺ

وَفِي الْإِضَافَةِ اللَّفْظِيَّةِ، نَحْوُ: كُنْ مُؤْمِنًا سَلِيمَ الْقَلْبِ[٢]

النَّوْعُ الثَّانِي: النَّكِرَةُ

النَّوْعُ الثَّانِي النَّكِرَةُ، وَهِيَ قِسْمَانِ:

الْقِسْمُ الْأَوَّلُ: النَّكِرَةُ الْمُفِيدَةُ

الْقِسْمُ الْأَوَّلُ النَّكِرَةُ الْمُفِيدَةُ، وَهِيَ اثْنَانِ

الْأَوَّلُ النَّكِرَةُ الْمَخْصُوصَةُ، وَهِيَ ...

النَّكِرَةُ الْمَوْصُوفَةُ، نَحْوُ: طَالِبٌ مُجْتَهِدٌ

وَالْمُضَافَةُ إِلَى النَّكِرَةِ، نَحْوُ: طَالِبُ عِلْمٍ

النَّكِرَةُ غَيْرُ الْمَحْضَةِ

تُسَمَّى النَّكِرَةُ الْمَخْصُوصَةُ نَكِرَةً غَيْرَ مَحْضَةٍ

الثَّانِي النَّكِرَةُ فِي سِيَاقِ ...

النَّفْيِ، نَحْوُ: مَا أَحَدٌ خَيْرًا مِنْ أَحَدٍ إِلَّا بِالتَّقْوَى

أَوِ الِاسْتِفْهَامِ، نَحْوُ: ﴿ءَإِلَٰهٌ مَّعَ ٱللَّهِ﴾

الْقِسْمُ الثَّانِي: النَّكِرَةُ غَيْرُ الْمُفِيدَةِ

الْقِسْمُ الثَّانِي النَّكِرَةُ غَيْرُ الْمُفِيدَةِ، وَهِيَ مَا لَيْسَ كَذَالِكَ، نَحْوُ: طَالِبٌ

النَّكِرَةُ الْمَحْضَةُ

تُسَمَّى النَّكِرَةُ غَيْرُ الْمُفِيدَةِ نَكِرَةً مَحْضَةً

---

[١] ... غَيْرِ نَعْتٌ لِبَيْتٍ، مَجْرُورٌ بِالْكَسْرَةِ؛ بَيْتِ مُضَافٌ إِلَيْهِ، مَجْرُورٌ بِالْكَسْرَةِ ...

[٢] ... سَلِيمَ نَعْتٌ لِمُؤْمِنٍ ...

الْفَصْلُ الثَّانِي فِي التَّذْكِيرِ وَالتَّأْنِيثِ

الْفَصْلُ الثَّانِي فِي التَّذْكِيرِ وَالتَّأْنِيثِ، فَالِاسْمُ نَوْعَانِ:

النَّوْعُ الْأَوَّلُ: الْمُؤَنَّثُ

النَّوْعُ الْأَوَّلُ الْمُؤَنَّثُ، وَهُوَ قِسْمَانِ:

الْقِسْمُ الْأَوَّلُ: الْحَقِيقِيُّ

الْقِسْمُ الْأَوَّلُ الْحَقِيقِيُّ، وَهُوَ مَا كَانَ مُؤَنَّثًا بِالْخِلْقَةِ، نَحْوُ: الْمَرْأَةِ وَالنَّاقَةِ

الْقِسْمُ الثَّانِي: غَيْرُ الْحَقِيقِيِّ

الْقِسْمُ الثَّانِي غَيْرُ الْحَقِيقِيِّ، وَهُوَ مَا فِي حُكْمِ الْمُؤَنَّثِ وَإِنْ لَمْ يَكُنْ مُؤَنَّثًا بِالْخِلْقَةِ

مَسْأَلَةٌ

يُسَمَّى غَيْرُ الْحَقِيقِيِّ لَفْظِيًّا وَمَجَازِيًّا

وَهُوَ ثَلَاثَةُ أَضْرُبٍ:

الضَّرْبُ الْأَوَّلُ: مَا كَانَ فِي آخِرِهِ تَاءٌ مَرْبُوطَةٌ

الضَّرْبُ الْأَوَّلُ مَا كَانَ فِي آخِرِهِ تَاءٌ مَرْبُوطَةٌ، نَحْوُ: السَّاعَةُ

مَسْأَلَةٌ

تُقَدَّرُ التَّاءُ فِي بَعْضِ الْأَسْمَاءِ سَمَاعًا، وَتُسَمَّى مُؤَنَّثًا سَمَاعِيًّا، نَحْوُ: الشَّمْسُ، أَصْلُهَا شَمْسَةٌ[1]

الْمُؤَنَّثُ السَّمَاعِيُّ

مِنَ الْمُؤَنَّثِ السَّمَاعِيِّ ...

الْأُذُنُ، وَالْأَرْضُ، وَالْأَرْنَبُ، وَالْإِصْبَعُ، وَالْبِئْرُ، وَالثُّرَيَّا، وَالْجَحِيمُ، وَالْجَنُوبُ، وَجَهَنَّمُ، وَالْحَرْبُ، وَالْحَرُورُ، وَالدَّارُ، وَالدَّبُورُ، وَالرِّجْلُ، وَالرَّحَى، وَالرِّيحُ،

---

[1] فَائِدَةٌ: عُرِفَ تَقْدِيرُ التَّاءِ الْمَرْبُوطَةِ مِنَ التَّصْغِيرِ، نَحْوُ شُمَيْسَةٍ

وَالسَّاقُ، وَالسَّمَاءُ، وَالسِّنُّ، وَالشِّعْرَى، وَالشِّمَالُ، وَالشَّمْسُ، وَالصَّبَا، وَالْعَرُوْضُ، وَالْعَصَا، وَالْعَقِبُ، وَالْعِيْرُ، وَالْعَيْنُ، وَالْفَأْسُ، وَالْفَخِذُ، وَالْفِرْسَنُ، وَالْقَدَمُ، وَالْقَدُّوْمُ، وَالْقَوْسُ، وَالْكَأْسُ، وَالْكَتِفُ، وَالْكَرْشُ، وَالْكَفُّ، وَالنَّارُ، وَالنَّعْلُ، وَالنَّفْسُ، وَالْيَدُ، وَالْيَمِيْنُ.

الضَّرْبُ الثَّانِيْ: مَا كَانَ فِيْ آخِرِهِ أَلِفُ التَّأْنِيْثِ

الضَّرْبُ الثَّانِيْ مَا كَانَ فِيْ آخِرِهِ أَلِفُ التَّأْنِيْثِ ...

الْمَقْصُوْرَةُ، نَحْوُ: الْبُشْرَى

أَوِ الْمَمْدُوْدَةُ، نَحْوُ: الصَّحْرَاءُ

الضَّرْبُ الثَّالِثُ: كُلُّ مَجْمُوْعٍ سِوَى مَجْمُوْعِ الْمُذَكَّرِ السَّالِمِ

الضَّرْبُ الثَّالِثُ كُلُّ مَجْمُوْعٍ سِوَى مَجْمُوْعِ الْمُذَكَّرِ السَّالِمِ، وَمِنْهُ ...

اِسْمُ الْجِنْسِ، نَحْوُ: أَوْرَقَتِ الشَّجَرُ

وَاسْمُ الْجَمْعِ، نَحْوُ: ﴿كَذَّبَتْ قَبْلَهُمْ قَوْمُ نُوحٍ وَعَادٌ وَثَمُودُ ﴿٤٢﴾﴾

وَالْمَجْمُوْعُ الْمُكَسَّرُ، نَحْوُ: ﴿تِلْكَ الرُّسُلُ﴾

النَّوْعُ الثَّانِي: الْمُذَكَّرُ

النَّوْعُ الثَّانِي الْمُذَكَّرُ، وَهُوَ مَا سِوَى الْمُؤَنَّثِ

مَا يُذَكَّرُ وَيُؤَنَّثُ

مِنَ الْأَسْمَاءِ مَا يُذَكَّرُ وَيُؤَنَّثُ، مِنْهَا

الْإِبِطُ، وَالْإِزَارُ، وَالْحَالُ، وَالْحَانُوْتُ، وَالْخَمْرُ، وَالدِّرْعُ، وَالدَّلْوُ، وَالذِّرَاعُ، وَالذَّهَبُ، وَالرُّوْحُ، وَالسَّبِيْلُ، وَالسَّرَاوِيْلُ، وَسَقَرُ، وَالسِّكِّيْنُ، وَالسِّلَاحُ، وَالسُّلَّمُ، وَالسِّلْمُ، وَالسَّمُوْمُ، وَالسُّوْقُ، وَالضُّحَى، وَالطَّرِيْقُ، وَالْعَجُزُ، وَالْعَضُدُ، وَالْعُقَابُ،

وَالْعَقْرَبُ، وَالْعُنُقُ، وَالْعَنْكَبُوْتُ، وَالْفِرْدَوْسُ، وَالْفَرَسُ، وَالْقِدْرُ، وَالْقَفَا، وَالْقَمِيْصُ، وَالْكَبِدُ، وَاللِّسَانُ، وَالْمِسْكُ، وَالْمِلْحُ، وَالْمِنْجَنِيْقُ، وَالنَّخْلُ.

الْفَصْلُ الثَّالِثُ فِي الْمُوَحَّدِ وَالْمُثَنَّى وَالْمَجْمُوْعِ

الْفَصْلُ الثَّالِثُ فِي الْمُوَحَّدِ وَالْمُثَنَّى وَالْمَجْمُوْعِ، فَالِاسْمُ ثَلَاثَةُ أَنْوَاعٍ

النَّوْعُ الْأَوَّلُ: الْمُوَحَّدُ

النَّوْعُ الْأَوَّلُ الْمُوَحَّدُ، وَهُوَ مَا دَلَّ عَلَى وَاحِدٍ، نَحْوُ: مُسْلِمٌ

الْمُوَحَّدُ وَالْمُفْرَد

يُسَمَّى الْمُوَحَّدُ مُفْرَدًا

النَّوْعُ الثَّانِي: الْمُثَنَّى

النَّوْعُ الثَّانِي الْمُثَنَّى، وَهُوَ مَا دَلَّ عَلَى اثْنَيْنِ،

صِيَاغَةُ الْمُثَنَّى

يُصَاغُ الْمُثَنَّى بِفَتْحِ آخِرِ الْمُوَحَّدِ وَزِيَادَةِ ...

أَلِفٍ وَنُوْنٍ رَفْعًا، نَحْوُ: مُؤْمِنَانِ

وَيَاءٍ وَنُوْنٍ نَصْبًا وَجَرًّا، نَحْوُ: مُسْلِمَيْنِ

تَثْنِيَةُ الِاسْمِ الْمَنْقُوصِ

تُرَدُّ الْيَاءُ فِي الِاسْمِ الْمَنْقُوصِ عِنْدَ تَثْنِيَتِهِ، نَحْوُ: هَادِيَانِ مُثَنَّى هَادٍ

تَثْنِيَةُ الِاسْمِ الْمَقْصُوْرِ

أَلِفُ الِاسْمِ الْمَقْصُوْرِ ...

إِذَا كَانَتْ ثَالِثَةً تُرَدُّ إِلَى أَصْلِهَا، نَحْوُ: عَصَوَانِ مُثَنَّى عَصًا، وَفَتَيَانِ مُثَنَّى فَتًى

وَإِذَا كَانَتْ رَابِعَةً فَصَاعِدًا تُقْلَبُ يَاءً، نَحْوُ: مَلْهَيَانِ مُثَنَّى مَلْهًى، وَمَسْعَيَانِ مُثَنَّى مَسْعًى، وَذِكْرَيَانِ مُثَنَّى ذِكْرَى

تَثْنِيَةُ الاِسْمِ الْمَمْدُوْدِ

هَمْزَةُ الِاسْمِ الْمَمْدُوْدِ ...

تَبْقَى عَلَى حَالِهَا إِذَا كَانَتْ أَصْلِيَّةً ، نَحْوُ: قَرَّاءَانِ مُثَنَّى قَرَّاءٌ

وَجَازَ إِبْقَاءُهَا عَلى حَالِهَا وَقَلْبُهَا وَاوًا إِذَا كَانَتْ مُنْقَلِبَةً مِنْ ...

وَاوٍ، نَحْوُ: كِسَاءَانِ وَكِسَاوَانِ مُثَنَّيَا كِسَاءٍ،

أَوْ يَاءٍ ، نَحْوُ: غِطَاءَانِ وَغِطَاوَانِ مُثَنَّيَا غِطَاءٍ

وَتُقْلَبُ وَاوًا إِذَا كَانَتْ لِلتَّأْنِيْثِ ، نَحْوُ: صَحْرَاوَانِ مُثَنَّى صَحْرَاءَ

النَّوْعُ الثَّالِثُ: الْمَجْمُوْعُ

النَّوْعُ الثَّالِثُ الْمَجْمُوْعُ، وَهُوَ مَا دَلَّ عَلَى أَكْثَرَ مِنَ اثْنَيْنِ، نَحْوُ: قَانِتُوْنَ

وَهُوَ قِسْمَانِ:

الْقِسْمُ الْأَوَّلُ: السَّالِمُ

الْقِسْمُ الْأَوَّلُ السَّالِمُ، وَهُوَ مَا لَمْ يَتَغَيَّرْ صِيْغَةُ مُوَحَّدِهِ عِنْدَ الْجَمْعِ، وَهُوَ ضَرْبَانِ:

الضَّربُ الْأَوَّلُ: الْمُذَكَّرُ السَّالِمُ

الضَّربُ الْأَوَّلُ الْمُذَكَّرُ السَّالِمُ

صِيَاغَةُ مَجْمُوْعِ الْمُذَكَّرِ السَّالِمِ

يُصَاغُ مَجْمُوْعُ الْمُذَكَّرِ السَّالِمُ ...

بِضَمِّ آخِرِ الْمُوَحَّدِ، وَزِيَادَةِ وَاوٍ وَنُوْنٍ رَفْعًا، نَحْوُ: تَائِبُوْنَ

بِكَسْرِ آخِرِ الْمُوَحَّدِ، وَزِيَادَةِ يَاءٍ وَنُوْنٍ نَصْبًا وَجَرًا، نَحْوُ: آئِبِيْنَ

الضَّربُ الثَّانِي: الْمُؤَنَّثُ السَّالِمُ

الضَّربُ الثَّانِي الْمُؤَنَّثُ السَّالِمُ

صِيَاغَةُ مَجْمُوعِ الْمُؤَنَّثِ السَّالِمِ

يُصَاغُ مَجْمُوْعُ الْمُؤَنَّثِ السَّالِمُ بِفَتْحِ آخِرِ الْمُوَحَّدِ، وَزِيَادَةِ أَلِفٍ وَتَاءٍ، نَحْوُ: عَابِدَاتٌ وَقَانِتَاتٌ

مَسْأَلَةٌ

تَسْقُطُ نُوْنُ الْمُثَنَّى وَمَجْمُوْعِ الْمُذكَّرِ السَّالِمِ عِنْدَ الْإِضَافَةِ، نَحْوُ: مُوْسَى وَهَارُوْنُ رَسُوْلَا رَبِّ الْعَالَمِيْنَ عليهما السلام

الْقِسْمُ الثَّانِي: الْمُكَسَّرُ

الْقِسْمُ الثَّانِي الْمُكَسَّرُ، وَهُوَ مَا تَغَيَّرَ صِيْغَةُ مُوَحَّدِهِ عِنْدَ جَمْعِهِ، نَحْوُ: رُكَّعٌ مَجْمُوْعُ رَاكِعٍ

وَهُوَ ضَرْبَانِ:

الضَّرْبُ الْأَوَّلُ: مَجْمُوْعُ قِلَّةٍ

الضَّربُ الْأَوَّلُ مَجْمُوْعُ قِلَّةٍ، وَهُوَ مَا يَدُلُّ عَلَى مَا بَيْنَ الثَّلَاثَةِ إِلَى الْعَشَرَةِ.

وَأَبْنِيَتُهَا أَرْبَعَةٌ:

الْأَوَّلُ أَفْعُلٌ، نَحْوُ: أَنْفُسٌ مَجْمُوْعُ نَفْسٍ

الثَّانِي أَفْعَالٌ، نَحْوُ: أَثْوَابٌ مَجْمُوْعُ ثَوْبٍ

الثَّالِثُ أَفْعِلَةٌ، نَحْوُ: أَمْتِعَةٌ مَجْمُوْعُ مَتَاعٍ

الرَّابِعُ فِعْلَةٌ، نَحْوُ: فِتْيَةٌ مَجْمُوْعُ فَتًى

الضَّربُ الثَّانِي: مَجْمُوْعُ كَثْرَةٍ

الضَّربُ الثَّانِي مَجْمُوْعُ كَثْرَةٍ، وَهُوَ مَا يَدُلُّ عَلَى مَا فَوْقَ الْعَشَرَةِ، وَأَبْنِيَتُهَا مَا عَدَا أَبْنِيَةَ مَجْمُوْعِ الْقِلَّةِ.

مَسْأَلَةٌ

إِذَا كَانَ لِمُوَحَّدٍ مَجْمُوْعُ قِلَّةٍ وَكَثْرَةٍ تَدُلُّ أَبْنِيَةُ مَجْمُوْعِ الْقِلَّةِ عَلَى الْقِلَّةِ، وَتَدُلُّ أَبْنِيَةُ مَجْمُوْعِ الْكَثْرَةِ عَلَى الْكَثْرَةِ، نَحْوُ: أَنْفُسٌ وَنُفُوْسٌ مَجْمُوْعَا نَفْسٍ

وَإِنْ لَمْ يَكُنْ لِمُوَحَّدٍ مَجْمُوْعُ قِلَّةٍ وَكَثْرَةٍ تَدُلُّ أَبْنِيَةُ الْقِلَّةِ عَلَى الْقِلَّةِ وَالْكَثْرَةِ، وَكَذَالِكَ أَوْزَانُ الْكَثْرَةِ، نَحْوُ: أَقْلَامٌ مَجْمُوْعُ قَلَمٍ

الْفَصْلُ الرَّابِعُ فِي التَّصْغِيْرِ

الْفَصْلُ الرَّابِعُ فِي التَّصْغِيْرِ، وَهُوَ تَغْيِيْرُ بِنَاءِ الِاسْمِ لِلدَّلَالَةِ عَلَى صِغَرِهِ

وَلَهُ ثَلَاثُ صِيَغٍ:

الْأَوَّلُ: فُعَيْلٌ، وَهُوَ لِلِاسْمِ الثُّلَاثِيِّ، نَحْوُ: نُجَيْمٌ تَصْغِيْرُ نَجْمٍ

الثَّانِي: فُعَيْعِلٌ، وَهُوَ لِلِاسْمِ ...

الرُّبَاعِيِّ، نَحْوُ: دُرَيْهِمٌ تَصْغِيْرُ دِرْهَمٍ

وَالْخُمَاسِيِّ لَيْسَ قَبْلَ آخِرِهِ حَرْفُ مَدٍّ، نَحْوُ: سُفَيْرِجٌ تَصْغِيْرُ سَفَرْجَلٍ

الثَّالِثُ: فُعَيْعِيْلٌ لِلِاسْمِ الْخُمَاسِيِّ قَبْلَ آخِرِهِ حَرْفُ مَدٍّ، نَحْوُ: مُفَيْتِيْحٌ تَصْغِيْرُ مِفْتَاحٍ

الْفَصْلُ الْخَامِسُ فِي النِّسْبَةِ

الْفَصْلُ الْخَامِسُ فِي النِّسْبَةِ، وَهِيَ إِلْحَاقُ يَاءٍ مُشَدَّدَةٍ فِي آخِرِ الِاسْمِ لِنِسْبَتِهِ إِلَى شَيْءٍ، نَحْوُ: مَكَّةَ وَمَكِّيٌّ

الْخَاتِمَةُ فِي الْعَدَدِ

الْخَاتِمَةُ فِي الْعَدَدِ، وَفِيْهِ مُقَدِّمَةٌ وَثَلَاثَةُ فُصُوْلٍ

الْمُقَدِّمَةُ فِي الْأَعْدَادِ

الْمُقَدِّمَةُ فِي الْأَعْدَادِ، وَهِيَ قِسْمَانِ:

الْقِسْمُ الْأَوَّلُ: الْعَدَدُ الْمُفْرَدُ

الْقِسْمُ الْأَوَّلُ الْعَدَدُ الْمُفْرَدُ، وَهُوَ أَرْبَعَةٌ:

الْأَوَّلُ الْآحَادُ، وَهِيَ وَاحِدٌ وَاثْنَانِ، وَثَلَاثٌ وَأَرْبَعٌ وَخَمْسٌ وسِتٌّ وَسَبْعٌ وَثَمَانٍ وَتِسْعٌ وَعَشْرٌ

الثَّانِي الْعَشَرَاتُ، وَهِيَ عِشْرُوْنَ وَثَلَاثُوْنَ وَأَرْبَعُوْنَ وَخَمْسُوْنَ وَسِتُّوْنَ وسَبْعُوْنَ وَثَمَانُوْنَ وَتِسْعُوْنَ

الثَّالِثُ مِائَةٌ

الرَّابِعُ أَلْفٌ

حَرَكَةُ سِينِ عَشْرٍ وَعَشَرَةٍ

سِيْنُ عَشْرٍ …

تُسَكَّنُ مُفْرَدًا، نَحْوُ: عَشْرُ نِسَاءٍ

وَتُفْتَحُ مُرَكَّبًا، نَحْوُ: اثْنَا عَشَرَ رَجُلًا

سِيْنُ عَشَرَةٍ …

تُفْتَحُ مُفْرَدًا، نَحْوُ: عَشَرَةُ رِجَالٍ

وَتُسَكَّنُ مُرَكَّبًا، نَحْوُ: اثْنَتَا عَشْرَةَ امْرَأَةً

الْقِسْمُ الثَّانِي: الْعَدَدُ الْمُرَكَّبُ

الْقِسْمُ الثَّانِي الْعَدَدُ الْمُرَكَّبُ، وَهُوَ ضَرْبَانِ

الضَّرْبُ الْأَوَّلُ: مَا يُرَكَّبُ تَرْكِيْبَ مَزْجٍ

الضَّرْبُ الْأَوَّلُ مَا يُرَكَّبُ تَرْكِيْبَ مَزْجٍ، وَهُوَ أَحَدَ عَشَرَ إِلَى تِسْعَ عَشْرَةَ، نَحْوُ: رَأَى يُوْسُفُ عليه السلام فِي الْمَنَامِ أَحَدَ عَشَرَ كَوْكَبًا

الضَّرْبُ الثَّانِي: مَا يُرَكَّبُ تَرْكِيْبَ عَطْفٍ

الضَّرْبُ الثَّانِي مَا يُرَكَّبُ تَرْكِيْبَ عَطْفٍ، وَهُوَ مَا سِوَاهُنَّ، نَحْوُ: إِنَّ لِلّٰهِ تِسْعَةً وَّتِسْعِيْنَ اسْمًا

التَّرْتِيْبُ فِي الْعَدَدِ الْمُرَكَّبِ

يُقَدَّمُ ...

الْأَلْفُ عَلَى الْمِائَةِ، نَحْوُ: أَلْفٌ وَّمِائَةُ سَنَةٍ

وَالْمِائَةُ عَلَى الْآحَادِ، نَحْوُ: مِائَةٌ وَّأَرْبَعُ سَنَوَاتٍ

وَالْآحَادُ عَلَى الْعَشَرَاتِ، نَحْوُ: سَبْعٌ وَّعِشْرُوْنَ لَيْلَةً

الْفَصْلُ الْأَوَّلُ: تَذْكِيْرُ الْعَدَدِ وَتَأْنِيْثُهُ

الْفَصْلُ الْأَوَّلُ تَذْكِيْرُ الْعَدَدِ وَتَأْنِيْثُهُ، وَالْأَعْدَادُ قِسْمَانِ:

الْقِسْمُ الْأَوَّلُ: مَا يَلْحَقُهُ عَلَامَةُ التَّأْنِيْثِ

الْقِسْمُ الْأَوَّلُ مَا يَلْحَقُهُ عَلَامَةُ التَّأْنِيْثِ، وَهُوَ وَاحِدٌ وَاثْنَانِ وَثَلَاثٌ إِلَى عَشْرٍ

مُطَابَقَةُ الْعَدَدِ بِمَعْدُوْدِهِ وَمُخَالَفَتُهُ لَهُ

يُطَابِقُ وَاحِدٌ وَاثْنَانِ مَعْدُوْدَهُمَا ...

مُفْرَدًا، نَحْوُ: رَجُلٌ وَاحِدٌ وَامْرَأَتَانِ اثْنَتَانِ،

وَمُرَكَّبًا، نَحْوُ: أَحَدَ عَشَرَ رَجُلًا وَإِحْدَى عَشْرَةَ امْرَأَةً

يُخَالِفُ الْعَدَدُ الْمَعْدُوْدَ فِي ثَلَاثٍ إِلَى عَشْرٍ ...

مُفْرَدًا، نَحْوُ: ثَلَاثَةُ رِجَالٍ وَأَرْبَعُ نِسَاءٍ،

وَمُرَكَّبًا ، نَحْوُ: ثَلَاثَةٌ وَّعِشْرُوْنَ رَجُلًا وَأَرْبَعٌ وَّعِشْرُوْنَ امْرَأَةً

مُطَابَقَةُ الْعَدَدِ الْعَدَدِ الْأَوَّلِ لِلْعَدَدِ الثَّانِي

يُخَالِفُ الْعَدَدُ الْأَوَّلُ الْعَدَدَ الثَّانِيَ فِي ثَلَاثَ عَشْرَةَ إِلَى تِسْعَ عَشْرَةَ، نَحْوُ: ثَلَاثَةَ

عَشَرَ رَجُلًا وَثَلَاثَ عَشْرَةَ امْرَأَةً

مَسْأَلَةٌ

الْعِبْرَةُ فِي تَذْكِيرِ الْعَدَدِ وَتَأْنِيْثِهِ بِالْمُوَحَّدِ لَا بِالْمَجْمُوْعِ، فَتَقُوْلُ أَرْبَعُ حِجَجٍ ولَا تَقُوْلُ أَرْبَعَةُ حِجَجٍ[1]

الْقِسْمُ الثَّانِي: مَا لَا يَلْحَقُهُ عَلَامَةُ التَّأْنِيثِ

الْقِسْمُ الثَّانِي مَا لَا يَلْحَقُهُ عَلَامَةُ التَّانِيْثِ، وَهُوَ عِشْرُوْنَ إِلَى تِسْعُوْنَ، وَمِائَةٌ وَأَلْفٌ، نَحْوُ عِشْرُوْنَ رَجُلًا وَعِشْرُوْنَ امْرَأَةً، وَمِائَةُ رَجُلٍ وَمِائَةُ امْرَأَةٍ، وَأَلْفُ رَجُلٍ وَأَلْفُ امْرَأَةٍ

الْفَصْلُ الثَّانِيْ: إِفْرَادُ الْمَعْدُوْدِ وَجَمْعُهُ

الْفَصْلُ الثَّانِيْ إِفْرَادُ الْمَعْدُوْدِ وَجَمْعُهُ

مَعْدُوْدُ وَاحِدٍ مُوَحَّدٌ وَمَعْدُوْدُ اثْنَانِ مُثَنًّى، نَحْوُ: رَجُلٌ وَاحِدٌ وَامْرَأَتَانِ اثْنَتَانِ

مَعْدُوْدُ ثَلَاثٍ إِلَى عَشْرٍ مَجْمُوْعٌ، نَحْوُ: ثَلَاثَةُ رِجَالٍ وأَرْبَعُ نِسَاءٍ

وَمَعْدُوْدُ مَا سِوَاهُنَّ مُوَحَّدٌ، نَحْوُ: عِشْرُوْنَ رَجُلًا وَمِائَةُ امْرَأَةٍ وَأَلْفُ وَلَدٍ

الْفَصْلُ الثَّالِثُ: إِعْرَابُ الْعَدَدِ وَالْمَعْدُوْدِ

الْفَصْلُ الثَّالِثُ إِعْرَابُ الْعَدَدِ وَالْمَعْدُوِدِ

يَقَعُ وَاحِدٌ وَاثْنَانِ نَعْتًا، نَحْوُ: رَجُلٌ وَاحِدٌ وَامْرَأَتَانِ اثْنَتَانِ

وَيَقَعُ مَعْدُوْدُ ثَلَاثٍ إِلَى عَشْرٍ مُضَافًا إِلَيْهِ، نَحْوُ: ثَلَاثَةُ رِجَالٍ وأَرْبَعُ نِسَاءٍ

وَيَقَعُ مَعْدُوْدُ أَحَدَ عَشَرَ إِلَى تِسْعَةٍ وَتِسْعِيْنَ، وَعِشْرِيْنَ إِلَى تِسْعِيْنَ تَمْيِيْزًا مَنْصُوْبًا، نَحْوُ: أَحَدَ عَشَرَ رَجُلًا، وَتِسْعُوْنَ امْرَأَةً

وَيَقَعُ مَعْدُوْدُ مِائَةٍ وَأَلْفٍ مُضَافًا إِلَيْهِ، نَحْوُ: مِائَةُ رَجُلٍ وَأَلْفُ امْرَأَةٍ

---

[1] الْحِجَجُ مَجْمُوْعُ حِجَّةٍ

الْبَابُ الثَّانِيْ فِيْ أَحْكَامِ الْفِعْلِ

الْبَابُ الثَّانِيْ فِيْ أَحْكَامِ الْفِعْلِ، وَفِيْهِ سِتَّةُ فُصُوْلٍ

الْفَصْلُ الْأَوَّلُ فِي الْمَاضِيْ وَ الْمُضَارِعِ وَالْأَمْرِ

الْفَصْلُ الْأَوَّلُ فِي الْمَاضِيْ وَالْمُضَارِعِ وَالْأَمْرِ،

النَّوْعُ الْأَوَّلُ: الْمَاضِيْ

النَّوْعُ الْأَوَّلُ الْمَاضِيْ، وَهُوَ مَا يَدُلُّ عَلَى فِعْلٍ وُجِدَ فِي الزَّمَانِ قَبْلَ التَّكَلُّمِ، نَحْوُ: آمَنَ

النَّوْعُ الثَّانِي: الْمُضَارِعُ

النَّوْعُ الثَّانِي الْمُضَارِعُ، وَهُوَ مَا يَدُلُّ عَلَى فِعْلٍ وُجِدَ ...

عِنْدَ التَّكَلُّمِ، وَيُسَمَّى حَالًا وَحَاضِرًا، نَحْوُ: زَيْدٌ يُصَلِّي الْآنَ

أَو بَعْدَ التَّكَلُّمِ، وَيُسَمَّى مُسْتَقْبِلًا، نَحْوُ: فَاطِمَةُ تَصُوْمُ غَدًا

عَلَامَةُ الْمُضَارِعِ

يَسْبِقُ الْمُضَارِعَ حُرُوْفُ الْمُضَارَعَةِ، وَهِيَ أَلِفٌ وَتَاءٌ وَيَاءٌ وَنُوْنٌ، وَتُسَمَّى عَلَامَةَ الْمُضَارِعِ

اخْتِصَاصُ الْمُضَارِعِ بِزَمَانٍ

يَخْتَصُّ الْمُضَارِعُ بِزَمَانِ الْحَالِ إِذَا دَخَلَهُ اللَّامُ، نَحْوُ: لَنَدْخُلُ الْمَسْجِدَ الْحَرَامَ

وَيَخْتَصُّ الْمُضَارِعُ بِزَمَانِ الِاسْتِقْبَالِ وَإِذَا دَخَلَهُ ...

السِّينُ، نَحْوُ: سَنَطُوْفُ بِالْبَيْتِ

أَوْ سَوْفَ، نَحْوُ: وَسَوْفَ نَسْعَى بَيْنَ الصَّفَا وَالْمَرْوَةِ

النَّوْعُ الثَّالِثُ: الْأَمْرُ

النَّوْعُ الثَّالِثُ الْأَمْرُ، وَهُوَ مَا يَدُلُّ عَلَى طَلَبِ الْفِعْلِ

صِيَاغَةُ الْأَمْرِ

يُبْنَى الْأَمْرُ مِنْ صِيَغِ الْمُخَاطَبِ مِنَ الْمُضَارِعِ الْمَجْزُوْمِ بِحَذْفِ حَرْفِ الْمُضَارَعَةِ،
نَحْوُ: عَلِّمِ النَّاسَ الْقُرْآنَ،
وَإِذَا كَانَ مَا بَعْدَ حَرْفِ الْمُضَارَعَةِ سَاكِنًا زِيْدَتْ فِيْ أَوَّلِهِ ...
هَمْزَةُ وَصْلٍ مَكْسُوْرَةٌ إِذَا كَانَتْ عَيْنُ الْكَلِمَةِ مَفْتُوْحَةً أَوْ مَكْسُوْرَةً، نَحْوُ: اِرْكَعُوْا
وَهَمْزَةُ وَصْلٍ مَضْمُوْمَةٌ إِذَا كَانَتْ عَيْنُ الْكَلِمَةِ مَضْمُوْمَةً، نَحْوُ: اُسْجُدُوْا.

الْأَمْرُ مِنْ بَابِ الْإِفْعَالِ

يُبْنَى الْأَمْرُ مِنْ مُضَارِعِهِ الْأَصْلِيِّ، نَحْوُ: أَفْعِلْ مِنْ يُؤَفْعِلُ لَا مِنْ يُفْعِلُ

الْفَصْلُ الثَّانِيْ فِي الْمَبْنِيِّ لِلْفَاعِلِ وَالْمَفْعُوْلِ بِهِ

الْفَصْلُ الثَّانِيْ فِي الْمَبْنِيِّ لِلْفَاعِلِ وَالْمَفْعُوْلِ بِهِ، فَالْفِعْلُ نَوْعَانِ:

النَّوْعُ الْأَوَّلُ: الْفِعْلُ الْمَبْنِيُّ لِلْفَاعِلِ

النَّوْعُ الْأَوَّلُ الْفِعْلُ الْمَبْنِيُّ لِلْفَاعِلِ، وَهُوَ مَا ذُكِرَ فَاعِلُهُ، نَحْوُ: خَلَقَ اللهُ الْأَرْضَ

مَسْأَلَةٌ

يُسَمَّى الْفِعْلُ الْمَبْنِيُّ لِلْفَاعِلِ فِعْلًا مَعْلُوْمًا فَاعِلُهُ

النَّوْعُ الثَّانِي: الْفِعْلُ الْمَبْنِيُّ لِلْمَفْعُوْلِ بِهِ

النَّوْعُ الثَّانِي الْفِعْلُ الْمَبْنِيُّ لِلْمَفْعُوْلِ بِهِ، وَهُوَ مَا حُذِفَ فَاعِلُهُ وَأُقِيْمَ الْمَفْعُوْلُ بِهِ مَقَامَ فَاعِلِهِ، نَحْوُ: خُلِقَتِ الْأَرْضُ

مَسْأَلَةٌ

يُسَمَّى الْفِعْلُ الْمَبْنِيُّ لِلْمَفْعُوْلِ بِهِ فِعْلًا مَجْهُوْلًا فَاعِلُهُ

نَائِبُ الْفَاعِلِ

يُسَمَّى الْمَفْعُوْلُ بِهِ نَائِبَ الْفَاعِلِ إِذَا أُقِيْمَ مَقَامَ فَاعِلِهِ

صِيَاغَةِ الْفِعْلِ الْمَبْنِيِّ لِلْمَفْعُوْلِ بِهِ مِنَ الْفِعْلِ الْمَاضِي

فِي الْفِعْلِ الْمَاضِي الْمَبْنِيِّ لِلْمَفْعُوْلِ بِهِ يَكُوْنُ ...

مَا قَبْلَ آخِرِهِ مَكْسُوْرًا

وَبَقِيَّةُ حُرُوْفِهِ الْمُتَحَرِّكَةِ مَضْمُوْمًا،

نَحْوُ: نُصِرَ وَأُكْرِمَ وَزُلْزِلَ، وَانْتُخِبَ وَانْطُلِقَ بِهِ وَاسْتُخْرِجَ وَتُدُحْرِجَ

قَلْبُ الْأَلِفِ وَاوًا

إِذَا كَانَ بَعْدَ فَاءِ الْكَلِمَةِ أَلِفٌ زَائِدَةٌ تُقْلَبُ وَاوًا، نَحْوُ: حَاسَبَ وَحُوْسِبَ، وَتَعَارَفَ وَتُعُوْرِفَ

قَلْبُ الْوَاوِ يَاءً

إِذَا كَانَ بَعْدَ فَاءِ الْكَلِمَةِ وَاوٌ تُقْلَبُ يَاءً وَتُكْسَرُ فَاءُ الْكَلِمَةِ، نَحْوُ: قَالَ وَقِيْلَ

صِيَاغَةُ الْفِعْلِ الْمَبْنِيِّ لِلْمَفْعُوْلِ بِهِ مِنَ الْفِعْلِ الْمُضَارِعِ

يَكُوْنُ ...

حَرْفُ الْمُضَارَعَةِ مِنَ الْمُضَارِعِ الْمَبْنِيِّ لِلْمَفْعُوْلِ بِهِ مَضْمُوْمًا

وَمَا قَبْلَ الآخِرِ مَفْتُوْحًا،

نَحْوُ: يُعْلَمُ، وَيُدَحْرَجُ، وَيُكْرَمُ، وَيُفَرَّحُ، وَيُحَاسَبُ، وَيُسْتَخْرَجُ

الْفَصْلُ الثَّالِثُ فِيْ تَصَرُّفِ الْفِعْلِ وَعَدَمِهِ

الْفَصْلُ الثَّالِثُ فِيْ تَصَرُّفِ الْفِعْلِ وَعَدَمِهِ، فَالْفِعْلُ نَوْعَانِ:

النَّوْعُ الْأَوَّلُ: الْفِعْلُ الْمُتَصَرِّفُ

النَّوْعُ الْأَوَّلُ الْفِعْلُ الْمُتَصَرِّفُ، وَهُوَ قِسْمَانِ:

الْقِسْمُ الْأَوَّلُ: الْفِعْلُ التَّامُّ التَّصَرُّفِ

الْقِسْمُ الْأَوَّلُ الْفِعْلُ التَّامُّ التَّصَرُّفِ، وَهُوَ مَا يَتَصَرَّفُ إِلَى مُضَارِعٍ وَأَمْرٍ وَاسْمِ فَاعِلٍ

وَغَيْرِهِ، نَحْوُ: أَطَاعَ وَيُطِيعُ وَأَطِعْ وَلَا تُطِعْ وَمُطِيعٌ وَمُطَاعٌ وَمِطْوَاعٌ

الْقِسْمُ الثَّانِي: الْفِعْلُ النَّاقِصُ التَّصَرُّفِ

الْقِسْمُ الثَّانِي الْفِعْلُ النَّاقِصُ التَّصَرُّفِ، وَهُوَ مَا يَتَصَرَّفُ إِلَى مُضَارِعٍ لَا غَيْرُ، نَحْوُ: مَا زَالَ وَلَا يَزَالُ

النَّوْعُ الثَّانِي: الْفِعْلُ غَيْرُ الْمُتَصَرِّفِ

النَّوْعُ الثَّانِي الْفِعْلُ غَيْرُ الْمُتَصَرِّفِ، وَهُوَ مَا لَا يَتَصَرَّفُ إِلَى غَيْرِهِ،

مَسْأَلَةٌ

يُسَمَّى الْفِعْلُ غَيْرُ الْمُتَصَرِّفِ فِعْلًا جَامِدًا

وَهُوَ قِسْمَانِ:

الْقِسْمُ الْأَوَّلُ: مَا يَلْحَقُهُ ضَمِيرُ الْفَاعِلِ

الْقِسْمُ الْأَوَّلُ مَا يَلْحَقُهُ ضَمِيرُ الْفَاعِلِ، نَحْوُ: لَسْتُمْ وَعَسَيْتُمْ

الْقِسْمُ الثَّانِي: مَا لَا يَلْحَقُهُ ضَمِيرُ الْفَاعِلِ

الْقِسْمُ الثَّانِي مَا لَا يَلْحَقُهُ ضَمِيرُ الْفَاعِلِ، نَحْوُ: نِعْمَ وَبِئْسَ

الْفَصْلُ الرَّابِعُ فِي نَفْيِ الْفِعْلِ

الْفَصْلُ الرَّابِعُ فِي نَفْيِ الْفِعْلِ، وَهُوَ نَوْعَانِ:

النَّوْعُ الْأَوَّلُ: نَفْيُ الْمَاضِي

النَّوْعُ الْأَوَّلُ نَفْيُ الْمَاضِي، وَلَهُ حَرْفَانِ:

الْأَوَّلُ: مَا، نَحْوُ: مَا كَذَبَ الرَّسُولُ ﷺ قَطُّ

الثَّانِي: لَا، وَتَدْخُلُ عَلَي الْمَاضِي …

فِي الدُّعَاءِ، نَحْوُ: لَا قَدَّرَ اللهُ لَكَ شَرًّا

وَإِذَا تَكَرَّرَتْ لَا، نَحْوُ: ﴿فَلَا صَدَّقَ وَلَا صَلَّىٰ ﴿٣١﴾﴾

النَّوْعُ الثَّانِيْ: نَفْيُ الْمُضَارِعِ

النَّوْعُ الثَّانِيْ نَفْيُ الْمُضَارِعِ، وَلَهُ خَمْسَةُ أَحْرُفٍ:

الْأَوَّلُ: لَمْ، وَهِيَ لِنَفْيِ الْمُضَارِعِ وَقَلْبِ مَعْنَاهُ مَاضِيًا، نَحْوُ: لَمْ يَتُبْ

الثَّانِيْ: لَمَّا، وَهِيَ لِنَفْيِ الْمُضَارِعِ وَقَلْبِ مَعْنَاهُ مَاضِيًا مَعَ تَوَقُّعِ الْحُصُوْلِ، نَحْوُ: لَمَّا يَتُبْ

الثَّالِثُ: مَا، وَهِيَ لِنَفْيِ الْمُضَارِعِ فِي الْحَالِ، نَحْوُ: مَا يَكْذِبُ

الرَّابِعُ: لَا، وَهِيَ لِنَفْيِ الْمُضَارِعِ فِي الْحَالِ وَالْمُسْتَقْبَلِ، نَحْوُ: لَا يَكْذِبُ

الْخَامِسُ: لَنْ، وَهِيَ لِتَأْكِيْدِ نَفْيِ الْمُضَارِعِ فِي الْمُسْتَقْبَلِ، نَحْوُ: لَن يَّكْذِبَ

الْفَصْلُ الْخَامِسُ فِيْ تَأْكِيْدِ الْفِعْلِ

الْفَصْلُ الْخَامِسُ فِيْ تَأْكِيْدِ الْفِعْلِ، وَهُوَ نَوْعَانِ:

النَّوْعُ الْأَوَّلُ: تَأْكِيْدُ الْمَاضِيْ

النَّوْعُ الْأَوَّلُ تَأْكِيْدُ الْمَاضِيْ، وَلَهُ حَرْفٌ وَاحِدٌ، وَهُوَ قَدْ، نَحْوُ: قَدْ عَرَفْنَا رَبَّنَا

مَسْأَلَةٌ

قَدْ يَسْبِقُ قَدْ لَامُ التَّأْكِيْدِ، نَحْوُ: ﴿لَقَدْ جَاءَكُمْ رَسُولٌ﴾

النَّوْعُ الثَّانِيْ: تَأْكِيْدُ الْمُضَارِعِ وَالْأَمْرِ

النَّوْعُ الثَّانِيْ تَأْكِيْدُ الْمُضَارِعِ وَالْأَمْرِ، وَلَهُ حَرْفٌ وَاحِدٌ، وَهُوَ نُوْنٌ لِلتَّوْكِيْدِ وَتَدْخُلُ عَلَى ...

الْمُضَارِعِ بِمَعْنَى الْمُسْتَقْبَلِ، نَحْوُ: لَأُصَلِّيَنَّ

وَالْأَمْرِ، نَحْوُ: فَاخْشَعَنَّ لِلّٰهِ

وَالنَّهْيِ، نَحْوُ: وَلَا تُسْرِعَنَّ فِي صَلَاتِكَ

حَرَكَةُ النُّوْنِ الثَّقِيْلَةِ

تَكُوْنُ النُّوْنُ الثَّقِيْلَةُ ...

مَكْسُوْرَةً بَعْدَ أَلِفٍ، وَذَلِكَ مَعَ ضَمِيرِ الْمُثَنَّى وَنُوْنِ النِّسْوَةِ، نَحْوُ: أَطِيْعَانِّ وَلَا تَعْصِيْنَانِّ

وَمَفْتُوحَةً فِيمَا سِوَاهُمَا، نَحْوُ: اعْبُدَنَّ وَلَا تَكْفُرَنَّ

مَا لَا يَدْخُلُ عَلَيْهِ النُّوْنُ الْخَفِيْفَةُ

لَا تَدْخُلُ النُّوْنُ الْخَفِيْفَةُ مَعَ ضَمِيرِ الْمُثَنَّى وَنُوْنِ النِّسْوَةِ، فَلَا تَقُوْلُ: أَطِيْعَانْ وَلَا تَعْصِيْنَانْ

دُخُوْلُ الْأَلِفِ بَيْنَ الْفِعْلِ وَنُوْنِ التَّأْكِيْدِ

تَدْخُلُ أَلِفٌ بَعْدَ نُونِ النِّسْوَةِ، نَحْوُ: أَطِعْنَانِّ، أَصْلُهُ أَطِعْنَنِّ

حَذْفُ نُوْنِ الْإِعْرَابِ

إِذَا دَخَلَتْ نُوْنُ التَّأْكِيدِ تُحْذَفُ نُوْنُ الْإِعْرَابِ، نَحْوُ: لَيُطِيْعَانِّ ولَيُطِيْعُنَّ، أَصْلُهُمَا لَيُطِيْعَانِنِّ ولَيُطِيْعُوْنَنَّ

حَذْفُ وَاوِ الْفَاعِلِ

إِذَا دَخَلَتْ نُوْنُ التَّأْكِيدِ تُحْذَفُ وَاوُ يَفْعَلُوْنَ وَتَفْعَلُوْنَ، وَيَاءُ تَفْعَلِيْنَ، نَحْوُ: لَيُطِيْعُنَّ[1] أَصْلُهُ لَيُطِيْعُوْنَنَّ

الْفَصْلُ السَّادِسُ فِيْ إِلْحَاقِ عَلَامَةِ التَّأْنِيْثِ بِالْفِعْلِ وَشِبْهِ الْفِعْلِ

الْفَصْلُ السَّادِسُ فِيْ إِلْحَاقِ عَلَامَةِ التَّأْنِيْثِ بِالْفِعْلِ

[1] اللَّامُ لَامُ الْابْتِدَاءِ، مَبْنِيٌّ عَلَى الْفَتْحِ؛ يُطِيْعُنَّ فِعْلٌ مُضَارِعٌ، مَرْفُوْعٌ بِنُوْنٍ مُقَدَّرَةٍ؛ الْوَاوُ الْمُقَدَّرَةُ فَاعِلٌ، مَرْفُوْعٌ مَحَلًّا؛ النُّوْنُ لِلتَّوْكِيْدِ، مَبْنِيٌّ عَلَى الْفَتْحِ.

عَلَامَةُ التَّأْنِيْثِ الَّتِي تَلْحَقُ بِالْفِعْلِ وَشِبْهِ الْفِعْلِ ثَلَاثَةٌ

الْأَوَّلُ التَّاءُ السَّاكِنَةُ فِي آخِرِ الْمَاضِيْ، نَحْوُ: صَدَقَتْ

الثَّانِي التَّاءُ فِي أَوَّلِ الْمُضَارِعِ، نَحْوُ: تَصْدُقُ

الثَّالِثُ التَّاءُ الْمَرْبُوْطَةُ فِي آخِرِ اسْمِ الْفَاعِلِ وَالْمَفْعُوْلِ، نَحْوُ: هِيَ صَادِقَةٌ مَحْمُوْدَةٌ

وَهُوَ ثَلَاثَةُ أَضْرُبٍ:

الضَّرْبُ الْأَوَّلُ: الْإِلْحَاقُ الْمُمْتَنِعُ

الضَّرْبُ الْأَوَّلُ الْإِلْحَاقُ الْمُمْتَنِعُ، وَهُوَ فِي مَوْضِعَيْنِ:

الْأَوَّلُ إِذَا كَانَ الْفَاعِلُ مُذَكَّرًا ...

مُوَحَّدًا، نَحْوُ: يُصَلِّى الْمُعَلِّمُ،

أَوْ مُثَنًّى، نَحْوُ: الْأَبُ صَائِمٌ وَلَدَاهُ،

أَوْ مَجْمُوْعًا سَالِمًا، نَحْوُ: سَيَحُجُّ الْمُعَلِّمُوْنَ

الثَّانِي إِذَا كَانَ الْفَاعِلُ بَعْدَ إِلَّا، نَحْوُ مَا صَامَ إِلَّا فَاطِمَةُ

الضَّرْبُ الثَّانِي: الْإِلْحَاقُ الْوَاجِبُ

الضَّرْبُ الثَّانِي الْإِلْحَاقُ الْوَاجِبُ، وَهُوَ فِي مَوْضِعَيْنِ:

الْأَوَّلُ إِذَا كَانَ الْفَاعِلُ اسْمًا ظَاهِرًا ...

مُؤَنَّثًا حَقِيْقِيًّا، مُتَّصِلًا بِالْفِعْلِ، نَحْوُ: تُصَلِّي الْمُعَلِّمَةُ، وَالْأَبُ صَائِمَةٌ بِنْتَاهُ،
وَسَتَحُجُّ الْمُعَلِّمَاتُ

الثَّانِي إِذَا كَانَ الْفَاعِلُ ضَمِيْرًا لِمُؤَنَّثٍ ...

حَقِيْقِيٍّ، نَحْوُ: زَيْنَبُ تَصُوْمُ

أَوْ غَيْرِ حَقِيْقِيٍّ، نَحْوُ: الشَّمْسُ غَرَبَتْ

الضَّرْبُ الثَّالِثُ: الْإِلْحَاقُ الْجَائِزُ

الضَّرْبُ الثَّالِثُ الْإِلْحَاقُ الْجَائِزُ، وَهُوَ فِيْ أَرْبَعَةِ مَوَاضِعَ:

الْأَوَّلُ إِذَا كَانَ الْفَاعِلُ مُؤَنَّثًا حَقِيْقِيًّا مُنْفَصِلًا مِنَ الْفِعْلِ، نَحْوُ: صَامَتِ الْيَوْمَ زَيْنَبُ

الثَّانِيْ إِذَا كَانَ الْفَاعِلُ اسْمًا ظَاهِرًا مُؤَنَّثًا غَيْرِ حَقِيْقِيٍّ، نَحْوُ: غَرَبَ الشَّمْسُ وَغَرَبَتِ الشَّمْسُ، وَحَجَّ الْقَوْمُ وَحَجَّتِ الْقَوْمُ، وَآمَنَ الصَّحَابَةُ وَآمَنَتِ الصَّحَابَةُ

الثَّالِثُ إِذَا كَانَ الْفَاعِلُ ضَمِيرًا يَعُوْدُ إِلَى مَجْمُوْعٍ مُكَسَّرٍ، نَحْوُ: الرِجَّالُ صَلَّتْ أَوْ صَلَّوْا

الرَّابِعُ إِذَا كَانَ الْفِعْلُ نِعْمَ وَبِئْسَ وَالْفَاعِلُ اسْمًا ظَاهِرًا مُؤَنَّثًا حَقِيْقِيًّا، نَحْوُ: نِعْمَ الْأُمُّ خَدِيْجَةُ رَضِيَ اللهُ عَنْهَا وَنِعْمَتِ الْبِنْتُ فَاطِمَةُ رَضِيَ اللهُ عَنْهَا.

الْخَاتِمَةُ

الْخَاتِمَةُ فِي الرَّسْمِ وَالْوَصْلِ وَالْوَقْفِ، وفِيهَا ثَلَاثَةُ فُصُوْلٍ

الْفَصْلُ الْأَوَّلُ فِيْ رَسْمِ الْحُرُوْفِ

الْفَصْلُ الْأَوَّلُ فِيْ رَسْمِ الْحُرُوْفِ، وَفِيْهِ ثَلَاثَةُ مَسَائِلَ:

الْمَسْأَلَةُ الْأُولَى

تُكْتَبُ الْأَلِفُ بَعْدَ وَاوِ الضَّمِيْرِ الْمَرْفُوْعِ الْمُتَّصِلِ، نَحْوُ: أَطَاعُوْا وَلَمْ يَعْصُوْا

الْمَسْأَلَةُ الثَّانِيَةُ

تُكْتَبُ الْأَلِفُ الْمُتَطَرِّفَةُ ...

فِي الثُّلَاثِيِّ ...

يَاءً إِذَا كَانَ أَصْلُهَا يَاءً، نَحْوُ: سَعَى الْفَتَى إِلَى الْهُدَى

وَأَلِفًا إِذَا كَانَ أَصْلُهَا وَاوًا، نَحْوُ: دَعَا النَّبِيُّ ﷺ بِالْخُلُقِ لَا بِالْعَصَا

وَفِي الرُّبَاعِيِّ وَمَا فَوْقَهَا يَاءً، نَحْوُ: الْمُصْطَفَى

الْمَسْأَلَةُ الثَّالِثَةُ

لَا تُكْتَبُ أَلِفُ ابْنٍ إِذَا كَانَ بَدَلًا مِمَّنْ هُوَ أَبُوهُ، نَحْوُ: مُحَمَّدُ بْنُ عَبْدِ اللهِ

الْفَصْلُ الثَّانِيْ فِي الْوَصْلِ

الْفَصْلُ الثَّانِيْ فِي الْوَصْلِ، وَهُوَ عَدَمُ قَطْعِ الصَّوْتِ عِنْدَ آخِرِ الْكَلِمَةِ

وَالْأَصْلُ فِي النُّطْقِ الْوَصْلُ، نَحْوُ: الدِّيْنُ النَّصِيْحَةُ

وَفِيْهِ مَبْحَثَانِ:

الْمَبْحَثُ الْأَوَّلُ: هَمْزَةُ الْوَصْلِ

الْمَبْحَثُ الْأَوَّلُ هَمْزَةُ الْوَصْلِ، وَهِيَ مَا تُكْتَبُ فِي أَوَّلِ الْكَلِمَةِ وَتَثْبُتُ ابْتِدَاءً وَتُحْذَفُ وَصْلًا، نَحْوُ: اِقْرَأِ الْقُرْآنَ وَاعْمَلْ بِهِ

مَوَاضِعُ هَمْزَةِ الْوَصْلِ

تَقَعُ هَمْزَةُ الْوَصْلِ فِي أَرْبَعَةِ مَوَاضِعَ:

الْأَوَّلُ فِي الِاسْمِ الْمُعَرَّفِ بِاللَّامِ، نَحْوُ: الرَّبُّ

الثَّانِي فِي اسْمٍ وَاسْتٍ وَابْنٍ وَابْنُمٍ وَابْنَةٍ وَامْرِئٍ وَامْرَأَةٍ وَتَثْنِيَتِهِنَّ، وَاثْنَيْنِ وَاثْنَتَيْنِ، وَايْمُنِ اللهِ.

الثَّالِثُ فِيْ أَمْرِ الْفِعْلِ الثُّلَاثِيِّ، نَحْوُ: اعْرِفْ رَبَّكَ وَاعْبُدْهُ.

الرَّابِعُ فِي الْفِعْلِ الْمَاضِي الْمُتَجَاوِزِ أَرْبَعَةَ أَحْرُفٍ وَأَمْرِهِ وَمَصْدَرِهِ، نَحْوُ: اسْتَغْفَرَ وَاسْتَغْفِرْ وَاسْتِغْفَارٌ

مَسْأَلَةٌ

إِذَا دَخَلَ أَلْ عَلَى هَمْزَةِ وَصْلٍ تُكْسَرُ اللَّامُ وَتُحْذَفُ الْهَمْزَةُ، فَتَقُوْلُ: الِاجْتِنَابُ مِنَ الْمَعَاصِيْ خَيْرٌ مِنَ الِاسْتِغْفَارِ لَهُ، وَلَا تَقُوْلُ الْإِجْتِنَابُ وَلَا الْإِسْتِغْفَارِ

الْمَبْحَثُ الثَّانِي: الْتِقَاءُ سَاكِنَيْنِ

الْمَبْحَثُ الثَّانِي الْتِقَاءُ سَاكِنَيْنِ، وَيُسَمَّى اجْتِمَاعُ سَاكِنَيْنِ، وَهُوَ قِسْمَانِ:

الْقِسْمُ الْأَوَّلُ: الْتِقَاءُ سَاكِنَيْنِ عَلَى حَدِّهِ

الْقِسْمُ الْأَوَّلُ الْتِقَاءُ سَاكِنَيْنِ عَلَى حَدِّهِ، وَهُوَ اثْنَانِ:

الْأَوَّلُ الْتِقَاءُ سَاكِنَيْنِ عِنْدَ الْوَقْفِ، نَحْوُ ﴿بِسْمِ اللهِ الرَّحْمٰنِ الرَّحِيمِ ۝﴾

الثَّانِي الْتِقَاءُ حَرْفِ مَدٍّ بِحَرْفٍ مُدْغَمٍ، نَحْوُ: ﴿الضَّآلِّيْنَ﴾

الْقِسْمُ الثَّانِي: الْتِقَاءُ سَاكِنَيْنِ عَلَى غَيْرِ حَدِّهِ

الْقِسْمُ الثَّانِي الْتِقَاءُ سَاكِنَيْنِ عَلَى غَيْرِ حَدِّهِ، وَهُوَ مَا سِوَى الْتِقَاءِ سَاكِنَيْنِ عَلَى حَدِّهِ،

مَسْأَلَةٌ

فَإِذَا الْتَقَى السَّاكِنَانِ عَلَى غَيْرِ حَدِّهِ

يُحْذَفُ الْأَوَّلُ ...

إِذَا كَانَ حَرْفَ مَدٍّ، نَحْوُ: النَّجَاةُ فِي الصِّدْقِ

وَيُضَمُّ الْأَوَّلُ ...

إِذَا كَانَ مِيمَ جَمْعٍ، نَحْوُ: هُمُ النَّاصِحُوْنَ وَأَنْتُمُ المَنْصُوْحُ لَهُمْ،

إِذَا كَانَ الْأَوَّلُ وَاوَ لِينٍ لِلْجَمْعِ، نَحْوُ: دَعَوُا اللهَ

وَيُفْتَحُ الْأَوَّلُ ...

إِذَا كَانَ مِنْ، نَحْوُ: الإِخْلَاصُ مِنَ النَّصِيحَةِ

يُكْسَرُ الْأَوَّلُ ...

إِذَا كَانَ حَرْفًا صَحِيْحًا، نَحْوُ: نَصَحَتِ الْأُمُّ أَوْلَادَهَا

وَإِذَا كَانَ نُوْنَ تَنْوِيْنٍ، نَحْوُ: خَدِيْجَةُ نَاصِحَةُ ٍالصَّدِيْقَاتِ

وَإِذَا كَانَ يَاءَ لِينٍ، نَحْوُ: صُمْ يَوْمَيِ التَّاسُوْعَاءِ وَالْعَاشُوْرَاءِ أَوِ الْعَاشُوْرَاءَ وَالْيَوْمَ بَعْدَهُ

الْفَصْلُ الثَّالِثُ فِي الْوَقْفِ

الْفَصْلُ الثَّالِثُ فِي الْوَقْفِ، وَهُوَ قَطْعُ الصَّوْتِ عِنْدَ آخِرِ الْكَلِمَةِ

وَالْوَقْفُ ...

عَلَى سَاكِنِ الْآخِرِ بِالسُّكُوْنِ، نَحْوُ: رَحْمَةَ اللهِ نَرْجُوْ، وَلَمْ نَيْأَسْ،

وَعَلَى مُتَحَرِّكِ الْآخِرِ بِحَذْفِ حَرَكَتِهِ، نَحْوُ: أَنْزَلَ اللهُ الْقُرْآنْ، وَآمَنَّا بِهْ،

وَعَلَى تَاءِ التَّأْنِيْثِ الْمَرْبُوْطَةِ بِهَاءٍ سَاكِنَةٍ، نَحْوُ: اسْتُشْهِدَ حَمْزَةْ رَضِيَ اللهُ عَنْهُ

وَعَلَى الِاسْمِ الْمَنْقُوصِ الْمُنَوَّنِ ...

بِالسُّكُوْنِ، نَحْوُ: جَاءَنَا هَادْ

أَوْ بِإِعَادَةِ الْيَاءِ، نَحْوُ: جَاءَنَا هَادِيْ

مَسْأَلَةٌ

قَدْ يُحْذَفُ الْيَاءُ مِنْ آخِرِ الْمَنْقُوْصِ، نَحْوُ: ﴿الْكَبِيرُ الْمُتَعَالِ﴾

وَعَلَى مُنَوَّنِ الْآخِرِ ...

بِحَذْفِ حَرَكَتِهِ إِذَا كَانَتْ ضَمَّةً أَوْ كَسْرَةً، نَحْوُ: جَاءَ مُحَمَّدْ، وَآمَنَ الْمُؤْمِنُوْنَ بِمُحَمَّدْ ﷺ،

وَبِالْأَلِفِ إِذَا كَانَتِ الْحَرَكَةُ فَتْحَةً، نَحْوُ: كَذَّبَ الْفَاسِقُوْنَ مُحَمَّدَا ﷺ.

وَعَلَى نُوْنِ التَّوْكِيْدِ الْخَفِيْفَةِ بِالْأَلِفِ، نَحْوُ: ﴿لَنَسْفَعًا﴾

وَعَلَى إِذَنْ بِقَلْبِ النُّوْنِ أَلِفًا، نَحْوُ: كَتَبْنَا وَقَرَأْنَا هَذَا الْمُخْتَصَرَ ابْتِغَاءَ وَجْهِ اللهِ، فَيُقْبَلُ إِنْ شَاءَ اللهُ مِنْكُمْ إِذًا.[1]

---

[1] ﴿الْحَمْدُ لِلَّهِ الَّذِي هَدَانَا لِهَٰذَا وَمَا كُنَّا لِنَهْتَدِيَ لَوْلَا أَنْ هَدَانَا اللَّهُ﴾، قَدْ تَمَّتِ الْوُسْطَى فِي النَّحْوِ بِتَوْفِيْقِ اللهِ سُبْحَانَهُ وَتَعَالَى، وَأَرْجُوْ مِمَّنِ انْتَفَعَ بِهِ أَن يَمُنَّ عَلَيَّ بِالدُّعَاءِ وَالِاسْتِغْفَارِ لِيْ وَلِوَالِدَيَّ وَلِأَسَاتِذَتِيْ وَلِكُلِّ مَنْ أَعَانَنِيْ فِي جَمْعِهِ وَتَرْتِيْبِهِ وَتَحْشِيَتِهِ وَتَصْحِيْحِهِ.

وَمَنْ شَاءَ الْمَزِيْدَ فَعَلَيْهِ بِكُتُبِ أَهْلِ الْفَنِّ، وَمَنْ ضَعُفَتْ هِمَّتُهُ فَعَلَيْهِ بِالْكُبْرَى فِي النَّحْوِ لِلْعَبْدِ الضَّعِيْفِ. هَذَا، وَقَدِ انْتَهَيْتُ مِنْ إِحْدَى مُرَاجَعَاتِهَا فِي رَجَب سَنَةَ ١٤٤٣هـ الْمُطَابِقِ لِيَنَايِر ٢٠٢٢م بِالْحَرَمِ الْمَكِّي، زَادَهُ اللهُ شَرَفًا

الْفَهَارِسِ

فِهْرِسُ الْمُصْطَلَحَاتِ عَلَى التَّرْتِيبِ الهِجَائِيِّ

اجْتِمَاعُ سَاكِنَيْنِ، ١٣٠
اِسْتِثْنَاءٌ
اِسْتِثْنَاءٌ تَامٌّ، ٦٤
اِسْتِثْنَاءٌ غَيْرُ تَامٍّ، ٦٤
اِسْتِثْنَاءٌ مُنْقَطِعٌ، ٦٤
اِسْمٌ، ٣
اِسْمُ شَرْطٍ، ٥٤
اِسْمٌ صَرِيْحٌ، ٥٩
اِسْمٌ مُبْهَمٌ، ٥٣
اِسْمٌ مُتَوَغِّلٌ فِي الْإِبْهَامِ، ١١٠
اِسْمٌ مَقْصُوْرٌ، ٨٤
اِسْمٌ مَنْقُوْصٌ، ٨٤
اِسْمٌ مُؤَوَّلٌ، ٥٩، ٨٦
أَسْمَاءٌ خَمْسَةٌ، ٨٢
اِشْتِغَالٌ، ٥٦
إِضَافَةٌ لَفْظِيَّةٌ، ٥٣
إِضَافَةٌ مَعْنَوِيَّةٌ، ٥٣
إِعْرَابٌ، ٦
إِعْرَابٌ تَقْدِيْرِيٌّ، ٨٠
إِعْرَابٌ لَفْظِيٌّ، ٨٠
إِعْرَابٌ مَحَلِّيٌّ، ٨٠
الْتِقَاءُ سَاكِنَيْنِ، ١٣٠
إِلَى
إِلَى لِانْتِهَاءِ الْغَايَةِ، ٢٢
أَمْرٌ، ١٢٢
أَنْ الْمُقَدَّرَةُ، ٣٣
بَاء، ١٨
الْبَاءُ لِلِاسْتِعَانَةِ، ٢٠
الْبَاءُ لِلتَّعْدِيَةِ، ١٩
الْبَاءُ لِلتَّعْلِيْلِ، ١٩
الْبَاءُ لِلسَّبَبِ، ١٩
الْبَاءُ لِلظَّرْفِيَّةِ، ١٩
الْبَاءُ لِلْمُصَاحَبَةِ، ١٩
الْبَاءُ لِلْمُقَابَلَةِ، ٢٠
بَاءُ الْحَالِ، ١٩
بَدَلٌ، ٦٧

بَدَلُ الاشْتِمَالِ، ٦٧
بَدَلُ الْبَعْضِ، ٦٧
بَدَلُ الْكُلِّ، ٦٧
تَابِعٌ، ٦٦
تَأْكِيْدٌ، ٦٨
تَأْكِيْدٌ لَفْظِيٌّ، ٦٨
تَأْكِيْدٌ مَعْنَوِيٌّ، ٦٩
تَحْذِيْرٌ، ٥٧
تَحْضِيْضٌ، ٤٣
تَصْغِيْرٌ، ١١٧
تَعْلِيْقٌ، ١٠٣
تَمْيِيْزٌ، ٦٤
تَنَازُعٌ، ٥٦
تَوْبِيْخٌ، ٤٣
تَوْكِيْدٌ، ٦٨
جَامِدٌ، ١٠٥
جَزَاءٌ، ٥٤
جُمْلَةٌ، ٣
جُمْلَةٌ اِبْتِدَائِيَّةٌ، ٧٤
جُمْلَةٌ اِسْمِيَّةٌ، ٤
جُمْلَةٌ تَعْلِيْلِيَّةٌ، ٧٣
جُمْلَةٌ تَفْسِيْرِيَّةٌ، ٧٦
جُمْلَةٌ فِعْلِيَّةٌ، ٤
جُمْلَةٌ لَا مَحَلَّ لَهَا مِنَ الْإِعْرَابِ، ٧٤
جُمْلَةٌ لَهَا مَحَلٌّ مِنَ الإِعْرَابِ، ٧٢
جُمْلَةٌ مُسْتَأْنَفَةٌ، ٧٥
جُمْلَةٌ مُعْتَرِضَةٌ، ٧٥
جُمْلَةٌ مُعَلَّقٌ عَنْهَا الْعَمَلُ، ١٠٣
جَوَابُ الشَّرْطِ، ٥٤
حَاضِرٌ، ١٢١
حَالٌ، ٦٣، ١٢١
حَرْفٌ، ٣
حَرْفُ اِسْتِفْهَامٍ، ٤٨
حَرْفُ اِسْتِقْبَالٍ، ٤٩
حَرْفُ الزِّيَادَةِ، ٤٧
حَرْفُ الْمُضَارَعَةِ، ١٢١
حَرْفُ تَأْكِيْدٍ، ٤٠
حَرْفُ تَفْسِيْرٍ، ٤٩
حَرْفُ تَقْلِيْلٍ، ٤١

حَرْفُ تمَنٍّ، ٤٨
حَرْفُ تَنْبِيْهٍ، ٤٤
حَرْفُ تَوْبِيْخٍ وَتَحْضِيْضٍ، ٤٣
حَرْفُ جَرٍّ، ١٨
حَرْفُ الْجَرِّ الْأَصْلِيُّ، ١٨
حَرْفُ الْجَرِّ الزَّائِدُ، ٢٧
حَرْفُ الْجَرِّ الشَّبِيْهُ بِالزَّائِدِ، ٢٦
حَرْفُ جَوَابٍ، ٣٩
حَرْفُ رَدْعٍ، ٤٠
حَرْفُ شَرْطٍ، ٤٢
حَرْفُ صِلَةٍ، ٢٧، ٤٧
حَرْفُ عَرْضٍ، ٤٤
حَرْفُ عَطْفٍ، ٣٨
حَرْفٌ مُشَبَّهٌ بِالْفِعْلِ، ٢٩
حَرْفُ مَصْدَرٍ، ٤٥
حَرْفٌ مَوْصُوْلٌ، ٤٥
حَرْفُ نَفْيٍ، ٤٦
ذُو الْحَالِ، ٦٣
رَابِطَةٌ لِلْجَوَابِ، ٤٩
سَادٌّ مَسَدَّ الْمَفْعُوْلَيْنِ، ١٠
سَمَاعِيٌّ، ١١
شِبْهُ الْجُمْلَةِ، ٤
شِبْهُ الْفِعْلِ، ٥١
شَرْطٌ، ٥٤
صَاحِبُ الْحَالِ، ٦٣
صَرْفٌ، ٩٠
صِفَةٌ، ٦٦
صِيَغُ التَّعَجُّبِ، ١٧
ضَمِيْرٌ
ضَمِيْرٌ بَارِزٌ، ١٠٥
ضَمِيْرٌ مُسْتَتِرٌ، ١٠٥
ضَمِيْرٌ مُسْتَكِنٌّ، ١٠٦
ظَرْفٌ، ٦٣
عَامِلٌ، ٦
عَائِدٌ، ١١٠
عَرْضٌ، ٤٤
عَطْفُ الْبَيَانِ، ٦٨
عَلَامَةُ الْمُضَارِعِ، ١٢١
عَلَى
عَلَى لِلِاسْتِعْلَاءِ، ٢٣

عُمْدَةٌ، ٣
غَيْرُ الْعَامِلِ، ٦
غَيْرُ الْمَعْمُوْلِ، ٦
غَيْرُ الْمُنْصَرِفِ، ٩٠
غَيْرُ الْمُوْجَبِ، ٥
فَاءٌ
فَاءُ السَّبَبِ، ٣٣
فَضْلَةٌ، ٣
فِعْلٌ، ٣
أَفْعَالٌ خَمْسَةٌ، ٩٥
فِعْلُ الرَّجَاءِ، ١٤
فِعْلُ الشُّرُوْعِ، ١٥
فِعْلُ الْمَدْحِ وَالذَّمِّ، ١٦
فِعْلُ الْمُقَارَبَةِ، ١٥
فِعْلٌ تَامٌّ، ١٤
فِعْلٌ تَامُّ التَّصَرُّفِ، ١٢٤
فِعْلُ تَحْوِيْلٍ، ١٠
فِعْلٌ جَامِدٌ، ١٢٤
فِعْلٌ غَيْرُ مُتَصَرِّفٍ، ١٢٤
فِعْلُ قَلْبٍ، ٩
فِعْلٌ لَازِمٌ، ٨
فِعْلٌ مَبْنِيٌّ لِلْفَاعِلِ، ١٢٢
فِعْلٌ مَبْنِيٌّ لِلْمَفْعُوْلِ بِهِ، ١٢٣
فِعْلٌ مُتَعَدٍّ، ٨
فِعْلٌ مَجْهُوْلٌ فَاعِلُهُ، ١٢٣
فِعْلٌ مَعْلُوْمٌ فَاعِلُهُ، ١٢٢
فِعْلٌ نَاقِصٌ، ١١
فِعْلٌ نَاقِصُ التَّصَرُّفِ، ١٢٤
قِيَاسِيٌّ، ٧
كَافٌ
الْكَافُ لِلتَّشْبِيْهِ، ٢٤
كَانَ وَأَخَوَاتُهَا، ١١
كَلَامٌ، ٤
كَلِمَةٌ، ٣
كُنْيَةٌ، ١٠٨
لَامٌ
لَامُ الِابْتِدَاءِ، ٤٠
لَامُ التَّوْكِيْدِ، ٤٠
لَامُ الْجُحُوْدِ، ٢٨
لَامٌ فَارِقَةٌ، ٣٠

لَامٌ مُزَحْلَقَةٌ، ٤٠
لَقَبٌ، ١٠٨
مَا
مَا الزَّائِدَةُ بَعْدَ إِنْ الشَّرْطِيَّةُ، ٣٦
مَا الْكَافَّةُ، ٣١
مَا الْمَصْدَرِيَّةُ الظَّرْفِيَّةُ، ٤٥
مَا الْمَصْدَرِيَّةُ غَيْرُ الظَّرْفِيَّةِ، ٤٦
مَاضٍ، ١٢١
مُبْدَلٌ مِنْهُ، ٦٧
مُثَنًّى، ١١٤
مَجْمُوْعٌ، ١١٥
مَجْمُوْعٌ سَالِمٌ، ١١٥
مَجْمُوْعُ قِلَّةٍ، ١١٦
مَجْمُوْعُ كَثْرَةٍ، ١١٧
مَجْمُوْعٌ مُكَسَّرٌ، ١١٦
مَجْمُوْعُ مُنْتَهى الْجُمُوْعِ، ٩١
مَحْكِيٌّ، ٩٠
مُحَلًّى بِاللَّامِ، ١٠٨
مُرَكَّبٌ تَرْكِيبَ الْمَزْجِ، ٨٩
مُرَكَّبٌ مَزْجِيٌّ، ٨٩
مُسْتَقْبِلٌ، ١٢١
مُسْنَدٌ، ٣
مُسْنَدٌ إِلَيْهِ، ٣
مُشْتَقٌّ، ١٠٤
مَصْدَرٌ، ١٠٤
مُضَارِعٌ، ١٢١
مَعْدُوْلٌ، ٩٢
مُعَرَّفٌ بِاللَّامِ، ١٠٨
مَعْطُوْفٌ عَلَيْهِ، ٦٨
مَعْمُوْلٌ، ٦
مَعْمُوْلٌ بِالْأَصَالَةِ، ٥٩
مَعْمُوْلٌ بِالتَّبَعِيَّةِ، ٦٦
مُفْرَدٌ، ١١٤
مَفْعُوْلٌ
مَفْعُوْلٌ بِهِ، ٦٢
مَفْعُوْلٌ بِهِ غَيْرُ صَرِيْحٍ، ٩
مَفْعُوْلٌ فِيْهِ، ٦٢
مَفْعُوْلٌ لِأَجْلِهِ، ٦٣
مَفْعُوْلٌ لَهُ، ٦٣
مَفْعُوْلٌ مُطْلَقٌ، ٦٢

مَفْعُوْلٌ مَعَهُ، ٦٣
مَقُوْلٌ، ٧٣
مِنْ، ٢٠
مِنْ لِابْتِدَاءِ الْغَايَةِ، ٢٠
مِنْ لِبَيَانِ الْجِنْسِ، ٢١
مِنْ لِلْبَيَانِ، ٢١
مَنْعُوْتٌ، ٦٦
مُوْجَبٌ، ٥
مُوَحَّدٌ، ١١٤
مَوْصُوْفٌ، ٦٦
مَوْصُوْلَاتٌ حَرْفِيَّةٌ، ٤٥
مُؤَكَّدٌ، ٦٨
مُؤَنَّثٌ
مُؤَنَّثٌ حَقِيْقِيٌّ، ١١٢
مُؤَنَّثٌ سَمَاعِيٌّ، ١١٢
مُؤَنَّثٌ غَيْرُ حَقِيْقِيٍّ، ١١٢
مُؤَنَّثٌ لَفْظِيٌّ، ١١٢
مُؤَنَّثٌ مَجَازِيٌّ، ١١٢
نَائِبُ الْفَاعِلِ، ١٢٣
نِسْبَةٌ، ١١٧
نَعْتٌ، ٦٦
نَعْتٌ حَقِيْقِيٌّ، ٦٦
نَعْتٌ سَبَبِيٌّ، ٦٦
نكِرَةٌ
نكِرَةٌ غَيْرُ مَحْضَةٍ، ١١١
نكِرَةٌ غَيْرُ مُفِيْدَةٍ، ١١١
نكِرَةٌ مَحْضَةٌ، ١١١
نكِرَةٌ مَخْصُوْصَةٌ، ١١٠
نكِرَةٌ مُفِيْدَةٌ، ١١٠
نَوَاسِخُ، ٣٢
نُوْنُ الْإِعْرَابِ، ٩٤
هَاءُ السَّكْتِ، ٥٠
هَمْزَةٌ
هَمْزَةُ التَّسْوِيَةِ، ٤٦
هَمْزَةُ الْوَصْلِ، ١٢٩
وَصْلٌ، ١٢٩
وَقْفٌ، ١٣١

فِهْرِسُ الْمُحْتَوَيَاتِ

الْمُقَدِّمَةُ ٣

الْبَابُ الْأَوَّلُ فِي الْكَلِمَةِ ٣

الْبَابُ الثَّانِيْ فِي الْجُمْلَةِ وَشِبْهِ الْجُمْلَةِ وَالْكَلَامِ ٣

الْبَابُ الثَّالِثُ فِي الْعَامِلِ وَالْمَعْمُوْلِ وَالْإِعْرَابِ ٥

الْمَقْصِدُ الْأَوَّلُ فِي الْعَامِلِ وَغَيْرِ الْعَامِلِ ٧

الْمُقَدِّمَةُ ٧

الْبَابُ الْأَوَّلُ فِي الْفِعْلِ ٧

الْبَابُ الثَّانِيْ فِي الْحَرْفِ ١٨

الْبَابُ الثَّالِثُ فِي الِاسْمِ ٥٠

الْبَابُ الرَّابِعُ فِي الْعَامِلِ الْمَعْنَوِيِّ ٥٥

الْخَاتِمَةُ ٥٥

الْمَقْصِدُ الثَّانِيْ فِي الْمَعْمُوْلِ وَغَيْرِ الْمَعْمُوْلِ ٥٧

الْمُقَدِّمَةُ ٥٧

الْبَابُ الْأَوَّلُ فِي الِاسْمِ ٥٨

الْبَابُ الثَّانِيْ فِي الْفِعْلِ ٦٩

الْبَابُ الثَّالِثُ فِي الْجُمْلَةِ ٧١

الْبَابُ الرَّابِعُ فِيْ شِبْهِ الْجُمْلَةِ ٧٥

الْمَقْصِدُ الثَّالِثُ فِي الْإِعْرَابِ ٧٨

الْمُقَدِّمَةُ ٧٨

الْبَابُ الْأَوَّلُ فِيْ إِعْرَابِ الِاسْمِ وَبِنَائِهِ ٧٩

الْبَابُ الثَّانِيْ فِيْ إِعْرَابِ الْفِعْلِ وَبِنَائِهِ ٩٢

الْبَابُ الثَّالِثُ فِيْ إِعْرَابِ الْجُمْلَةِ وَشِبْهِ الْجُمْلَةِ ١٠٠

الخَاتِمَةُ ١٠١

الْبَابُ الْأَوَّلُ فِيْ أَحْكَامِ الِاسْمِ ١٠١

الْبَابُ الثَّانِيْ فِيْ أَحْكَامِ الْفِعْلِ ١١٧

الْخَاتِمَةُ ١٢٥

الْفَهَارِسِ ١٢٩

فِهْرِسُ الْمُصْطَلَحَاتِ عَلَى التَّرْتِيْبِ الهِجَائِيِّ ١٢٩

فِهْرِسُ الْمُحْتَوَيَاتِ ١٣٥